Ulises Bar

novela

Verónica Tagle de Rokha

Copyright © 2014 Verónica Tagle de Rokha
Registro de Propiedad Intelectual N° 242.446
ISBN-13: 978-9563539066
ISBN-10: 9563539060
Editor-autor: Verónica Luisa Fátima Tagle Díaz
Arte y diseño de portada de Jane Duhart

www.veronica.taglederokha.com

Todos los derechos reservados. Queda estrictamente prohibida la reproducción total o parcial de esta obra por cualquier medio o procedimiento, incluida la reprografía (xerografía, fotocopia y grabación), el tratamiento informático y la reproducción de ejemplares de ella mediante alquiler o préstamos públicos, o cualquier otro sistema de almacenamiento o sistema de recuperación u otra forma de cesión sin la autorización previa y por escrito de la autora del *Copyright*, bajo las sanciones establecidas en el ordenamiento jurídico.

Todos los nombres de los personajes, lugares y sucesos que se narran en esta obra son ficticios. Cualquier parecido con personas reales, vivas o muertas, hechos o lugares, es mera coincidencia.

DEDICATORIA

A Julio Tagle, mi padre,
el más maravilloso y amado
de los hombres y los padres.

EPÍGRAFES

Todos los caminos de todos los destinos
de la tierra van a dar al mar, Valparaíso.

«Oceanía de Valparaíso». *Estilo de masas*. Pablo de Rokha

It is fatal to be a man or woman pure and simple;
one must be woman-manly or man-womanly.

A Room of One's Own. Virginia Woolf

ÍNDICE

Agradecimientos	11
PRIMERA PARTE: No es fácil ir por el mundo vestido de mujer	13
Capítulo 1	15
Capítulo 2	22
Capítulo 3	37
Capítulo 4	50
Capítulo 5	63
SEGUNDA PARTE: Emperatriz	67
Capítulo 1	69
Capítulo 2	74
Capítulo 3	96
Capítulo 4	110
Capítulo 5	115
TERCERA PARTE: Dudas y decepción	125
Capítulo 1	127
Capítulo 2	136
Capítulo 3	145
Capítulo 4	153
Capítulo 5	164
CUARTA PARTE: La entrega	175
Capítulo 1	177
Capítulo 2	190
QUINTA PARTE: Rito de pasaje	213
Capítulo 1	215
Capítulo 2	229
SEXTA PARTE: Tiempo de revelaciones, justicia y fugas	243
Capítulo 1	245
Capítulo 2	253
Capítulo 3	260
Capítulo 4	272
Discografía	287
Acerca de la autora	289

Agradecimientos

Con ocasión de una gala tuve la suerte de oír a Jaime Lepé, un cantante chileno cuya originalidad, excelencia y la desbordante pasión de su interpretación, me conmovió de ese modo en que la emoción duele. Así ocurrió la primera vez y seguiría haciéndolo siempre, adictivamente, porque su voz excepcional, y también su repertorio, tenían que ver con mi propia sensibilidad, con mi mundo, con lo que emocionalmente yo era.

Lo que aquí se cuenta es ficción y no tiene relación alguna con la biografía de Jaime Lepé, no obstante, todo lo que se dice de su bella voz es realidad, tanto que fue capaz de inspirar este relato.

Deseo expresar mi inmensa gratitud a quienes leyeron el borrador, cuyas sugerencias fueron fundamentales en el resultado final del libro: Paulina Barros, Pedro Barros, Priscilla Délano, Eduardo Dussuel, Ximena Fuentes, Mónica Jaimes, Jaime Lepé, Carlos Ocampo y Sylvia Rock.

Por el estímulo y apoyo agradezco a: Eliana Bellet, Marcela Cerda, Guillermo Díaz de Valdés, Dalal Massis, Rosa María Santiago, Patricia Tagle y Sonia Tagle.

Hago mención especial a Jane Duhart por el arte y diseño de la hermosa portada; a Daniela Cichero por la excelente fotografía; a Andrés Jensen, Ximena Barros y César Gumucio, que hicieron una lectura minuciosa; a Victoria Miller, que me guió a través de su página web para subir el libro a Amazon.

Al escritor Edmundo Moure, cuya última lectura me dio la confianza necesaria para poner punto final a la novela.

A Pepe Lastarria, mi hijo, músico de talento extraordinario, porque su sola existencia le da razón a mi vida.

Muy particularmente agradezco a Carlos Alfonso Lastarria, compositor de excepción, compañero de trayecto y padre de mi hijo, por su estímulo, apoyo y confianza en esta dilatada empresa. Pero también por el aporte de sus conocimientos, ideas y la paciencia infinita que tuvo (de la cual carece y puso a prueba esta vez), para leer y revisar incontables veces la novela que ahora pongo en sus manos.

PRIMERA PARTE

No Es Fácil Ir por el Mundo Vestido de Mujer

Capítulo 1

Oscurece en el cerro Cárcel de Valparaíso en una fría tarde de fines de invierno. En la bahía las luces de los barcos lanzan sus primeros destellos antes del anochecer; mientras en las modestas viviendas de los cerros las bombillas se encienden mezquinas, mortecinas, una a una, aprovechando hasta el último haz de luz natural.

El crepúsculo confunde nuestra visión haciéndonos creer que la cárcel, enclavada en el cerro del mismo nombre, con sus luces artificiales, sus sombras y gruesos murallones de piedra que suben por la roca bruta, es un castillo atalayero profusamente iluminado. Trampa luminosa que encubre al sórdido penal de Valparaíso, donde Simón Rocco termina de cumplir condena por un delito que se le imputó un trasnochado amanecer. ¿Cárcel o castillo? ¿Culpable o inocente? Impresión visual engañosa que al igual que ese fatal amanecer confundiera al principal testigo.

En una pequeña celda de dos por tres metros está Simón recostado y cubierto con una manta, las manos quietas bajo la nuca. Mira a través de la pequeña ventana de sólidos barrotes. Oscurece.

Viene a su memoria ese aciago amanecer de 1929, cuando inesperadamente se vio envuelto en lo que sería no solo el primer accidente automovilístico con consecuencias mortales ocurrido en la costanera —entre la Aduana y Las Torpederas—, sino el hecho que iba a cambiar su vida para siempre. «El automóvil que avanzaba a gran velocidad perdió el control en una curva y volcó; tras varias vueltas de campana cayó al roquerío. El acompañante está muerto; el chofer, detenido», dijo la primera nota de prensa.

Los titulares de los diarios de la tarde reventaron con la noticia, porque la muerte de la víctima no solo había sido fruto de la imprudencia del conductor, sino el premeditado asesinato de uno de los personajes más connotados de Valparaíso, Vasco Chavarri.

Los dardos apuntaron inclementes al chofer. Simón Rocco, un muchacho de no más de veinte años, en un estado de extrema ebriedad, le habría metido tres balas a quemarropa luego del accidente, o antes; la policía no lo había podido determinar. Con esos antecedentes, más un juicio plagado de trampas, contradicciones e ilógicas conclusiones, Rocco fue condenado y lo hicieron pagar con quince años de prisión —que se redujeron a diez por buena conducta—, por un crimen que no tenía motivos para haber cometido. ¿Cuál fue el interés de involucrar a una persona insustancial como él?, se preguntaba con frecuencia.

Lo único que vagamente recordaba de aquella madrugada fatal, fue la suavidad con que el vehículo se desplazaba y el terror que lo invadió cuando alcanzó la impresionante velocidad de ochenta kilómetros por hora. Si no recordara ese episodio remoto, podría jurar que jamás se había subido a ese Buick.

Durante los años de encierro bullían en su cabeza pensamientos relacionados con los hechos que provocaron su prisión, sin llegar a aclararlos. El cargo que se le imputó era comparable con la acusación que le hiciera años ha, la furiosa madre de un compañero de colegio. Desde su porte de niño los había mirado perplejo, pero como no se atrevió a preguntar nunca supo de qué se le acusaba. Al parecer había sido algo muy grave, porque cuando llegaron a la casa su madre le tomó firme la muñeca y, con una brutalidad impropia, le apagó el cigarrillo en el dorso de la mano. Enseguida lo mandó a la cama sin comer. Al igual que entonces, durante el juicio no solo se le incriminó, sino que se dijeron tantas cosas de él que tuvo la sensación de que hablaban de otra persona. Lo que verdaderamente le molestaba, era recordar que siendo ya un joven no se había defendido durante el juicio y había acatado sumiso todo lo que ahí se dijo. Cómo odiaba la debilidad de su carácter, su timidez enfermiza.

Fue su rebeldía contra esa actitud casi femenina la que lo hizo reaccionar, cuando recién ingresado a la cárcel un interno homosexual quiso abordarlo. Para confirmar la fortaleza de su carácter descargó contra él la tremenda furia contenida. Sin pretenderlo siquiera, pues carecía de la corpulencia o resolución que suelen acompañar a un carácter pendenciero, estableció un cierto respeto hacia su persona al interior del establecimiento.

Simón era un joven sencillo que vivía para la música. Desde el día en que como caído del cielo llegó un piano a su casa, comenzó a descubrirlo tecla a tecla, sonido a sonido, hasta que dio con la esencia del instrumento. Pronto comenzó a soñar con integrar la sinfónica como pianista y salir a recorrer el mundo con ella. No obstante, algo había en él, tal vez su apariencia frágil o su espíritu poco práctico para la vida, lo que hacía presagiar que no lo lograría a pesar de su talento.

La música lo era todo para él hasta el día que conoció a Aída. Desde entonces abrió un compartimiento espacioso para ella en su corazón. Distribuía equilibradamente su tiempo de estudiante de música con su relación con ella y con su trabajo nocturno de pianista de fines de semana en el Ulises Bar, el local más famoso del puerto. Esa noche de martes 5 de noviembre de 1929 después de terminada su actuación, lo invitaron con aviesa intención a una mesa, y lo saturaron de alcohol y drogas hasta dejarlo casi inconsciente.

Siente lejano el murmullo del mar —único elemento lírico que penetra ocasionalmente en ese mundo mísero—, hasta que el aullido progresivo de los perros al atardecer se apropia del puerto. Ahora que faltan pocas horas para salir, mil proyectos irrumpen en su mente. No le alcanzará el día para hacer tantas cosas, ni la vida entera para vivir la libertad. Piensa en la libertad, y la palabra rebota en su cerebro como un eco que se golpea contra los cerros de Valparaíso. El tiempo parece no avanzar.

El penal se inunda con el tañido de las campanas anunciando las Vísperas. Y como si despertara a esa hora inusitada, gimen las rejas metálicas que se abren y cierran en las galerías inferiores; resuenan firmes los pasos de los guardias en los pasillos. Algunas voces destempladas y risas invaden el entresueño que está teniendo Simón.

En él, revive con horror el día que cruzaba el patio de regreso al pabellón, después de una de sus tantas actuaciones en el teatro de la penitenciaría —donde cantaba vestido de mujer—, cuando fue repentinamente aprisionado por dos gendarmes. Anticipando la desgracia que se avecinaba trató de desprenderse con la fuerza y desesperación de un loco. Pero sus pies trastabillaron sobre los ridículos tacos altos que se querían pegar a la tierra para no avanzar. Sabía que esa detención significaba caer en las manos del oficial de turno de reconocida afición por los jóvenes reclusos y que sus posibilidades de librarse del acoso eran nulas. Empero, forcejeó y se resistió con denuedo, aunque comprendía con horror que poco y nada podía hacer con su contextura delgada que no fuera levantar una ligera polvareda. Y a pesar de la actitud viril con que se defendió, tenía el aspecto de una loca alborotada grotescamente embutida en un traje de lentejuelas rosa.

Finalmente, la fuerza bestial de los gendarmes lo inmovilizó. Lo arrastraron hasta la Sala de Guardia y desde ahí a la sección de la oficialidad. Cerraron tras él las rejas que corren paralelas, de muro a muro, de arriba abajo; infranqueables. Y luego lo introdujeron en la oficina del capitán que lo esperaba sentado a contraluz, con las piernas abiertas como fauces de lobo feroz.

Una punzada en el corazón le hizo vislumbrar la pérdida de su hombría que inevitablemente se aproximaba. Se resistió con fuerza deseando que un golpe de gracia terminara con su vida, porque la alternativa de morir era preferible a ser abusado.

Finalmente lo sometieron. En un estado de casi inconsciencia, apenas si lograba distinguir traza humana en el hombre-bestia sentado frente a él. No era más que una silueta escasamente delineada, que carecía de rostro, ojos, boca; pero emitía una risilla hueca y sádica al ver que la presa se resistía a ser sometida para el banquete oficial.

Esa noche los reclusos se durmieron arrullados por la voz desgarrada de Simón, que fue instado con violencia a ofrecer un concierto privado al pervertido capitán.

Tres golpes enérgicos en la puerta y una voz burlona que grita: «¡Apuren los artistas!», lo hicieron reaccionar. Se sentó abruptamente, golpeado aún por el recuerdo recurrente y doloroso de aquella noche que sembrara para siempre dudas respecto a su sexualidad. ¿Lo convertía el abuso automáticamente en homosexual? La duda lo torturaba. Pues a pesar de largas reflexiones, de lo que leía y se informaba, no podía aclarar cuál es la condición de un hombre que ha sido abusado por otro hombre.

Lo primero que vio fue el vestido rosa de lentejuelas que colgaba de un par de clavos en la pared. Instintivamente se echó hacia atrás. Se recriminó por haber aceptado cantar para los reos: una vez más lo había vencido su falta de carácter. Aunque debía reconocer que había cedido después de que cuatro comisiones de reclusos vinieran a rogarle que actuara para ellos antes de marcharse. Sus primeras respuestas fueron un no rotundo. Pero luego lo invadieron absurdos sentimientos de compasión al pensar que ellos seguirían recluidos, porque la sola idea de la libertad le había ablandado el corazón.

Miró con recelo la peluca rubia que estaba a los pies de su cama. En el suelo había un par de zapatos de taco alto, con falsas piedras preciosas incrustadas.

Tuvo miedo de vestirse de mujer y cantar. No había vuelto a hacerlo desde aquel episodio inconfesable. Es cierto que al principio había reconocido lascivia en la mirada penetrante de los presidiarios. Pero lo ignoró, y continuó con las presentaciones considerándolas una forma provisoria de entretención en un mundo sin mujeres y sin esperanzas.

Se detuvo frente al pequeño espejo de baquelita rosa que había dejado la Camelia, un transexual muerto misteriosamente en prisión tiempo atrás. Se examinó muy de cerca la cara. Palpó a contrapelo el cuello y la barbilla para verificar si su barba rala había crecido. Era aceptable. Vestirse de mujer había sido el motivo desencadenante de su tragedia; pero tampoco eso era del todo cierto, pues muchos jóvenes eran violados sin mediar provocación. El real causante era la bajeza moral que reinaba en la cárcel. Actuar era un riesgo, era provocar y exponerse, si bien ahora el peligro era menor, pues se marcharía al día siguiente a mediodía.

Contempló los cosméticos desparramados en la repisa bajo el espejo. En ese momento se oyó una voz enérgica gritar: «¡Qué pasa que no se apuran!».

La presión y el rechazo actuaron en forma simultánea impidiéndole, por un momento, tomar los afeites y maquillarse, como si mordieran o quemaran. Nuevamente los chillidos: «¡¿Hasta cuándo se van a hacer de rogar los maricones de la comparsa?!». De inmediato sintió un alboroto y pasos yendo apresurados hacia el exterior.

Se volvió. Sobre un taburete había una máquina de afeitar, jabón y un hisopo; en el suelo, una palangana y un jarro de agua abollado por el uso. Todo decía que Simón se iba a afeitar la barba, pero no fue así. Se arremangó el pantalón, apoyó un pie en el taburete y con el hisopo cubrió de espuma la pantorrilla. Con cuidado se pasó la máquina de afeitar, después metió el pie en el lavatorio y dejó correr el agua fría hasta que la piel quedó blanca como el papel. La secó esmeradamente. Luego hizo lo mismo con la otra pierna. Una vez que hubo terminado, tomó un lápiz de ojos y trazó una línea perfectamente centrada en la parte posterior de cada pantorrilla, con el objeto de aparentar el uso de medias *nylon* tan de moda por esos días.

* * *

El auditorio está abarrotado de internos de rostros macilentos, con sus ropas raídas y malolientes. Se mueven inquietos en sus asientos, protestan en voz alta o chiflan para que comience la función.

El telón se abre. En el escenario se aprecia un cabaret hechizo. Tres parejas —hombres y «mujeres»— comienzan a bailar un tango al ritmo de una guitarra y un acordeón. El público, excitado, grita palabras soeces, pues desearía tener una mujer en sus brazos después de tanto tiempo. Terminado el baile, las parejas se sientan en unas mesillas; simulan conversar y beber, mientras esperan el próximo número.

Tras un redoble de tambor se produce un silencio expectante. Desde lo alto, envuelto en un halo de gloria, aparece Simón bajando una escalera. Viste el traje rosa, los tacos altos y una diadema centelleante sobre la peluca rubia.

—¡*Parecís* una emperatriz, huevón! —le grita el Zorro Quiñones.

Aunque posesionado en su papel de cantante, a Simón se le escapa una sonrisa. Coreando el estribillo, voces que suenan como ecos, piden al unísono *La Macorina*: «*¡Ponme la mano aquí, Macorina; ponme la mano aquí!*». Simón se sienta en un taburete, toma la guitarra y pierna arriba comienza a cantar la canción que había rescatado de un prisionero cubano. Como en un acto de magia, su voz llena todos los espacios físicos y el alma de los convictos. «*Ponme la mano aquí, Macorina… / Tus senos carne de anón, / tu boca una bendición / de guanábana madura / y era tu bella cintura / la misma de aquel danzón, / caliente de aquel danzón*».

Los hombres toscos incitados por la voz arrobadora de Simón —con ese sugerente timbre de tenor ligero y registro de mezzosoprano— quisieran hacer más de una broma y gritar con ganas ¡¿dónde?!, cuando la canción dice: «*Ponme la mano aquí*». Pero contienen sus impulsos bastos porque se impone un deseo superior de saborear a Simón vestido de mujer, cuando rasguea y golpea cadenciosamente la guitarra con su mano: «*Después el amanecer / que de mis brazos te lleva, / y yo sin saber qué hacer / de aquel olor a mujer…*».

Sin poder ocultar ese deseo, que a veces disfrazan con violencia o retraimiento, los reclusos lo contemplan embelesados. Y mientras a algunos les corren lágrimas amargas por sus rostros vulgares, otros sollozan o patean sus miserias contra el cemento.

Cuando la canción finaliza se produce un silencio sepulcral de nostalgias y frustraciones. Amor y sexo son temas que quiebran aún a los más duros. Pero luego, cuando la cortina se abre y aparece nuevamente Simón despidiendo destellos en su vestido rosa, el teatro se viene abajo y claman entusiasmados por más.

Simón pide silencio en medio del estruendo, pero como es imposible controlarlos comienza a hablar:

—Amigos, alegría pero también tristeza e incertidumbre me embargan en este momento. Alegría, pues mañana salgo libre después de una década de encarcelamiento. Fui acusado de un delito que no cometí, estoy seguro —los reos se alborotan, porque esas palabras tienen que ver con su propia sensación de estar injustamente condenados—. También siento tristeza por dejarlos, son diez años… Enfrentar la vida afuera me tiene esperanzado y contento, pero también preocupado porque como exconvicto uno nunca sabe lo que le espera…

Su garganta se contrajo y no pudo seguir hablando. Un aplauso cerrado llenó el teatro; acto seguido, se oyó: «¡Otra! ¡Otra! ¡Otra!». Con un gesto de su mano Simón pidió a la Vieja, el acordeonista ciego, y a su yunta, un giboso pianista, que tocaran la próxima canción.

Capítulo 2

Amanece en el cerro Cárcel. La sirena retumba sobrecogedora en los cerros que lo rodean.

Tras una noche de sueño liviano, Simón se levanta impelido por la fuerza poderosa de la libertad que se aproxima. Los compañeros de celda, en cambio, desearían no despertar, pues la noche anterior había circulado *pájaro verde* a raudales. Quién más, quién menos, todos estaban intoxicados con ese alcohol pernicioso que preparan dentro del penal, y que al día siguiente los enferma.

No se percata que está parado en el suelo frío con los pies desnudos. Nada importa, porque nada es comparable a imaginarse cruzando el umbral de la cárcel camino a la libertad. No puede creer que en pocas horas pisará la calle y la respirará, que abrazará los afectos familiares de su madre y de Julia, su hermana. La extrañamente hermosa Marla Truby, la joven prostituta de cabellos leonados que entibió sus últimos años de aislamiento, lo estará esperando para acompañarlo. «Solo hasta la esquina de su casa», le había dicho ella. Y aunque la apreciaba aceptó de pocas ganas, porque quería saborear solo la experiencia de la libertad, que se le representaba como un manjar demasiado exquisito como para compartirlo.

Quería subir y bajar incansablemente las calles y las escaleras empinadas y torcidas de los cerros. Redescubrir rincones olvidados. Apoyar la espalda contra un muro templado por el sol y mirar el cielo azul. Oler, reírse solo y respirar en libertad, pero siempre, siempre mirando hacia el mar Pacífico, agitado testigo principal de su existencia. Anhelaba mezclarse entre la gente libre como si fuera un hombre sin karma. Impregnarse del olor a petróleo, brea y algas marinas en el puerto principal. Y en los barrios bravos alejados de la costa, sentir el olor a carbón y grasa de la pobreza porteña. Quería que su cuerpo vibrara con la vida fluyendo en las calles del plan de Valparaíso, para luego tomar uno de los tantos ascensores y subir hasta los barrios pobres de los cerros. Porque la ciudad verdadera era una dicotomía permanente: abajo versus arriba; pobre versus rico; tierra versus mar, y quería hacerla suya tal como era.

Esta misma noche, hoy, cuando sea libre, irá protegido por la oscuridad hasta la casa de Aída. Tomará el ascensor El Peral hasta el paseo Yugoslavo donde ella vive. Se ocultará tras el pimiento centenario donde una vez se besaron; a través del *bow-window* la verá sonreír feliz rodeada de sus hijos vestidos de marinero. Después, imagina, se apoyará en la baranda del mirador para sostener el peso gravitante de sus emociones. Y aun cuando la tristeza de verla le destroce el corazón, contemplará el puerto iluminado por la luna y los fanales centellantes de los barcos. Consternado, bajará por J. T. Ramos hasta llegar al plan. Se irá al embarcadero y se mojará largamente los pies, para que las gélidas aguas ahuyenten desde sus fundamentos el dolor que le dejará constatar que Aída pertenece a un mundo que no es el suyo. El domingo, comprará empanadas de hojaldre en Ramisclar, para que su madre no cocine en día de fiesta. Por la tarde, las llevará al biógrafo a ver alguna buena película; cualquiera, él no ha visto ninguna, y seguramente ellas tampoco. Tiene una curiosidad enorme por conocer el cine sonoro. La primera película hablada, *Las luces de New York* de 1928, la habían proyectado después que a él lo enterraran vivo. Lamentó que aún no hubiese llegado a Chile *Lo que el viento se llevó*, para disfrutar de su música maravillosa y una cinematografía a todo color.

Sus emociones pasan de un extremo al otro. Lo abruma pensar que perdió sus mejores años dentro de esta jaula infecta. Ahora que está a punto de salir, la vida en reclusión se le figura distante, ajena. Ya no pertenece a ese lugar. A menudo se pregunta si es la misma persona que entró en prisión diez años antes, y cuánto se contaminó con esa turbia moral donde el bien y el mal se confunden, o son la misma cosa. Como todos, se había vuelto insensible frente a los hechos funestos que ahí ocurrían: la violación de un recluso nuevo, un asesinato o un conato de motín. Los dos últimos eran poco frecuentes. La violación, en cambio, era aceptada con indiferencia, pues formaba parte del fatalismo con que se admiten los acontecimientos adversos, ya que existe la certidumbre de que nada puede cambiar, solo empeorar. «Por lo menos tengo conciencia», pensó.

De pronto comenzó a asfixiarlo ese olor metálico penetrante que despiden las rejas y las puertas de hierro. El tiempo parece no trascurrir, en circunstancias que él quisiera salir corriendo para abrazar la ciudad y a los suyos que lo esperan afuera.

Por el rabillo del ojo percibe un papel que se desliza bajo la puerta. Lo toma, lo despliega con curiosidad. La nota está escrita con letra tosca: «Te estarán esperando a la salida. Cuídate. Un admirador». Duda por un instante, pero inmediatamente comprende que no es una broma, porque la libertad es un bien con el que ahí no se juega. Conoce bien a los reclusos, te venden por un pedazo de pan, pero si les queda algo de humanidad pueden tener compasión.

Se arroja a la puerta para mirar por la minúscula ventanilla, pero no hay nadie. Se vuelve, y arruga el papel aplicándole todo el horror que significa una amenaza de muerte en este preciado momento.

Se sienta en el borde de la cama. Su mente se bloquea porque el momento más feliz de su vida está siendo violentamente perturbado. Saca un pañuelo del pantalón y se suena. Reprime las lágrimas. Viene a su memoria aquella mujer de marcado acento español, Carmiña Chavarri, la hermosa viuda de su supuesta víctima, que diez años antes en el pasillo del Tribunal de Justicia le dijo con ira: «Esto es lo primero, ya sabrás de mí».

Pasó años esperando saber de ella, alerta, cuidándose las espaldas, pero nada violento ocurrió hasta el punto de que llegó a olvidarse del episodio.

* * *

Más o menos a esa misma hora, la hermosa Marla Truby sube en el ascensor Mariposas. Se la ve pálida y levemente ojerosa. Sus ojos cansados a estas horas de la mañana se tornan verdosos como orilla de lago. Se cubre con un chaquetón holgado sin abotonar, que deja entrever su vestido liviano que cae en desorden después de una noche de varios quita y pon.

Apoya sus manos tensas en el marco de la ventanilla, los nudillos blancos. Simón se había extrañado cuando ella le propuso acompañarlo hasta la esquina de su casa. Ella no le explicó la razón; pero pensaba que sería violento para su madre verlo llegar acompañado de una prostituta.

El ascensor se eleva traqueteando por un estrecho paso entre viviendas de dos y tres pisos, construidas a plomo en la escarpa del cerro. Al comienzo, la edificación continua no deja ver la bahía en toda su amplitud. Hay ropas colgadas en las pequeñas ventanas y en los balcones, maceteros cargados de pelargonios turgentes. Ella quisiera estirar su mano y coger una flor. A medida que ascienden asoma tranquila la rada sobre los techos de latón. Los edificios cortan la línea de la costa y en el mar se ven los barcos a la gira. De las laderas del cerro se descuelgan racimos de glicinas violáceas. Al pasar bajo el puente de calle Baquedano, el carro se mueve y cruje, el cable da chasquidos y las ruedas sin engrasar chirrían penosamente. Ella siempre se asusta en ese punto temiendo una desgracia. Una vez que alcanza la cima, emerge la bahía sembrada de barcos y barcazas que se mecen apacibles en el ambiente soleado de esa particular mañana de fines de invierno.

Sin embargo, la calma del paisaje nada tiene que ver con la inquietud interior de Marla. No logra controlar el golpeteo nervioso del taco de su zapato contra el piso —tac-tac, tac-tac, tac-tac. Está impaciente, no solo porque aún tiene muchas cosas que hacer y el ascensor parece no avanzar, sino porque sabe que sin quererlo se enamoró de Simón en esas visitas clandestinas de trabajo amatorio en la cárcel; tardes de sexo pagado que con su liberación llegaban a su fin.

A diferencia de otras mañanas en que sube extenuada, hoy se encuentra alerta e intranquila. De súbito se siente descompuesta. Inspira profundo, pero un dolor agudo y una náusea la hacen doblarse en dos. Tras esta viene otra y otra más violenta que intenta contener con su mano. Pasan los espasmos, pero ha perdido todo vigor. Su cartera cae, se abre y salen disparadas unas pequeñas servilletas de bar borroneadas con escrituras irregulares.

Se yergue con dificultad y se apoya en el travesaño. Un fuerte malestar se apodera de ella. «No he dormido nada», piensa, y se dibuja una mueca irónica en sus labios porque no le pagan precisamente por dormir.

El ascensor se detiene justo cuando va a recoger los papeles. La puerta se abre y entran los tinterillos de cada mañana, con sus ternos grises abrillantados por el uso. Observan atónitos a Marla, que con aspecto cadavérico se esfuerza por despegarse de la pared del fondo y caminar. Porque están acostumbrados a verla salir del ascensor con un aire olímpico de extrema dignidad; la barbilla alzada, altiva e impenetrable.

En silencio, ellos, los paladines de la tradición y el respeto ciudadano, piensan que ese desparpajo que ella demuestra, unido a la hermosa desnudez que los atrae y que ahora esconde bajo el ropaje de invierno, no es más que una forma de ocultar su desvergüenza. Verla salir con ese descaro después de sus noches de alcohol y sexo, despierta en ellos la fantasía de haber pasado la noche con ella entre sábanas apelmazadas, o tomando copas y bailando en algún bar del puerto hasta el amanecer, como hacen los marineros.

Puesto que la muchacha es hermosa secretamente todos la desean, aunque públicamente la desdeñan.

Marla se detiene en la puerta del ascensor. Toma la muñeca de uno de los sujetos, da una ojeada al reloj, y sale.

Lo hombres no pueden contener su curiosidad.

—¿Qué le pasará? —pregunta uno.

Cuando la puerta se cierra tras ella, los sátiros se abalanzan lascivos a la ventanilla para mirarla. Y al igual que todos los días se quedan pegados viéndola desaparecer, y la imaginan subiendo el cerro con sus tacones verdes por la callejuela adoquinada. Solo que esta vez irá recogida sobre sí misma y no contoneará las caderas, como lo hace intencionadamente para ellos. A Marla le gusta saber antes de irse a dormir su sueño diurno, que hay hombres que la desean y no podrán tenerla.

En el fondo, ellos aman las mañanas en que la muchacha sale del ascensor con su dignidad distante. Y aunque los salva de su aburrida rutina de padres responsables, hiere su vanidad con su desprecio e indiferencia.

Un golpe ácido de sol en los ojos la hace protegerlos con su mano. Se apresura por las estrechas callejuelas hasta llegar al sector más pobre del cerro Mariposas, donde vive.

Como suspendida del aire sobre un manto de hierbas y flores silvestres está su casita humilde. Se accede por un costado a través de unos peldaños rústicos de tierra. En el frontis, la madera clara contrasta con los marcos color solferino de la ventana. Desde el alféizar se descuelgan unos coloridos pelargonios. Por doquier, gatos y más gatos gordos y perezosos lamen con su lengua áspera su piel sedosa. Una gatita rolliza se afila las uñas en el tronco de un árbol. Marla dice que se hacen la *manicure.*

En el interior de la habitación los muebles rústicos están apretujados, pero impecablemente ordenados. Una muralla empapelada de libros apilados del suelo al techo delata a una lectora insaciable. La ventana, con su fondo de mar y cielo azulados, agranda el reducido espacio enmarcando la bahía con su masa densa de agua salpicada de botecillos de colores, como si fuera una pintura. La belleza exterior combina a la perfección con la pulcritud de la estancia. Descansa abierto sobre la cama un libro de poemas de Alberti.

De perfil frente al espejo, Marla mira su estómago ligeramente abultado que evidencia un embarazo de más de cuatro meses. Lo soba con delicadeza, pues ama lo que hay ahí dentro y se siente feliz porque no es estéril.

Toma la tetera con agua tibia y la vacía en la palangana. Se lava prolijamente. Mediante este ritual tiene la sensación de extraer las impurezas que penetraron su cuerpo, y a veces también su conciencia.

Se enrolla con fuerza una faja ancha alrededor del estómago hasta dejarlo plano. No quisiera por nada del mundo que Simón pensara que ese hijo podría ser suyo, o que ella quiere atribuirle la simiente. Puesto que lo más probable es que no lo sea, y tampoco hay forma de saberlo. Marla tiene el firme convencimiento de que los hijos de las prostitutas son obra y producto exclusivo de sus madres.

Se sienta en la cama. Abre su carterilla y saca unos billetes que despliega en abanico. Se sonríe. Le gusta tener dinero en sus manos, dinero limpio ganado con su trabajo. Vacía el resto de las cosas y encuentra una de las pequeñas servilletas escrita por ella: «…tu libertad es mi desgracia, me encerraré en la jaula que abandonas».

Se entristece al constatar que tan solo quedó un fragmento del poema de bienvenida que había escrito para Simón. De todos modos, nunca pensó entregárselo, pues en términos apasionados le declaraba sus sentimientos de amor.

Recuerda perfectamente el día que fue a la cárcel a visitar a su medio hermano, Ismael Quiñones, alias el Zorro. Quien iniciado como carterista a temprana edad, apenas cumplidos los dieciocho años ya estaba encerrado.

Cuando ella le estaba entregando el paquete con útiles de aseo y ropa limpia que le había enviado la abuela, se les acercó el pequeño pero fornido y temido Zapato de Clavo. Se sentó junto a Marla y comenzó a molestarla. En la medida que ella no respondía a sus demandas él se fue enfureciendo, hasta que finalmente puso varios billetes sobre la mesa.

Ella no miró ni tocó el dinero, pero le incomodó que la dejara en evidencia. El Zorro, un rústico, un salvaje, aunque un buen salvaje, no entendía por qué ella se mostraba tan ofendida.

«Vamos», le ordenó el intruso finalmente a Marla, y tomándola de la mano la levantó de un empellón. Al salir, para mayor desgracia, a ella se le enganchó el ruedo de la pollera en la punta de la banqueta y se rasgó. Indignada, le propinó un carterazo en pleno oído. El hombre se contrajo, pero no la soltó a pesar de que ella forcejeaba con furia. Volvió a golpearlo con la cartera, pero esta vez en la espalda.

Simón, que estaba sentado con su hermana Julia en una mesa cercana, observaba la escena. De repente se levantó y lo enfrentó: «¡Suéltala!». El pequeño perverso se sorprendió; hizo una ligera mueca de desconcierto, porque si bien Simón era más alto, tenía el aspecto frágil de un oficinista

Marla recuerda que lo miró extrañada. No era usual que alguien la defendiera; menos aún un joven tan guapo y de buen aspecto, que aunque de apariencia feble había tenido el arrojo suficiente como para enfrentar al belicoso matón. Lo admiró y temió por él.

El hombre la soltó de golpe y se abalanzó con el puño enhiesto contra Simón. Pero como este lo esquivara, fue a dar contra una mesa haciendo saltar el pan y las tazas de té caliente sobre los reos y sus visitas. Espanto general. Simón fue a buscarlo, pero el pinganilla se recuperó a tiempo para lanzarse sobre él y encajarle un buen puñete en el pómulo. Simón perdió el equilibrio y cayó, también a causa de una patada que simultáneamente le puso en las canillas. El apodo Zapato de Clavo no se debía tanto a sus piernas ágiles de carterista, como a que estas constituían su mejor arma.

Simón intentaba protegerse desde el suelo, cuando entraron los guardias y se lo quitaron de encima.

Marla se inclinó sobre el muchacho, le puso su mano bajo la nuca y le limpió la mejilla con su pañuelo.

—Gracias, pero no debió hacerlo —dijo ella—. Va a tener problemas por mi culpa —pronunció las últimas palabras a medias, conmovida al ver tumbado al valiente y bello joven.

Simón levantó la cabeza con esfuerzo para mirarla mejor, pues reclinada sobre él, a contraluz, apenas si podía distinguir sus facciones. Un mechón de su cabello le hizo cosquillas en los labios, sintió deseos de rascarse, pero era tan novelesca la situación que no quiso romper el hechizo y le sonrió.

Efectivamente, se había echado encima un enemigo con el cual tendría algunas reyertas que felizmente no pasaron a mayores, pues al poco tiempo el Zapato de Clavo salió libre.

—Es una de las prostitutas del Ulises Bar —le dijo Julia cuando volvió a la mesa.

—Es una mujer —respondió Simón.

Marla dejó atrás sus recuerdos. Extrajo los zapatos ordenadamente dispuestos debajo del ropero y les sacó brillo. Calentó la plancha en la cocinilla y estiró con ella la pollera negra.

* * *

Doña Adela, la madre de Simón, una mujer pequeña de pelo cano y ojos vivaces bordeando los cincuenta, cose junto a la ventana con los ojos pegados en un vestido de bautizo. Mira el reloj; faltan veinte para las doce. Deja la labor, y tarareando una canción de moda comienza a tender el mantel sobre la mesa. Está contenta porque su hijo quedará libre luego de pagar por un crimen que no cometió. «Soy su madre —reflexiona—, sé las cosas que haría mi hijo y las que no. Lo sé, porque lo eduqué con mano firme. Jamás mataría, jamás conduciría un auto borracho. ¡Si ni siquiera sabía manejar! ¡Qué al salir del Ulises había apuntado a Chavarri con la pistola y lo había obligado a que le pasara las llaves! ¡Falso! Qué por esa razón lo habían seguido, dijo Bruno Falcone, y luego lo inculparon. Absurdo. ¡Oh, a ese italiano grandote le tengo una inquina…! Nadie me saca de la cabeza que aquí hubo un plan. ¿De dónde iba a sacar una pistola? Mi hijo es incapaz de hacer algo así, no lo voy a saber yo que lo parí. ¡Oh Dios, ¿por qué bebió tanto esa noche?! Dicen que estaba como loco, algo le habrán dado esos diablos. Podría jurar que lo envenenaron en alcohol, eso fue. Mejor me apuro, porque seguro que sube en la micro de la una y aún tengo que preparar el batido del pescado, hacer el puré, la lechuga… ¡Uy!».

Pero doña Adela no siempre fue la persona dulce y querendona de hoy.

Recién cumplidos diez años, sus padres la mandaron a vivir a la casa de un tío paterno en Valparaíso, práctica habitual en esos años de pobreza y escasez. Ahí vivió los horrores del abandono y la indiferencia, hasta que conoció a Omero Rocco, el padre de Julia y Simón. Omero, un estudiante de humanidades que contaba con escasos diecisiete años, era hijo de unos italianos dueños del emporio de la esquina. En él, finalmente, Adela encontró afecto y consuelo.

Cuando tuvo a Julia apenas tenía quince años cumplidos. A Simón lo tuvo a los veinte. Se le fue la juventud criando, y por falta de compensaciones lo hizo con rabia. Y si bien Adela no era el prototipo de la madre afectuosa, porque ella misma era una niña que necesitaba cuidado, cuando tuvo a Julia no la quiso dejar en Limache con su madre. Regresó con la guagua a trabajar como empleada en la casa de una costurera. Una explotadora que luego del trabajo doméstico la hacía coser hasta entrada la noche. Fue esa época, en extremo sufrida, la que terminó por marcar su carácter áspero. A la larga, sin embargo, le sirvió porque aprendió un oficio.

Cuando tiempo después Omero Rocco la reencontró, se casó con ella y formaron una familia. Este podría haber sido un final feliz para la triste historia de una niña abandonada como tantas, si no fuera que de un día para otro Rocco se marchó sin dejar rastro.

Cuando esto ocurrió, Adela tenía cuatro meses de embarazo de Simón. Resentida y sobrepasada por la responsabilidad, descargó en el pequeño todas sus frustraciones. ¿Y cómo podía ser de otra manera, si a ella también la habían criado a golpes?

Seis años después los padres de Omero regresaron a Italia por razones familiares, y ese fue el fin de la historia paterna.

Por herencia recibieron un piano. «Qué burla», pensó ella.

Dos niños eran demasiada carga para la joven Adela, y se los hacía notar. A veces, cuando llegaba muy cansada, sin mediar explicaciones y con solo un grito los mandaba a acostarse sin comer. Y pobre de ellos si ese día encontraba un juguete fuera de lugar, porque lo hacía añicos contra la muralla. Esta falta de control causaba pánico en los niños, especialmente en Simón, porque el trato con Julia siempre fue menos violento. A pesar de la dificultad para mantenerlos, no se deshizo de ellos mandándolos al campo con los abuelos, como hacían otras madres jóvenes que vivían en la ciudad.

Pobre Simón; pobre Julia.

* * *

Salvo el Zorro Quiñones, que se inventó un fuerte dolor de estómago, el resto de los compañeros de celda se despidieron y salieron a sus quehaceres fuera del pabellón.

A pesar de su corta edad, el Zorro se había hecho buen amigo de Simón, que parecía haberlo asumido como pupilo. Era un chiquillo agradable, un compañero fiel, pero un bárbaro que no había recibido las reglas más elementales de la moral y las buenas maneras. Y si bien su razonamiento general distaba mucho de lo intelectual, nadie lo superaba en intuición. Socialmente excluido, era de naturaleza desconfiada y alerta. Encarnaba su alias como pocos, con sus orejas afiladas y su cabello espeso. Lo único que no calzaba con su apodo era su visión tempranamente malograda.

El Zorro mira en silencio a Simón que superado por las circunstancias, se pasea como una fiera dando patadas a todo lo que encuentra. El muy imbécil del alcaide —no cabía otra forma de denominarlo— no le había permitido utilizar la salida trasera, argumentando que era «tradición» que el reo saliera por la puerta principal, con lo cual lo exponía a una muerte segura. Tampoco lo autorizó a quedarse un día más: «Este no es un hotel». Cuando todo indicaba que su vida estaba llegando a su fin, el Zorro le sugirió que saliera vestido de mujer.

—No, eso de ninguna manera.

—¿Y qué te importa? Nadie te va a reconocer, ¿o *preferís* que te maten?

Adelantándose a los hechos, el Zorro se había conseguido entre los presos homosexuales un traje dos piezas y otras prendas que le servirían para el disfraz.

Se vio obligado a ceder. Se detuvo renuente frente al espejo. Con vacilación comenzó a pintarse un ojo, luego el otro y enseguida los pómulos. Hacía como si las partes de su cara fueran entidades independientes. Apenas se coloreó los labios por parecerle ofensivo pisar la calle con la boca embadurnada. Se maquilló en un tono muy menor al de la actuación de la noche anterior, por lo que no logró darse una apariencia totalmente diferente.

Recordó aquella época de su infancia cuando vivían en el cerro Monjas, y Julia lo vestía y pintaba para jugar con él como si fueran dos amigas, su hija o su hermanita menor. Esto, por cierto, ocurría siempre en ausencia de su madre. Pero eso era un juego de niños. Maquillado en tonos suaves le sorprendió su parecido con Julia. Y aunque en peso y estatura Simón era más corpulento, los años de encierro parecían haberlo contraído.

Como la hora se acercaba, ordenó el cabello pajizo de la peluca rubia en un peinado discreto y con sombrero de calle. Por la mirada titubeante de su amigo, Simón comprendió que la transformación no había sido exitosa.

—Zorro, me tienes que prestar tus anteojos.

A sabiendas de que quedaría en sombras en ese azaroso ambiente, el buen Zorro se los entregó.

—Gracias amigo, te los haré llegar esta tarde —dijo Simón, confiándole un paquete con sus libros, y agregó—: Llévalos a la biblioteca que le van a servir más a la gente de acá que a mí afuera. Leer sirve bastante para entender ese mundo que no se vive. Lee, Zorrito —le aconsejó—. Lee. A mí me ayudó para salir fortalecido, lo que no es fácil porque la cárcel confunde los valores. No olvides nunca que lo que es malo afuera, aquí se ve como normal o irrelevante. Es necesario distinguir lo que está bien y lo que no, para no caer nuevamente en la trampa. Recuerda, hay que tomar la prisión como un desafío y hacer de lo malo una oportunidad. No olvides eso, no lo olvides.

Usualmente, Simón tenía que machacar para que el Zorro entendiera algunos conceptos con los que pretendía civilizarlo, pues su amigo que era fiel como un perro, tenía cabeza de adoquín.

—Hazme un favor —continuó—, manda mis cosas a la casa de mi madre. Ya veré cómo me junto con ellas.

—¿Vas a buscar a los verdaderos culpables?

Simón lo miró pensativo. Enrolló apretadamente un traje de hombre y lo metió, junto con un par de zapatos, en un bolso que serviría de cartera.

—Hasta hace un rato pensaba que no valía la pena. El olvido, que es una forma particular de perdón, era uno de mis mayores logros. Pero ahora veo que la historia continúa. ¡Qué paradoja! Pensé que la dificultad estaría en reinsertarme, en encontrar trabajo. Lo que jamás imaginé fue que tendría que disfrazarme para salir; y menos aún, que una vez fuera tendría que esconderme como si fuera un criminal —dijo.

Los amigos se abrazaron emocionados en un adiós temporal.

* * *

El Ulises Bar, que en rigor es un cabaret, se encuentra ubicado en el barrio bravo del puerto. Es centro de congregación de marinos multirraciales, de prostitución encubierta, de los marginales porteños, de la droga y del juego. Ahí llegan recomendados los marineros, con la esperanza de saciar en tierra firme su sexualidad contenida por meses en alta mar.

Se acerca el mediodía. En el interior mal iluminado a esa hora, unos parroquianos juegan cacho y beben jerez en compañía de Bruno Falcone, dueño del bar, personaje turbio, pero de cierto peso en el puerto. Descuella entre la población local por su corpulencia y mayor estatura, su cintura es gruesa y sus manos densas y grandes. Usa trajes de buen corte y fina textura que mejoran su apariencia. Le gusta hacer creer que proviene de la burguesía genovesa, no obstante, sus modales poco refinados delatan un origen rústico.

Son un misterio las circunstancias que lo trajeron hasta este alejado rincón del mundo. Desde el primer día que pisó Valparaíso declaró estar de paso. Soy un trotamundos, se le oye decir, pero han pasado demasiados años como para creerle. Las gruesas lágrimas que cada tanto derrama, hacen sospechar que ese llanto esconde un regreso vedado a su tierra. Su temperamento a veces explosivo se contradice con su calidez en el trato. Es difícil decir si es del todo bueno o malo. Es un hecho que nadie pondría sus manos al fuego por él; salvo Julia Rocco que trabaja para él en el bar, que lo haría por amor y servidumbre.

Ahí está ella tras la barra. La piel pegada a los huesos, los ojos apretados y brillantes saliéndose de las cuencas. Ahí está, como todos los días, con su potencialidad de mujer consumida por un amor no correspondido. Mira insistentemente el reloj mientras abrillanta las copas con un paño. Faltan pocos minutos para las doce. Bruno se le acerca.

—Tu hermano ya está por salir, *amore*. Gerardo, sirva una corrida de coñac para celebrar —ordenó al camarero. Y se quedó apoyado en la barra entibiando el licor en sus manos, pensativo, pero con la mirada fija en Julia a través del espejo.

* * *

Temerosa de perder la micro, Marla corre en sus tacos altos dando pasos cortos por culpa de la pollera ajustada. Sus seis gatos remolones convencidos de que ella da un paseo, la siguen jugando cerro abajo, trepando y bajándose de los árboles, cruzándosele entre las piernas. Pero tan pronto ella traspone la esquina, regresan a refugiarse en la casa.

Lleva una camisera blanca y encima un chaleco ligero, pues hace calor. Vestida de forma sencilla, nadie pensaría que su ocupación es la prostitución, más bien parece una chiquilla cualquiera del puerto, solo que más linda.

Piensa que ese no es su día de suerte, pues en el apuro pisa las heces de un perro. Indignada grita: «¡Mierda, mierda, mierda!», mientras restriega afanosamente el zapato por la tierra, ensuciándolo aún más. Al oír el motor esforzado de la Cerro Cárcel subiendo se alza para hacerla parar, pero una violenta contracción la hace encogerse sobre sí misma. Con esfuerzo intenta dar un paso, pero sus piernas se doblan. Es lo último que recuerda antes de perder el conocimiento.

* * *

Carmiña Chavarri, una mujer de algo más de cuarenta años con apariencia juvenil y un marcado tipo peninsular —el cabello negro recogido en moño con redecilla—, baja apresurada del convertible y entra a un antiguo edificio de calle Condell. Sube en el ascensor hasta la consulta del psiquiatra en el tercer piso. Sin saludar ni preguntar a la recepcionista si el profesional está desocupado, irrumpe en el despacho.

El médico la mira perplejo, pero se siente incapaz de reprenderla, pues le teme a su personalidad impetuosa. Ella se sienta con decisión en el diván, enfrentándolo.

—Hoy sale el asesino de mi marido. El maldito le disparó a quemarropa y debe pagar por ello. Este es un día glorioso de ajusticiamiento —dijo con la mirada encendida—. ¡Han pasado diez años! ¡Diez años y aún estoy de duelo! —vociferó, masticando cada palabra—. ¿Qué fue de mí? Me enterraron junto con Vasco, pero estoy viva. ¡¿Acaso no lo nota?! Estoy viva, soy joven aún y quiero vivir. Quiero hacer el amor —dijo nostálgica—. Tengo tantos deseos de hacer el amor que voy a reventar de pasión y fuego —dijo. Repentinamente separó sus rodillas con sus manos, en un movimiento intimidante para el especialista que la miraba atónito—. Estoy ardiendo, me voy a quemar viva. —Se sacudió la pollera con las dos manos como para apagar el incendio—. Llevo diez años recostada en este diván, ¿y qué ha hecho usted por mí? Nada. Nada que no sea cobrar sus pingües honorarios. Ni siquiera ha entendido que estoy harta de ser la viuda resignada, cuando por dentro me comen las avispas. Aún soy joven, ¿no lo nota? —Pasó su mano acariciando sensualmente su talle y su vientre, y luego agregó lastimosa—: Me estoy secando, me estoy muriendo de aburrimiento. —Se quedó mirándolo fijo pero sin verlo. El hombre se asustó al verla desvariar—. ¡Y usted es un cretino que no entiende nada, absolutamente nada! —le gritó, tomó su cartera y salió indignada dejando la puerta abierta.

En la calle le subió un golpe de calor por el cuello hasta el rostro. Se echó aire con la mano. Caminó un rato, se sintió sofocada y se sacó la chaqueta. Inspiró profundo, levantó el pecho y caminó provocativa por una calle cualquiera del centro: llevaba la sensualidad a flor de piel. Los hombres, atraídos como animales por la hembra en celo, detenían su conversación sobre el acontecimiento del día y la piropeaban. Algunos lo hacían en forma soez al verla contonearse con evidente desenfado.

—Señora, empezó la guerra —le dijo un suplementero harapiento mostrándole *La Estrella de Valparaíso*, que con grandes titulares anunciaba: «Movilización General Decretada en Francia».

Como buena comerciante que era, Carmiña sacó cuentas veloces: la guerra no sería buena para su negocio; pero en ese momento no pareció importarle demasiado, tan absorta estaba en su propio drama. El niño la siguió, insistiendo, hasta que ella sacó unas monedas de su cartera y se las entregó. Tomó el diario y, ante la sorpresa total del pequeño, lo retorció y hundió en un basurero mosquiento. Siguió caminando indiferente a los comentarios que hacía la gente sobre la guerra.

De pronto fijó su mirada concupiscente en un letrero de pie atravesado sobre la vereda. El afiche mostraba a una pareja de bailarines entrelazados en un abrazo sensual, los cuerpos pegados, las piernas del uno entrecruzadas con las del otro. El letrero anunciaba: «Clases de Tango», más abajo, el nombre del profesor: Fabio Luna. Miró la fachada y leyó: Ulises Bar, se sonrió ligeramente y continuó. Avanzó unos pasos y se detuvo. Giró la cabeza y vio, en el envés del letrero, el mismo afiche con los bailarines entrelazados. Se devolvió y entró en el Ulises Bar a inscribirse.

Capítulo 3

Enfrentado a la paradójica situación de tener que salir disfrazado, a las doce en punto Simón salió en libertad vestido de mujer.

Se detuvo en el umbral de la amplia puerta completamente encandilado, como si viniera saliendo de la mazmorra. La calle entera y el mar al fondo se le metieron desordenadamente dentro de los ojos, y todo se nubló para él. Su corazón latió descontrolado. Le temblaron las piernas mal sostenidas en los zapatos de taco. Sintió deseos de retroceder y esconderse en la seguridad del penal. Ese pensamiento absurdo, aunque fugaz y cobarde, lo hizo salir del pasmo y avanzar.

Si bien el viernes no era día de feria, hoy la plazoleta estaba atestada de gente vendiendo barquillos; «maní tostado y confitado maní»; algodones de azúcar rosados y grandes como nubes. Los puestos, con sus toldos de colores desteñidos por el sol, ofrecían verduras, pescados y frutas frescas. Pero lo más sorprendente fue que tan pronto se abrió la puerta y él pisó el umbral, se sintió el guirigay de productos que ofrecían los falsos feriantes. Nunca hubo tanta aglomeración en el exterior de la cárcel en un día que no era de visitas, supo después.

Avanzó entre la gente. Un viento helado pareció ahuecar su espalda como si un disparo lo fuera a atravesar; temió quedar tendido en el suelo grotescamente vestido de mujer. Lo recorrió de arriba abajo un escalofrío de terror al distinguir apostados en la calle, como en una película de gánsteres, a un grupo de tres o cuatro hombres que acechaban como fieras la gran puerta. Entre ellos, había un joven de aspecto atlético con boina vasca sospechosamente apoyado en un reluciente Chevrolet azul con tapabarros negros. Al pasar por su lado, Simón sintió que sus pies dentro de los apretados tacos altos de la Camelia, oscilaban temblones y no adelantaban. Temió paralizarse o caer. Los hombres *la* miraron de reojo pensando que sería atractiva sin esos horribles anteojos de vidrio grueso. Uno de los esbirros preguntó la hora, y como ya habían pasado las doce comenzaron a preguntarse por qué no salía.

Agazapada tras la esquina lo espera Aída.
—Me dice la hora, por favor —le pidió a Simón, que pasaba por su lado.
Una descarga cerrada remeció su corazón, pues reconoció al instante el timbre de su voz fino como el viento entre las cañas. Debió contenerse para no abrazarla, como soñó hacerlo tantas veces. Estaba hermosa, aunque pálida. Miró el reloj; sus manos temblaban.
—Las doce y cinco —dijo.
—Gracias —respondió ella, sin mirarlo. Él siguió caminando lento para no despertar sospechas, pero se volvió a medias para contemplarla aunque fuera por un instante. ¡Qué burla!
Antes de salir de prisión, su propósito había sido subir por calle Cumming hasta avenida Alemania, y desde lo alto del cerro contemplar el océano y la ciudad en toda su magnificencia. Sobre todo, sentía una gran curiosidad por conocer el malecón terminado de construir un año después de que a él lo recluyeran, pero ahora dudaba. ¿Qué hacer, adónde ir, si ahora no podía ir a la casa de su madre? Un dolor punzante en un pie lo hizo contraer la frente, pero continuó. Alcanzó a preguntarse por qué no había venido Marla y a pensar que fue mejor así, cuando sintió un alboroto a sus espaldas. Rápidamente se sacó los zapatos y, sin mirar hacia atrás, corrió cerro abajo hasta el ascensor Reina Victoria. Saltó por encima del torniquete y alcanzó a entrar al carro, justo cuando sonaba el timbre y se cerraba la puerta. Escuchó a sus perseguidores que pedían a gritos que detuvieran la máquina. Se sintió mortalmente amenazado.
Una vez fuera del ascensor torció hacia Almirante Montt y bajó

a toda prisa por las estrechas escaleras de la empinada Templeman. Preocupado de no torcerse un tobillo en el suelo adoquinado del paseo Gervasoni, apenas miró la bahía que desde ese lugar exhibía su proverbial belleza. Enseguida abordó el ascensor El Peral hasta el plan. Ahí se sintió más seguro, pero aturdido por el ruido ensordecedor y el movimiento acelerado de calle Prat.

Durante un buen rato anduvo como ebrio entre la multitud alborotada por el comienzo de la guerra. Todos comentaban como si se conocieran, menos él. Deslumbrado con la efervescencia se dejó llevar como un turista en una ciudad extranjera.

Después de una década de ausencia todo parecía cambiado, novedoso o deformado por su memoria. Y si bien Valparaíso había dejado de ser el centro neurálgico de antaño, a él le pareció crecido y opresivamente populoso. Los terrenos baldíos habían sido ocupados por edificios modernos, cuya estética competía con las antiguas estructuras. Algunas construcciones fueron definitivamente reemplazadas. Las calles que recordaba amplias, ahora le parecían estrechas por el abigarrado movimiento vehicular.

El fresco olor a mar perfumado a yodo y brea cautivó sus sentidos. Tuvo deseos de caminar hacia la costa, pero le ardían demasiado los pies. Se emocionó al recordar a Aída espiando su Salida. Ella aún sentía algo por él; no era una ilusión. Y aunque le costaba creerlo, la sola posibilidad sabía a recompensa.

Se hubiese subido a un taxi, no solo para aliviar el dolor de pies, sino que también porque a pesar de la trágica experiencia vivida diez años antes, sintió una curiosidad enorme por rememorar esa suavidad como de lancha surcando un mar quieto, que había experimentado en el moderno Buick de Chavarri. Pero no tenía adónde ir. En una ocasión le había preguntado a Marla su dirección, mas como ella respondiera medio en broma: «En la punta del cerro», no quiso insistir. Se detuvo frente a algunos hotelillos en el centro, pero como no podría pagarlos se encaminó hacia los sectores más populares del plan.

En el barrio Puerto, el más antiguo de la ciudad, en la antaño famosa calle Cajilla (por su vida nocturna de bares y prostíbulos), encontró un estrecho cuarto en la parte posterior de una casa, que aunque pobremente alhajado contaba con entrada independiente.

De todas formas le pareció ventajoso comparado con la celda, donde no había espacio para la individualidad. Aquí, por lo menos, el colchón no era de paja y, además, se privaría de sentir los ronquidos y ruidos molestos de sus compañeros de presidio.

El casero lo miró con suspicacia; sin duda que su aspecto no era corriente.

—¿Su equipaje? —le preguntó.

Simón se justificó diciendo que venía en viaje. Pero la intuición del propietario le decía que esta mujer, con más aspecto de pasajera que de inquilina, sería un riesgo para sus exiguos ingresos. Solo la aceptaría pagando dos meses por adelantado. «Plata botada a la calle», pensó Simón, y le entregó parte del dinero que había ganado como tipógrafo en la cárcel.

A través de la ventana que daba a un patio rústico, vio un hermoso crespón de ramas torcidas y nudosas que comenzaba a dar los primeros brotes. Le hubiera preguntado de qué color eran los racimos en verano, pero para ese entonces ya no estaría ahí.

Se sentó en la cama con respaldo de bronce desgastado por el uso. Se quitó los zapatos y agitó los pies para relajarlos. Echó agua en una palangana que alguna vez tuvo diseño de flores, y metió los pies palpitantes en el agua fría. Las pulsaciones se detuvieron de golpe. Tuvo un recuerdo momentáneo de la cárcel.

¿Quién podía imaginar que al finalizar un decenio de encierro estaría escondido en un cuartucho absolutamente solo y sin saber qué hacer? Se sintió profundamente decepcionado, porque el sorprendente mundo de afuera le era vedado en su totalidad.

«¿Qué hacer?», se preguntó. Pensó en su madre que estaría preocupada imaginando alguna desgracia. Pero conociéndola, lo más probable es que pasado un tiempo razonable se acercaría a la cárcel y hablaría con el Zorro; hasta con el alcaide si fuera necesario. También pensó en Aída, en Julia, en Marla, en los compañeros de celda. Salvo el Zorro, nadie podría sospechar lo que estaba viviendo. Aída debió pensar que se equivocó de día. Y Marla, ¿qué le ocurrió a Marla?

Le sonaron las tripas. La noche anterior apenas había comido algo y hoy se le había atragantado el desayuno.

¿Qué diría el casero si lo veía salir vestido de hombre?

Entró en un boliche cercano atiborrado de gente. Olía fuertemente a fritura de pescado; se le hizo agua la boca. Con dificultad impostó la voz para pedir una merluza frita con puré y una copa de vino. Quiso comer el mismo plato que le había pedido a su madre, cuyo sabor tenía guardado en su memoria. El pescado nunca sería tan sabroso ni crujiente; de hecho no lo fue, porque el aceite estaba algo rancio. Pero igualmente le trajo reminiscencias que satisficieron su paladar y su espíritu.

El vino se le atragantó por beberlo sin compañía. Y si no se controla, se hubiera quebrado por culpa del espíritu ablandado por el alcohol. Sus sueños de libertad frustrada lo entristecieron. El muro que veía ante sus ojos era tan alto e infranqueable como el de la prisión. Y eso que aún no asimilaba en toda su magnitud el hecho de que querían matarlo.

Antes de volver a su cuarto intentaría un acercamiento con Julia. Y a pesar de sus pies hinchados —tuvo la mala idea de sacarse los zapatos mientras comía—, se dirigió al Ulises Bar, donde ella trabajaba.

Lo primero que vio al doblar la esquina en calle Cochrane, para su sorpresa, fue el auto azul con tapabarros negros estacionado frente al bar. Dos de los secuaces se paseaban vigilantes. Es cierto que en el pequeño Valparaíso todos se conocían, pero no dejaba de ser curioso encontrar conversando, secretamente, junto al vehículo, al joven de la boina vasca, seguramente hijo de Chavarri, a Walter Campbell —el padre de Aída, con su pequeño bigotillo hitleriano— y a Bruno Falcone. Los dos últimos habían declarado en su contra durante el juicio.

Le costaba creer que habiendo pasado tantos años la historia continuara con los mismos personajes. Si alguien quisiera matarlo lo entendería en el joven Chavarri, pero ¿qué tenían que ver los otros dos? ¿Había alguna otra relación entre Bruno y el capitán Campbell, que no fuera su fanatismo por la ópera italiana y, en particular, por Verdi? ¿Qué velas llevaba Bruno en este entierro?

Alcanzó a pensar que era mejor no acercarse a Julia por un tiempo, cuando uno de los sicarios lo reconoció y se lanzó en una carrera apresurada, sacando un arma y gritando: «¡La de pelo rucio! ¡La de pelo rucio!».

Simón dio media vuelta y salió escapando. Se esforzaba por ir lo más deprisa que podía, pero la pollera angosta y una ampolla en la planta izquierda se lo impedían. A medio correr alcanzó a sacarse un solo zapato, pues la peluca quiso caer y debió sujetarla. Corrió rengueando con la cabeza gacha para ver donde pisaba por encima de los anteojos.

Al doblar la primera esquina encontró entreabierta la puerta de una casa. Sin pensarlo dos veces, se introdujo. Cerró temblando de agitación y miedo. Se apoyó contra la puerta con los ojos cerrados. Exhaló. Percibió un silencio contenido en la habitación. Abrió los ojos. Una familia humilde, sentada alrededor de una mesa pulcra, escudriñaba estupefacta su figura grotesca de hombre/mujer. Un pequeño de no más de dos años lo miraba desde su sillita con los ojos redondos. De improviso entró la madre. Blandía en una mano una pringosa sartén con pescados flotando en aceite hirviendo y, en la otra, una espumadera. Simón temió que las emprendería contra él, pero la mujer se quedó contemplando su figura extravagante, hasta que afuera se escucharon voces que gritaban: «¡Para allá!». «¡Qué no, para acá!». «¡¿Se metería en alguna casa?!». «¡Pelo rucio, te dije!», vociferaba otro.

—Perdón —dijo Simón. Su voz de hombre y agitada los hizo estremecerse—. No he hecho nada malo, lo prometo. Me vestí con esta ropa porque me quieren matar. —Instintivamente ellos se pegaron contra el respaldo de la silla—. No. No se asusten, por favor. Esto es un error. Lamento… —alcanzó a decir cuando se sintieron unos golpes estruendosos en la puerta: ¡Tras!, ¡tras!, ¡tras!

Simón se apartó de un salto. La madre le hizo un gesto con la espumadera para que la siguiera hacia adentro.

El padre abrió tiritando de miedo antes de que echaran abajo la puerta. Los hombres irrumpieron apuntándolos con las armas y preguntando a gritos, dónde estaba ese «maricón vestido de mujer». Con el estruendo la guagua comenzó a berrear. Y si con la presencia de Simón la familia estaba sorprendida, ahora estaba aterrada.

Los sabuesos se internaron en la casa hasta que encontraron a la madre junto al fogón. La cocina impregnada de un intenso olor a fritura les abrió el apetito. Al no encontrar a Simón bajaron la guardia, porque para ellos también era hora de comer.

—¡Fuera de aquí! —gritó la mujer, y corrió amenazante con la espumadera chorreando aceite hirviendo, tras los hombres ahora sumisos por el deseo de comer.

* * *

En la misma micro que iba a tomar Marla para buscar a Simón, la subieron desmayada y la condujeron al hospital. Sangraba copiosamente cuando ingresó. Y luego, estando aún seminconsciente, le informaron, sin mediar palabras de aliento, que había perdido al bebé.

Un solo y estruendoso aullido remeció el hospital. Tras este, mil gritos y lamentos acompañados de violentas convulsiones que ni tres enfermeros lograban contener.

De repente todos sus sueños se habían derrumbado. Amaba a esa personita desde el desconocido momento en que la había concebido. Un sincero deseo de renuncia a esa vida licenciosa se había ido gestando en ella esas tardes de domingo en que visitaba a Simón en la cárcel. Con el embarazo este deseo fue tomando forma, hasta tal punto, que en un corto período de tiempo había dejado las drogas y el alcohol. Antes todo estaba bien, no había reproche, así era la vida. Pero desde hacía poco tiempo atrás, habían comenzado a repugnarle esas pieles indeseadas que se restregaban contra la suya, a no soportar las viscosidades pestíferas que la ensuciaban, a revolvérsele el estómago con cada nuevo trato.

Cualquier aspiración de un orden personal que inconscientemente venía persiguiendo, se truncó esa tarde de infierno en el hospital. Un orden que no era más que la búsqueda de lo común, de lo admitido. Y justo cuando había encontrado la punta de la madeja y comenzaba a desovillarla con esperanzas, al intentar tomar la Cerro Cárcel el hilo se cortó de golpe.

* * *

Resguardado por la oscuridad de la noche, Simón salió a comprar el periódico. Abrigó la esperanza de que sus perseguidores no lo reconocieran vestido de hombre.

Sus actuales circunstancias le impedían buscar trabajo como profesor o músico. Aunque también influía que buena parte de su virtuosismo en el piano y sus conocimientos teóricos, se habían entumecido junto con sus dedos por falta de práctica. En otro ámbito, tampoco le servían las nociones de tipografía que había adquirido en prisión. El mes anterior, la prensa se había referido a la crisis de las imprentas privadas ocasionada, en gran medida, por la competencia desleal de la imprenta fiscal que funcionaba al interior de la penitenciaría. Esta situación también sacaba de concurso el campo de la tipografía.

No sabía cómo enfrentaría una vida expuesta, pero era forzoso arriesgarse o dentro de poco moriría de hambre. Se compró un sombrero de fieltro para completar su tenida masculina. Deambuló un buen rato por las calles que tanto extrañaba recorrer, para disfrutar la noche en la ciudad iluminada y llena de vida.

Llegó hasta un kiosco cercano y pidió el periódico.

«¡Mayito!», llamaron desde adentro. «¡Ya voy, ya voy!», respondió Mayito, que a pesar del nombre y la pollera de lanilla escocesa, no permitía precisar con exactitud si era hombre o mujer debido a su mayor estatura, el cabello ensortijado y el párpado caído sobre el ojo derecho.

Miró al bello y joven cliente con la coquetería de una mujer, pero con la voz ronca de un hombre, le preguntó:

—¿Cuál quieres, querido?

Simón trató de disimular la impresión que le causaba encontrar esta hermafrodita peculiar que era Mayito. Probablemente él mismo se veía tan especial como *ella*, que lo miraba insistentemente con su único ojo bueno.

—*La Estrella* —dijo Simón.

En una librería adquirió un par de libros para engañar el encierro. De súbito le vino a la memoria que tenía prácticamente ciego a Quiñones, y que era urgente enviarle los anteojos. Pero lo haría mañana, porque ahora los necesitaba para el disfraz.

Las noticias de la prensa lo pasmaron. La guerra era perversa, en menor escala también lo era la cárcel. Odiaba tanto la una como la otra por el paralelismo de vivencias trágicas. Pero la guerra involucraba un número mayor de personas, muchas de ellas víctimas inocentes, amén de la devastación general. Le preocupó el efecto nefasto que tendría en la economía mundial y de rebote en la chilena, que no siendo nada buena podría empeorar. Para terminar de complicar su situación, los periódicos se referían casi exclusivamente a hechos relacionados con el conflicto, y nada decían sobre ofertas de trabajo.

El diario anunciaba para el domingo el desembarco del *Winnipeg*. Un viejo buque de carga que había sido acondicionado para traer desde Francia a algo más de dos mil exiliados españoles republicanos, que habían sido derrotados en la Guerra Civil Española.

El domingo se caló el sombrero hasta las orejas, se puso los anteojos del Zorro al borde de la nariz —intentaría mandárselos hoy— y se metió una pelota de algodón en cada mejilla. Estaba irreconocible.

Ese día soleado de primavera el puerto estaba alborotado por el evento. La gente se descolgaba de los cerros para ver el desembarco en primera línea. Hasta se encaramaban en las grúas para alcanzar una mejor posición.

Desde un lugar estratégico, Simón observó a su Valparaíso que se había vuelto loco de solidaridad y afecto hacia los refugiados.

La bienvenida fue grandiosa con la Banda Municipal interpretando los himnos patrios de Chile y España. Banderas y pancartas se agitaban por doquier. El ambiente era de júbilo.

Como era de esperar, en el comité de bienvenida estaba Aída con su padre, el capitán Campbell, y un oficial, probablemente el marido de Aída. Junto a ellos, Bruno Falcone y los Chavarri. También estaban en el muelle su hermana Julia y su madre, cuya mirada inquieta parecía buscarlo entre los asistentes; y tantos otros conocidos de antaño. Se empapó de la felicidad reinante, pero le dolió constatar que estando tan cerca, estaba lejos.

Simón pensó que Valparaíso se estaba trastornando con tanto acontecimiento, porque una vez pasada la magna ceremonia vio venir desde el sur un imponente velero de cuatro palos con sus cien velas desplegadas. Entró en la bahía como buque fantasma en medio de una ligera bruma costera. La gente no daba crédito a sus ojos, nunca habían visto un velero tan grande ni tan hermoso.

Era el *Priwall*, un mercante granelero que había salido remolcado en mayo desde Hamburgo. Debido a que lo sorprendió la guerra en territorio chileno, decidió quedarse en espera de un momento más propicio para retornar.

Ese mismo día Inglaterra le declaró la guerra a Alemania. Horas más tarde lo haría Francia. Chile se mantenía neutral.

Al día siguiente salió a buscar empleo vestido de hombre. Su currículum fue lo primero que le pidieron.

—Lo siento —dijo el empresario—, se necesita gente con experiencia en estructuras metálicas.

Estaba preocupado. Se fue hasta el puerto donde ofrecían una vacante de jefe de estibadores. El riesgo era enorme, pero él conocía bien ese trabajo, ya que era el puesto que ocupaba en la Oficina de Resguardo de la Aduana cuando ocurrió el funesto accidente. Fue un alivio constatar que quien recibía a los postulantes era un antiguo compañero de colegio y de barrio.

—Simón, no puedo tomarte aunque seas el mejor candidato. Los Chavarri te buscan. Ándate de Valparaíso y que nadie sepa que te vi, porque me echarían por no informar. Ahora que empezó la guerra la situación se va a poner más difícil para todos; échate a volar, mi viejo.

¿Adónde ir? ¿Con qué dinero?

Caminó sin rumbo. La ciudad combinaba en su arquitectura, y también en su cotidianidad, elementos modernos con arcaicos. Autos silenciosos compartían la calzada con destartaladas carretelas tiradas por caballos o burros, que avanzaban resonando sus cascos y defecando. El novedoso ambiente seguía siendo tan sucio y maloliente como antaño. De los rincones emanaban malsanos olores a orines y a basura descompuesta arrebozada de moscas. Perros esqueléticos que deambulaban por las veredas salpicadas de mugre y flemas, se rascaban la sarna viva. Esto era el Valparaíso real, no su idealización intracarcelaria: inodoro, aséptico, pulcro. Pero como quiera que fuese la realidad, posiblemente esta era la única ciudad donde lo feo era bello.

Iba tan ensimismado que solo tardíamente escuchó una voz que gritaba: «¡Agárrenlo! ¡Agárrenlo!». Sin mirar hacia atrás echó a correr; agradeció ir con zapatos de hombre. Detuvo la carrera en la plaza de la Intendencia y se confundió entre la muchedumbre, pues sería sospechoso pasar corriendo entre la gente que se había congregado para ver el Ejercicio General de Bomberos.

Esperó la mano que lo cogiera o la bala que lo perforara, pero policías de civil y uniformados, que de pronto estaban por todos lados, tenían reducido a un ratero en el suelo. Su respiración se agitó como si fuese él el detenido.

La muchedumbre morbosa se precipitó para ver lo que ocurría. Simón permaneció aprisionado entre los cuerpos, inmóvil, para sentir la tibieza que lo rodeaba, porque a estas alturas hasta sus ropas se habían congelado. Se sintió víctima de la más cruel de las soledades, aquella que busca calor entre la multitud indiferente.

Lo despertó un temporal de viento norte que golpeteaba firme sobre el zinc. Fue hasta la ventana. El sueño entrecortado por las preocupaciones lo tenía atontado. Le gustaba la lluvia, porque le recordaba el día que se encontró con Aída en el tren. Ella venía de su quinta en Villa Alemana y él de dar clases en Viña del Mar. Casualmente se sentó frente a ella. Se cohibió al constatar que la rubia de ojos azules acuosos que tenía al frente, era la hija del capitán Campbell. Estaba igual a cuando era pequeña, pero más linda. Accidentalmente se toparon sus miradas. Se escudriñaron unos instantes. Él desvió la vista. La lluvia pegaba en los cristales.

El muchacho tenía la nariz fina y recta como de dios griego, las cejas perfectamente delineadas y las manos blancas estilizadas. Era guapo. Su rostro le resultaba familiar, aunque el traje gastado por el uso y de mal corte, delataba a una persona de un estrato inferior. De pronto lo reconoció. «Hola», alcanzó a decir Aída, justo en el momento en que el ferrocarril frenó violentamente a causa de unos animales atravesados en la vía. Ella se fue sobre él. «¡Ay!, perdón. ¿No te acuerdas de mí? —dijo, incorporándose con dificultad—. Soy Aída, la hija del capitán Campbell». No obstante la bochornosa situación, le había hablado con esa seguridad despreocupada que tienen las chiquillas de su clase. El corazón de Simón dio un vuelco violento y se sintió súbitamente enamorado. Y no fue tan repentino, pues desde que era pequeño la miraba embobado jugar al luche con sus amigas en la terraza del paseo Yugoslavo, cuando su madre lo llevaba los jueves a la casa del capitán a hacer costuras.

Desde ese accidentado instante iniciaron una amistad que con el tiempo se convirtió en algo más.

Estaba en su quinto día de libertad y no se había logrado sacar los grilletes. Todos sus sueños se habían frustrado y el dinero se disipaba con celeridad. Puesto que Valparaíso era un mundo del tamaño de una nuez, comprendió que la única forma de encontrar trabajo sería mudando su identidad. Se teñiría el cabello rubio y se vestiría de marinero o cura, aunque de inmediato discurrió que las cofradías no eran el lugar más seguro para un perseguido en un medio tan estrecho. ¿De qué disfrazarse? De pronto se sintió víctima de un malévolo designio, pues vestirse de mujer se presentaba como la única salida viable.

Protegido por la oscuridad de la noche salió nuevamente a la calle.

En una peluquería de mujeres hizo teñir la peluca color azabache, como su propio cabello. Pidió que le hicieran un corte bajo la oreja y la peinaran con bigudíes. Se decidió por un traje dos piezas ancho en los hombros y la pollera corta hasta la rodilla, como era la moda. No le gustó el último detalle. Era chocante llevar las piernas al aire, además, daba frío. Pero, paciencia, así se usaba. Compró un par de blusas de tonalidades discretas, un par de medias, ropa interior y un sombrero de ala reducida, acompañamiento infaltable para cualquier mujer de trabajo. Se vio obligado a invertir en unos zapatos más holgados, pero el asunto no mejoró demasiado, porque si bien el tamaño adecuado aliviaba en parte, anatómicamente los pies masculinos eran más anchos.

La prensa mostraba en gruesas letras rojas la palabra: «Guerra», anticipando la sangre que se vertería. La gente comentaba acalorada los acontecimientos. Temían que a pesar de la distancia las hostilidades pudiesen llegar hasta Chile. «Valparaíso está muy expuesto», comentaban preocupados. Simón sintió deseos de explicarles que era muy difícil que el conflicto armado llegase hasta Chile, pero a la gente parecía excitarla el peligro.

Preocupado por Quiñones, que a estas alturas llevaba tres días en penumbra, le pidió a un suplementero —a cambio de varios centavos— que le llevara los anteojos a un amigo que estaba en la cárcel. El chico lo miró desconfiado. La palabra cárcel, policía, carabinero, provocaban espanto en el submundo de la pobreza, pero tratándose de una cifra que crecía a medida que se resistía, optó por aceptar.

Dejó en su guarida los paquetes con las compras y se dirigió al barrio chino. Deseaba encontrar a Marla, hablar con alguien, sentir que era un ser humano y no una rata de subsuelo escapando de las escobas. Se encaminaba a la Casa de las Sirenas, donde ella ocasionalmente trabajaba, cuando sorpresivamente la vio; o creyó haberla visto, porque primero no la reconoció. Estaba de pie bajo el haz de un farol, vestía ropa ligera a despecho del frío y la llovizna nocturna. Lucía delgada y frágil como flor de campo yermo.

No se acercó de inmediato debido a la impresión que le produjo constatar que Marla era una callejera. Para no desmitificar sus atributos como persona, en el período de reclusión había evitado imaginarla ejerciendo. Tampoco ella fue explícita en cuanto a cómo practicaba su profesión. Para el caso, no hacía diferencia que fuera callejera, salvo por su propia seguridad, ya que la calle era más peligrosa y con este día lluvioso corría el riesgo de contraer una neumonía.

Se dispuso a atravesar en el preciso momento en que un hombre protegido por un amplio paraguas negro se detuvo frente a ella. Cruzaron dos palabras. Ella lo siguió. Simón sintió lástima al verla ir tras el hombre como gata de agosto estilando bajo la lluvia.

Lo ocurrido lo percibió como la expresión de un destino hostil, pues cuando más la necesitaba ella se le escapaba. Sabía que era prostituta, de no amarla estaba seguro, pero siendo que la había tenido en momentos cruciales para él, era comprensible que lo afectara verla irse con un desconocido.

Los siguió por la calle mojada dando golpes con la mano, golpes secos y enrabiados contra un muro áspero de cemento, haciéndose heridas que lavaría la lluvia. Estaba fuera de sí, respiraba como si hubiera ido corriendo. No sabía si su malestar tenía que ver con el despreciable trabajo de Marla, con la profunda tristeza que lo consumía esa noche o si era por el duro revés que recibía su ego, pues Marla era la única mujer que había tenido.

Fue duro verla caer del pedestal. Aceptar la prostitución era una cosa; encarnarla en Marla, otra. Si su situación no hubiera sido tan precaria, se la hubiera arrebatado al hombre y la hubiera llevado consigo hasta su cuarto. En realidad, no fue por falta de dinero que no lo hizo; conociéndola, seguramente no le importaría. Lo que realmente ocurrió fue que puesta en un escenario diferente, la muchacha resultaba ser una completa desconocida para él. ¿Cómo aceptar que la poeta que recitaba elevados versos en las tardes de visita, era la prostituta que caminaba tras un desconocido en la noche lluviosa? Una Marla era esta; la que él conocía, otra.

«¡Qué diantre!», exclamó, y regresó a su escondrijo llevando las manos heridas en los bolsillos.

Capítulo 4

La clase de baile se impartía los sábados en una sala interior del Ulises Bar. Se accedía a ella por una puerta lateral a través de un corredor estrecho de baldosas sueltas y agrietadas.

Carmiña Chavarri llegó atrasada. Se detuvo con aire soberbio en la puerta. La sala parecía una caldera bullente de sensualidad vibrando al son de *La Cumparsita*. El espacio era relativamente pequeño, pero los espejos lo doblaban multiplicándose infinitamente las parejas con sus cuerpos pegados, ensayando pasos sinuosos y dúctiles. Obsesionada por culpa de su deseo carnal insatisfecho, percibió una excitación mayor de la que realmente existía. Pero, como quiera que fuese lo que ahí ocurría, era exactamente lo que ella necesitaba.

Observó a los principiantes que no daban pie con bola. Se colisionaban, se pisaban y dejaban escapar unas risillas nerviosas a causa de un traspié. De pronto lo vio. Lo estudió mientras se paseaba entre los alumnos sonriendo con expresión complaciente. Su aspecto era varonil y atlético, aunque no exageradamente musculoso, con un marcado tipo moruno. Este era precisamente el tipo de hombre que a ella le trastornaba. De dónde habrá salido, se preguntó, pues no era frecuente ver hombres tan guapos en Valparaíso.

Cuando el baile terminó, ella elevó la barbilla y cruzó el salón taconeando fuerte para llamar su atención. En todo caso, era imposible no percatarse de la presencia de Carmiña por su llamativa belleza. Y ahora, súbitamente embriagada por el ambiente, ya no era alguien que se desplazaba a través del salón, sino la voluptuosidad hecha mujer apuntando directo a su presa. Todos se volvieron para verla. El taconeo también distrajo a Luna, que inadvertidamente interrumpió las indicaciones que daba a una alumna.

No solo la encontró hermosa, le pareció demasiado distinguida para un grupo de bajo nivel como ese. ¿Qué podía buscar ahí una mujer como ella?

Carmiña le estiró su mano de guante blanco.

—¿Carmiña? —preguntó él, pues era la única de la lista que faltaba.

Ella asintió con una mirada tan directa y penetrante, que lo fulminó. Nunca nadie lo había paralizado como lo hacía esta hechicera. Para salir del encantamiento, el profesor hizo gala de lo que mejor sabía hacer, y la tomó entre sus brazos para bailar al sonido potente de ¡Yira!... ¡Yira!: «*Verás que todo es mentira, / verás que nada es amor, / que al mundo nada le importa... / ¡Yira!... ¡Yira!...*». Sus cuerpos se anclaron el uno en el otro con toda facilidad, como piezas que encajan magistralmente. Y la pista se abrió para ellos, sin sospechar que realizarían una experiencia sensorial íntima, insuperable, como tenía que ser porque se acababa de desatar una gran pasión.

* * *

Convencido de que la única forma de trabajar sin ser descubierto era vestido de mujer, al sexto día Simón comenzó su transformación.

Tomó con calma un café cargado para demorar el momento. Le costaba aceptar que siendo inocente debiera esconderse bajo un disfraz. Pero había algo extraño en todo esto. Vestirse de mujer lo había perseguido marcando hitos en su vida, no siempre buenos, a veces demasiado malos.

Existía una gran diferencia entre travestirse para entretener o salvar el pellejo al salir de la cárcel, a transformarse para vivir como mujer durante un tiempo indeterminado. Lo último implicaba un cambio radical, casi una transmutación cromosómica de macho a hembra. Lo que era preocupante, porque de ahí no había más que un paso para convertirse en hermafrodita.

Las ropas de mujer dispuestas sobre la silla anunciaban un futuro ambiguo. Pero como la hora avanzaba deprisa, debió dejar de lado sus disquisiciones y se encasquetó la peluca. El cabello crespo levantado a los costados lo hacía ver ridículo, tan mujer. Se la sacó de un tirón, la mojó, le puso gomina y la peinó tipo *garçon* —una melena corta con un mechón pegado bajo los pómulos— como se usaba la década anterior. Prefirió estar pasado de moda, pero lucir más varonil. ¿Más varonil?

Se puso el sostén que le ceñía asfixiantemente la espalda, y acomodó con cuidado el algodón dentro de él. Reemplazó su calzoncillo holgado por un calzón estrecho, que disimularía la prominencia de su sexo. Y si el portaligas era excitante en Marla, le resultó la prenda más primitiva e incómoda después del corsé. Compadeció a las mujeres prisioneras de un atavismo infame. Finalmente, ¿el portaligas iba sobre o bajo el calzón?

Se puso las medias con cuidado para que no se les corrieran los puntos. Se descubrió imitando la forma en que se las enfundaba Marla: primero las enrollaba sobre sí mismas y luego las desenrollaba, cuidadosamente, a medida que ascendía por la pierna. No era raro que reprodujera los movimientos de la muchacha, pues era la única mujer que conocía en la intimidad. Le había gustado el sexo, le había gustado el sexo con Marla; le gustaría tener una larga vida para hacer el amor hasta la saciedad.

Se calzó los tacos altos e intentó, aunque con poco éxito, distintas formas de caminar. Al final, debió optar entre un sigiloso y delicado andar felino —adelantando casi al mismo tiempo pie y brazo de un costado del cuerpo y luego del otro— y un andar casual, esto es, dejando los brazos sueltos para demostrar confianza. Le preocupaba sobremanera el descontrol de la voz, así que se decidió por un tono suave que le permitiría regular mejor su resonancia varonil. Hasta se rió practicando estereotipadas frases femeninas: «Me disculpa, voy a empolvarme la nariz». No quería parecerse a la Camelia ni a Mayito, que como modelos representaban todo lo que no había que hacer.

Pero el esfuerzo no daba resultados. Sus movimientos eran exagerados, torpes, visiblemente grotescos. Y era natural que así fuera, porque la forma de comportarse, la vestimenta, el lenguaje, hasta los juegos y juguetes infantiles, en fin, todo, absolutamente todo estaba social y culturalmente estipulado desde el nacimiento.

La posibilidad de parecerse a una de ellas era remota, si no impensable. Vestido de mujer no respondía al canon vigente de estilo y belleza. Su rostro era más crecido, su desarrollo corporal mayor y su andar inseguro. Su aspecto general tenía un aire extraño de hombre/mujer, sexualmente ambiguo o definitivamente andrógino.

La mañana era soleada y el aire fresco y trasparente. Inspiró profundo para asumir el papel, pero tuvo una sensación extraña: era como si el disfraz súbitamente lo convirtiera en el personaje. Se sobrecogió.

Se cruzó en varias esquinas con los hombres de Chavarri, los podía oler probablemente a causa del miedo. Transpiraba frío ante sus miradas inquisitivas. Pero cuando dobló la esquina en calle Blanco con Urriola, uno de ellos le dijo en voz baja: «¡Quién fuera papita para acompañar esa cazuelita!». Simón sintió el piropo como un golpe directo en el estómago, pero también lo tranquilizó constatar que su transformación se había consumado. Por primera vez podía apreciar en todo su esplendor a su Valparaíso que le había sido tan esquivo. El juego del engaño finalmente tenía sus compensaciones.

No podía convencerse ante la visión de tanta mujer hermosa que se le cruzaba en la calle; si hasta en las gordas encontraba belleza. Estaba obsesionado con las piernas descubiertas hasta la rodilla y su desnudez excitante. Le sorprendía la tranquilidad con que las mujeres se exhibían en la actualidad, cuando en la década anterior las habrían excomulgado. Más mujeres llevaban el cabello corto y sin sombrero. Anduvo un buen rato sintiéndose como en el paraíso. Pero poco a poco, y sin darse cuenta siquiera, dejó de verlas como hermosos seres sexuados, para observarlas como maniquíes portando tenidas que él mismo podría usar, más modernas, menos prudentes.

Pasó días golpeando puertas para posibles trabajos. La oferta laboral era reducida debido a la crisis que todavía afectaba a Valparaíso. Porque si bien los efectos de la guerra aún no se dejaban sentir, la construcción del canal de Panamá había hecho emigrar a los grandes financistas, dejando un vacío notorio en la economía local. Y ahora la guerra los volvía más precavidos.

Para los pocos puestos disponibles le faltaba algún antecedente o destreza. Los potenciales empleadores la contemplaban extrañados unos, interesados otros; pero finalmente le decían que le avisarían, lo que equivalía a un diplomático no.

Entonces decidió mostrarse emprendedora: «En un mes levanto su empresa»; o competitiva: «Soy tan capaz como cualquier hombre». Ellos enseguida comentaban: «Si casi parece hombre de lo inteligente que es», y de inmediato se preguntaban si los empleados aceptarían ser mandados por una mujer. Era obvio que no. Y también que a causa de ello se generarían problemas. Por lo tanto, era mejor «no invertir el orden natural». En el fondo, lo que verdaderamente les ocurría era que los asustaba. Una mujer así podría llegar a dominarlos, a superarlos incluso. Veían en ella el típico caso de la mujer emancipada y demasiado dotada intelectualmente para ser hembra.

Si no hubiera sido por la incertidumbre económica, varios la habrían contratado para acosarla luego. Pero sin saber dactilografía ni taquigrafía, no se justificaba una contratación.

Y aunque estaba de moda en los países del hemisferio norte que las mujeres ocuparan puestos de mando tradicionalmente masculinos, en estas latitudes los gerentes las rechazaban. Machistas y aprovechados de la posición de poder que les daba su sexo, los hombres del sur defendían su territorio aferrándose a valores tradicionales. Y manifestaban, sin escrúpulos, que el espacio público pertenecía a los hombres y el mundo de la familia a la mujer, suma y sigue. Porque a pesar de que Valparaíso era una ciudad cosmopolita, la sociedad porteña era conservadora y provinciana. Rápidamente Simón se dio cuenta que este era un mundo de hombres para hombres.

Era evidente que había errado la estrategia, porque el estereotipo decía que las mujeres raramente eran inteligentes. Se preguntó si sería posible que el comportamiento, nuestros pensamientos y motivaciones los determinara el sexo, vulgarmente, los genitales.

Fue a partir de estas vivencias que comprendió que la masculinidad estaba plagada de mitos. Los hombres, forzados por la presión social, se mostraban agresivos, sólidos o fuertes, cuando a veces eran emocionalmente frágiles. A menudo se preguntaba, qué era realmente lo femenino y qué lo masculino libre de todo convencionalismo social.

Estaba harto del rechazo y la discriminación. «Disfrácese de hombre e intente conseguir pasaje en un barco como tripulante», le sugirió alguno.

* * *

Con tanta contrariedad había perdido la cuenta de cuánto tiempo había pasado desde que salió. Compraría un calendario y marcaría los días, como hacía en la cárcel. Sin siquiera percatarse había llegado el largo fin de semana de Fiestas Patrias.

Acostumbrado a compartir en prisión, incluso las intimidades, le preocupó la perspectiva de estar solo en la ciudad enfiestada y borracha al ritmo del acordeón y la guitarra.

Saldría a la calle aun a riesgo de que lo descubrieran. Le hubiera gustado ir al cine para matar el tiempo, pero durante la fiesta nacional las salas estarán cerradas. Entonces, pensó, irá hasta El Membrillo donde seguro habrá una buena ramada. No participará de la juerga ni bailará, aunque le insistan —que es lo más probable estando solo y vestido de mujer—, pero se empapará de nacionalidad y de la alegría ajena achispada en la fiesta dieciochera.

Y en la fonda construida con ramas aromáticas de eucalipto recién cortadas —de las que colgarán las banderitas tricolores—, disfrutará viendo bailar cueca a las mujeres vestidas de huasa china, con sus llamativos trajes floreados y agitando en su mano un pañuelo blanco. Y entre coquetas y esquivas, entre vueltas y medias vueltas, con la otra mano se levantarán la pollera mostrándole la pierna al huaso, en señal de que por ahí va la cosa. Siempre serán más lindas. Mucho más lindas y femeninas que los travestis de la cárcel bailando, bajo una tosca enramada, un forzado pie de cueca y levantando polvo a raudales con sus crecidos pies.

También irá —aunque de pequeño nunca le gustaron los soldaditos de plomo, ni la guerra, ni la muerte, ni la preparación para la guerra y la muerte— hasta el Campo de Marte en playa Ancha, a ver la Parada Militar. Contemplará a los marinos en sus tenidas impecables desfilar en formaciones perfectas; y al joven que encabeza el desfile, hacer ostentación de sus habilidades lanzando la guaripola al aire.

Para los momentos de soledad que sin duda va a experimentar, se comprará un buen libro que leerá en voz alta para disimular el silencio.

* * *

La primavera llegaba con días buenos de sol, pero ventosos. Simón tenía la desagradable sensación de que el puerto de Valparaíso estaba cerrado para él.

Tener que vivir escondido y travestirse para sobrevivir, no solo le provocaba un fuerte conflicto emocional, sino que por momentos lo llevaba a confundirse. Y no es de extrañar que así ocurriera, pues el hecho de prepararse cuidadosamente para representar lo mejor posible al otro sexo, lo llevó a impregnarse tanto de las ideas, modos y hasta de algunas destrezas femeninas, que cuando cocinaba o planchaba su ropa no sabía si representaba al otro sexo o al propio.

La búsqueda infructuosa de trabajo, unida a la permanente preocupación económica, lo llevaron a considerar emplearse en el servicio doméstico. Aunque de inmediato lo descartó por descabellado. En tal caso, pensó, sería más sensato hacer aseo en algún boliche. ¿Y por qué no en el Ulises Bar, que tal vez le permitiría desentrañar la maquinación en su contra y estar al lado de Julia, su hermana, su par?

Era difícil ser mujer, tampoco era fácil ser hombre. Considerando que el tema daba como para desvelarse, lo dejó pasar y se durmió.

Al día siguiente se vistió como mujer de pueblo con calcetines y sin sombrero, pero bien aseada. Pensó que una mujer pobre pero limpia siempre causaba buena impresión, especialmente cuando los cerros padecían de escasez crónica de agua.

Era cerca de mediodía cuando dejó su casa para ir al Ulises Bar.

Se sentía incómodo en el disfraz de «mujercita del aseo», ya que las mujeres del pueblo eran bajas y rechonchas, mientras él con su tipo quijotesco atraía las miradas.

Se detuvo vacilante frente a la puerta roja de altos cristales biselados del Ulises Bar. Se disponía a entrar, cuando por casualidad se fijó en un letrero que llamaba a ocupar el puesto de «Cantante de planta para intérpretes con vasta trayectoria». La prueba sería esa tarde a las quince horas.

¿Qué hacer? ¿Presentarse? ¿Sería capaz de una representación de ese nivel sin que lo descubrieran? La oportunidad era única.

Incapaz de resolver, se fue hasta la explanada del muelle Prat a pensar. Se sentó en la escalinata; el agua golpeaba contra los peldaños de cemento. El viento norte arreciaba, y en la poza los botes se alineaban ordenadamente en la dirección del viento. Los pelícanos, con sus pesadas alas, peleaban contra la ventolera para guarecerse en las rocas; en tanto que los piqueros, con rápidos aleteos, se lanzaban en picado al mar.

Embutió los calcetines dentro de los zapatos e introdujo los pies desnudos en el agua helada. Los vellos de los dedos blancos de sus pies se mecían.

En los muelles, las grúas, cual cuadrúpedos prehistóricos gigantes, parecían listas a batirse a duelo con los enormes barcos. Entre ellos, los pequeños botecillos se mecían como coloridos insectos ignorantes del peligro. Igual de disminuido se sentía él frente a sus agresores.

Puesto que era difícil decidir, trató de concentrarse en el periódico que había comprado al pasar. Pero ese día, todos parecían gritar, chiflar o silbar en sus oídos a causa de las actividades de carga y descarga. Encima, ráfagas repentinas de viento se afanaban por arrebatarle el diario de las manos. Para el caso daba igual, pues no aparecía ninguna oferta laboral. Los acontecimientos locales habían perdido toda relevancia frente a la guerra, y era razonable, porque podían preverse los estragos: muerte, sufrimiento, hambre y devastación en todo el planeta.

El viento impetuoso terminó por cansarlo. Subió a la terraza. Se detuvo a contemplar la delgada línea en el horizonte que separa el mar del cielo claro. Esperó recibir una respuesta inmediata, como le sucedía antaño cuando tenía al mar por confidente, pero ahora lo notaba distante; de seguro molesto por su prolongada ausencia. Disfrutó el rumor del agua chocando contra los maderos de los botes. El aire frío le amorató la nariz y las manos.

Las sirenas próximas de los barcos le hicieron considerar que irse de polizonte no era una mala opción, pero eso significaría claudicar en favor de sus persecutores. Entonces, rápidamente recapacitó, y discurrió que si en el Ulises había comenzado todo, en el Ulises debería terminar. Y aunque sonaba efectista le sirvió para darse ánimo.

Gastó buena parte del poco dinero que le quedaba en un vestido beige con grandes flores negras y hombreras, que lo haría parecer una artista de renombre. La tela era suave y delicada al tacto.

Intranquilo, se preguntó qué estaba haciendo, pues si lo contrataban debería desarrollar una personalidad femenina apropiada y temió no poder lograrlo. Una cosa era aparentar ser una secretaria parca y reservada; otra muy diferente, una afamada cantante de cabaret. No sería fácil hacerse irreconocible frente a quienes lo habían tratado antes, o lo buscaban. Miró el reloj, la hora de la transformación había llegado.

Tuvo resquemores, además de dificultades para maquillarse, pues a causa de los nervios no podía sostener con firmeza los afeites. Antes de salir de su casa se puso un lápiz labial suave, pero al juntar los labios se le mancharon los dientes. Se los limpió con la lengua. Qué feo gesto, pensó. Una mueca burlona se dibujó en su rostro, pues con este maquillaje se parecía a Bebito, un muñeco de porcelana de Julia que abría y cerraba unos ojos enormes de pestañas largas, como las suyas.

Se encaminó al Ulises Bar dominado por sentimientos contradictorios de ofuscación y esperanza. Su corazón palpitaba al ritmo acelerado de sus pasos. Así vestido creía que representaba lo sumo del disfraz, el límite a que podría llegar su travestismo. Sentía que los transeúntes lo escudriñaban como si como si llevara sus vergüenzas al descubierto. Experimentó el mismo pánico que cuando era niño y su madre lo pilló probándose un vestido nuevo de Julia. Tras una violenta cachetada en la cara, lo había arrastrado de una oreja y lo había dejado en la puerta de calle vestido de niñita. «¿Qué diría mi madre si me viera hoy?», se preguntó.

Pero no era la vestimenta lo que más le preocupaba, sino el papel que debería desempeñar y la posibilidad de cometer un error garrafal. Empero, la oportunidad de encontrar un trabajo remunerado y descubrir la verdad, constituía un estímulo suficiente como para superar el marasmo que le provocaba el miedo.

Recaló en el Ulises Bar a la hora señalada en el cartel.
El Ulises de hoy lucía distinto al de antaño. El ambiente a media tarde era sombrío a causa de las escasas bombillas encendidas. Las

murallas estaban atiborradas de óleos de valor discutible, afiches, litografías y caricaturas de personajes ilustres que lo visitaban buscando esparcimiento. Las pesadas cortinas de terciopelo verde habían sido reemplazadas por otras de un escarlata vivo. Las mesas, cubiertas con manteles blancos impecables, estaban apiñadas mostrando el éxito del local. Al fondo se veía la tarima de madera iluminada para la prueba. Había un piano vertical negro y un micrófono en un pedestal. Sobre una silla descansaba una guitarra. La pista de baile, como siempre, estaba delante del escenario.

De momento, su mayor preocupación era la forma cómo reaccionaría Julia. Era un hecho que reconocería su voz. Casualmente, oyó a Bruno Falcone que le decía a la maltrecha mujer del aseo —a quien había pensado arrebatarle el puesto—, que Julia no vendría a trabajar debido a que estaba con una «*forte influenza*, una fiebre de cuarenta grados».

Durante la década de reclusión, Simón había adquirido un vasto repertorio de temas cubanos, franceses, italianos, árabes; en fin, tantos como la variedad de reclusos del mundo varados en el cerro Cárcel, que por las tardes aliviaban sus penas cantando. No tenía claro qué cantaría, pero siendo el bachicha un nostálgico de su país, había pensado en alguna *canzonetta* italiana. «Es un melómano», había dicho Julia de él.

Al principio las cosas no fluyeron como hubiera deseado. Bruno se sorprendió de ver a una mujer postulando. Y a pesar de que le dijo con fingida cortesía: «*Avanti* dama», no le tendió la mano ni le preguntó su nombre, como había hecho con los otros concursantes. Simón reconoció su desventaja frente a los seis participantes. Ellos calificaban, en primer lugar, por ser hombres, pero también por su ostensible estilo gardeliano: el cabello oscuro peinado a la gomina y corbata roja o de humita con lunares. Estaba perdido.

Agradeció que no le hubiera preguntado su nombre, porque no se había decidido por ninguno antes de llegar. Los nombres de mujer repicaban fugaces en su cabeza, como si no quisieran apodarlo. Empezó a sofocarse dentro del atuendo femenino anticipando su fracaso. Lo agobiaron las voces de los cantantes que salían amplificadas a través del micrófono. Pero cuando se preguntó cómo se oiría su propia voz, un miedo paralizante bloqueó su mente y no oyó ni entendió nada más de lo que ahí ocurría.

Bruno lo había dejado para el final. A dos de los cantantes les pidió que esperaran, al resto los mandó para su casa sin mediar explicaciones.

—La *donna, dove sta la donna?* —preguntó con impaciencia.

Simón estaba tan ensimismado, que no se percató que la *donna* a la que se refería Bruno, era él.

—¡La *donna*, ¿acaso se fue?! —gritó exasperado.

—Señora, le toca a usted —dijo, suavemente, la mujer del aseo tirándola de la manga.

Una descarga repentina de adrenalina lo hizo reaccionar, y caminó titubeante hacia el estrado. Dio unos pasos cuidadosamente felinos; bueno, eso por lo menos creyó él, pero en realidad su andar era vacilante e irregular.

Subió a la tarima y se acercó al micrófono como había visto que hacían los otros. Bruno no le quitaba los ojos de encima. Nunca había visto a una mujer desequilibrarse tanto en los tacos altos. Lo que no era de extrañar con esas piernas entecas que nada tenían que ver con las torneadas pantorrillas de las porteñas. Bruno se preguntó cómo pretendía la *donna* cantar en público con esos nervios desatados. Simón temblaba imaginando lo peor.

—*Che canzone canterà, eh?* —preguntó algo inquieto.

—Internacional —respondió.

—Balada *francese* —dijo Bruno, con un clap de los dedos.

A causa de los nervios, Simón no entendió.

—Una *canzone francese* —repitió, perdiendo la paciencia.

Simón recordó la canción favorita de un presidiario haitiano.

—*Parlez-moi d'amour* —dijo, y le indicó el tono al pianista.

Puesto que a Bruno poco le interesaba una voz femenina en el show, pues consideraba que «Las féminas siempre causan problemas», se concentró en unos papeles de contabilidad que tenía sobre la mesa; doble contabilidad, para ser precisos.

Pensando que la acústica del lugar opacaría su voz a causa de las pesadas cortinas, Simón se esforzó por alcanzar una potencia vocal que le permitiera sorprender y convencer. Desconociendo la eficiencia del micrófono, casi hizo reventar los vidrios con la primera nota. Bruno la miró exasperado y tras una mueca de desaprobación, le hizo un gesto para que continuara. Simón se alejó un poco, bajó la voz y se acercó cuidando de no distorsionar las notas agudas. Su sensibilidad auditiva le permitió comprender con rapidez el mecanismo de la amplificación: la voz debía salir suavemente de la garganta, la entonación iba bien con glisandos y el micrófono exigía cantar a menor volumen.

Bruno fue cautivado tras la primera nota normal. Literalmente, se le cayó el lápiz de la mano y se quedó boquiabierto escuchándola. Entendía escasamente el poético idioma, pero la voz matizada con sentimiento y dramatismo en la medida perfecta, hizo estallar su corazón al escuchar: *«Parlez-moi d'amour, / redites-moi des choses tendres. / Votre beau discours, / mon cœur n'est pas las de l'entendre. / Pourvu que toujours / vous répétiez ces mots suprêmes: / Je vous aime»*.

En un primer momento no pudo catalogar su timbre. Las notas, más graves que agudas, manaban precisas de la boca de la mujer. Era una voz excepcionalmente hermosa, aunque extraña.

—Tango argentino —ordenó Bruno de inmediato.

—*Bésame en la boca* —pidió Simón al pianista, y cantó—: *«Quiéreme en silencio / como nadie quiso, / bésame en la boca / con dulce ilusión...»*.

Bruno estaba completamente fuera de sí. Cuando ella llegó a la estrofa anterior, él cerró los ojos para capturar mejor los sonidos armoniosos que la cantante emitía con facilidad. Desmenuzó con cuidado su voz portentosa y sensual. La tesitura de mezzo-soprano le permitía alcanzar hasta cuatro octavas; la variedad de tonos secundarios, agudos y graves —la coloratura—, le proporcionaban color y personalidad; su timbre era cálido, claro, pero espeso y profundo. Y la potencia, oh, la potencia podría oírse fácilmente en la galería de la Escala de Milán.

—España —propuso Bruno de inmediato. A los anteriores postulantes solo les había pedido dos temas.

—*Ay Maricruz* —indicó Simón al pianista.

Intrigado, Bruno se levantó de su asiento y se aproximó para contemplarla de cerca. Dio vueltas a su alrededor. No podía creer lo que le estaba sucediendo. Ella entonaba con pasión: *«¡Ay, Maricruz, Maricruz!, / maravilla de mujer; / del barrio de Santa Cruz / eres un rojo clavel»*.

Hacía años que Bruno no oía algo tan excepcionalmente hermoso, tan perfecto. Su voz sensual, aunque había en ella un dejo varonil, lo tenía hechizado. Y si bien reconocía algo grotesco en el aspecto de la mujer, le pareció interesante.

—*Mamma* —dijo Bruno, saliéndose del repertorio de cabaret.

A estas alturas lo único que quería era complacer su espíritu. La hubiera dejado toda la tarde cantando para él; pero se vio obligado a interrumpir la sesión, porque las lágrimas saltaron a borbotones de sus ojos de niño grandote —nostálgico de su madre y de su Italia amada y prohibida—, cuando la oyó cantar: «*Mamma / ma la canzone mia più bella sei tu, / sei tu la vita / e per la vita non ti lascio mai più*».

—¿Tiene afiche? —le preguntó, atragantado por la emoción.

—Sí —mintió.

—¿Puede comenzar *domani*? —Simón asintió—, aquí *alle nove* con sus carteles y vestido *da sera*.

Julia le había contado que cuando Bruno estaba emocionado o enojado hablaba en italiano, y había agregado entre risas: «Con frecuencia se le confunde o lo mezcla con el español; es divertido». Simón tomó su cartera y salió prácticamente huyendo, temeroso de que le hiciera preguntas para las que no había venido preparado.

«Afiches, afiches», se repetía Simón caminando a toda prisa hacia el centro. Había visto algunos en revistas, pero no los recordaba como para reproducirlos. Compró unos lápices, papel grueso y una revista para ver los tipos de letras usados en los avisos y figuras.

De regreso en su cuarto comenzó a tramar una historia de viajes y pérdidas, éxitos y desengaños; una historia humana como la de cualquiera.

Capítulo 5

El vendaval de emociones que la cantante había precipitado en Bruno, lo tumbó en la primera silla que encontró. Tras el remezón inicial lo asediaron dos inquietudes. La primera, fue la certeza aboluta de haber visto ese rostro en alguna parte, pero le fue imposible recordar donde. La otra, más bien una curiosidad, ¿por qué una lírica postulaba a cantante de cabaret? Pero rápidamente se disiparon sus dudas, pues era frecuente en los últimos tiempos que tenores como Ortiz Tirado, José Mojica, Tito Schipa, Pedro Vargas, se proyectaran en el género popular.

De pronto, invadido por un pánico súbito de que ella desapareciera para siempre y no pudiera volver a oír su voz, chilló:

—*Come si chiama?! Dove vive?!*

Tampoco Simón sabía cómo se llamaría.

Invirtió casi todo el dinero que le quedaba en un traje de noche y en algunos brillos propios de una cantante de bar.

El resto de ese día y el siguiente hasta la hora de marcharse, los dedicó a preparar su presentación. Si no lograba la perfección de su papel, corría el riesgo de ser descubierto.

Los movimientos deberían ser elásticos y gentiles. Tendría especial cuidado de no poner las manos quebradas palmas arriba, como desmayadas, ni haría movimientos entrecortados como las locas de la cárcel que se creían dóciles féminas. Repasó con esmero el tono de su voz y la gestualidad, para que no se le fuera la vida por causa de un error. Se preocupó de no forzar los agudos y aprovechó la gravedad de su voz varonil, para mostrar estilo.

Fue sorprendente la facilidad con que logró ajustar la corporalidad, a pesar de que es más expresiva en las mujeres. A fin de cuentas no le debería extrañar, pues había nacido y crecido en un entorno femenino. Se acompañaría de una guitarra, ya que abrazado al instrumento tendría mayor control corporal. Modestia aparte, los aplausos vendrían. Agradecería recogiéndose levemente sobre sí mismo, pero si lo ovacionaban echaría la cabeza hacia atrás, como una gran artista poseída por el éxito. Pero el tirón de la nuez de Adán, impertinente y filuda, lo hizo comprender que ese movimiento lo delataría.

Buscó nombres que estuvieran relacionados con el mar, pero no era fácil encontrar uno después de tantos años anclado en puerto seco. Stella Maris, Estrella de María o Reina de los Mares, como indistintamente llamaban los navegantes a la Virgen María, su patrona, no lo satisfacían.

Ningún nombre parecía tener sentido, hasta que vino resonante a su memoria la voz del Zorro gritando en medio del jolgorio de su última actuación en la cárcel: «¡*Parecís* una emperatriz…!». Emperatriz… Emperatriz…, Emperatriz… repitió para sí, y le gustó su sonido poderoso, extravagante, regio.

Para realizar el afiche aprovechó los conocimientos de tipografía y diseño que había adquirido en prisión. Pero al no contar con los medios para hacer uno profesional, terminó imitando malamente a Toulouse-Lautrec, en una monocromía en sepia con tonalidades rojizas. En él se anunciaba con grandes letras a Emperatriz en el Cabaret Molino de Oro de Buenos Aires. Si Bruno Falcone llegaba a preguntar por el resto del material, se mostraría apesadumbrado y diría que se había perdido en un incendio. Total, el bachicha parecía estar comprado y poco le importaría saber de dónde venía ella y por qué. Al menos, no por el momento.

Desde hoy, y no sabía por cuánto tiempo, transgrediría su masculinidad a conciencia. Y si bien se trataba de un cambio temporal, no podía ignorar que era una alteración radical, en la que debería prestar su personalidad masculina a una mujer y feminizarse; en la práctica, invertirse.

En el difícil momento de la transformación de hombre a mujer extrañó la cárcel, donde por lo menos habría tenido al Zorro para compartir sus inquietudes, dramatizarlas o hacer mofa de ellas.

Miró las ropas y adornos recién adquiridos dispuestos sobre la cama. Con decepción constató que carecían de toda esencia femenina o *glamour*. Lo más probable es que se vería afeminado, y no femenino. Se preocupó. Por lo demás, no bastaban las ropas, necesitaba una personalidad femenina que le sirviera de referente para una cantante de cabaret. ¿Cómo hacerlo si su conocimiento de las mujeres era parcial? Marla le resultaba insuficiente, pues solo la conocía en el marco de la prisión; el recuerdo casto de Aída no se prestaba para ese propósito; su madre, no supo si alguna vez tuvo coquetería, y Julia había perdido todo atrevimiento a causa de su devoción por Bruno. La Camelia, por cierto, no servía, pues era el prototipo del travesti homosexual.

Un pánico súbito a exponerse y ser desenmascarado se apoderó de él. ¿Y si descubrieran el engaño? ¿Y si estando en el estrado se le produjera un trac en la laringe y no le saliera la voz? «Mejor no me presento», pensó, pero de inmediato recapacitó.

Tomó la sesión de maquillaje como el artista que transmuta su propia imagen con sustancias colorantes, o pinta una geisha en un grabado japonés. Había comprado unos polvos compactos —Pan-Cake de Max Factor— que hacían furor entre las actrices de cine, que le permitirían disimular los vellos salientes de su rostro. Puso un tono claro en los costados de la nariz para afinarla, y remarcó el ángulo interno de los ojos para transformar la mirada que podría delatarlo. No se puso pestañas postizas, porque las suyas eran densas como bosque virgen. Aplicó un carmín tenue en los labios para no exhibir sensualidad.

Maquillarse resultó ser menos ofensivo a su virilidad de lo esperado. Pero no siempre sería así. Sin embargo, le pareció tediosa esta vana función. Llevaba dos horas y aún le quedaba acomodarse la peluca.

Frente al espejo descubrió el poder de enmascaramiento de la cosmética. La Emperatriz que acababa de crear no tenía esa belleza de rasgos perfectos de las estrellas de cine, sino un ejemplar de raro atractivo. La contempló como si estuviera ante una obra de arte de fina textura, y tuvo la certeza de que si no sorprendía, por lo menos confundiría. Su mayor estatura y el peinado tipo *garçon* la hacían inclasificable, una combinación extraña de hombre/mujer.

SEGUNDA PARTE

Emperatriz

Capítulo 1

Se detuvo en la puerta del Ulises Bar como si estuviera clavado al piso. El ambiente festivo y turbio le hizo recordar la noche aquella en que perdió su libertad. La posibilidad de ser descubierto le tenía los nervios destrozados. La orquesta tronaba al son de *Caminito*.

Bruno Falcone, que había estado pendiente de la puerta, al verla indecisa se abalanzó sobre ella.

—*Avanti* dama —dijo, estudiándola con detención, ya que lucía diferente a la imagen que recordaba. Simón temió que lo descubriría—. Está bellísima *stasera*.

Julia la examinó desde su puesto tras la barra llena de aprensiones. En un primer momento, Simón creyó que lo había reconocido, pero lo desechó de inmediato al constatar que lo miraba con odiosidad.

A Julia le dolió comprobar que la cantante de la que Bruno tanto le había hablado, era una mujer interesante, aunque demasiado producida para su gusto. «Quién sabe qué mono será sin pintura», pensó. Empero, debió reconocer que mientras Bruno la escoltaba solícito, ella se desplazaba por el medio de la pista con la delicadeza de un felino equilibrándose al borde del precipicio. Ignorante de las especulaciones de su hermana, Simón le sonrió. Pero ella dio vuelta airadamente la cabeza. «¿Por qué, si ni siquiera conoce a Emperatriz?».

—¿Cuál es su nombre? —le preguntó Falcone.
—Emperatriz —respondió con voz insegura.
—Zarina, reina. *¡Imperatrice!* —dijo excitado—. ¿Cenó ya?

Y si bien no tenía hambre a causa de los nervios, no se pudo resistir al «bife a lo pobre» que le sugirió Bruno; plato que había anhelado intensamente en reclusión. La invitó a sentarse a su mesa.

Bruno observó estupefacto a esta delicada mujer tragar como una salvaje una fritanga capaz de romper el estómago a cualquier mortal masculino. En los hombres comer esas cantidades no solo era aceptado, sino exhibido, pero en ellas...

Emperatriz respondía con monosílabos a las discretas preguntas de Bruno, que parecía más interesado en verla engullir que en inquirir. Lo cautivó esa conjunción poco frecuente de gran devoradora y mujer enigmática, rasgos que según su criterio y amplio conocimiento del género femenino, deberían ser excluyentes. Ella no solo se veía especial, era especial. Bruno intuyó que tras esa contradicción se escondía un pasado tormentoso, pero prefirió no preguntar. La compadeció, deseó protegerla, sostener esa mano blanca que blandía con fuerza el tenedor sobre la carne jugosa. De pronto la vio abrir sus ojos negros, como si fuera presa de un dolor inusitado. Inicialmente, Bruno lo interpretó como un dolor del alma, pero cuando la vio ponerse pálida y llevarse la mano a la boca, comprendió que algo le había caído mal. Simón miró a Julia pidiéndole socorro, pero ella lo ignoró. Entonces, Bruno la llamó con un gesto autoritario.

Ya en el baño, una náusea estentórea salió de sus entrañas.
—¡Julia! —alcanzó a decir Simón, pero su hermana se había marchado.

Su entrada en el Ulises Bar no pudo ser menos propicia. No era una mujer, sino un salvaje vestido de mujer el que había entrado allí. Y si no había despertado mayores suspicacias, no fue porque llevara polleras, sino porque el Tano, como le decían a Bruno, era un cretino y los clientes estaban intoxicados por el alcohol.

La situación parecía haberse distendido. No obstante, se sentía como pisando un campo minado. Estaría perdido si algún expresidiario lo descubría. Y Julia, ¿cómo reaccionaría al oír su voz?

Bruno estaba tan excitado, que cuando subió al estrado para presentar a su nueva cantante, se le enredó un pie en el cable del micrófono. El tirón hizo caer el aparato con pedestal y todo al suelo. El micrófono se desprendió y rodó amplificando a través de los parlantes el estruendo de la caída, escalón por escalón, desnivel a desnivel. Los músicos de la orquesta típica miraban con curiosidad el escándalo que tenía Bruno en el escenario.

—*Oh, mi scusi, mi scusi!* —gritaba aumentando el alboroto, mientras su pesada humanidad se esforzaba por alcanzar el micrófono, que llegó hasta los pies de Emperatriz.

Bruno subió nuevamente al escenario. Pidió silencio y un aplauso para presentar a la nueva, la extraordinaria, la única: «Emperatriz, la voz más excepcional que jamás se ha oído en Valparaíso». Indiferente, la gente hablaba, reía y fumaba. Algunos aplaudieron. Simón se sintió más relajado.

Bruno le tendió la mano para ayudarla a subir. El contacto de su mano con la gruesa y blanda mano del Tano, de hombre como la suya propia, borró cualquier esbozo de sonrisa que habían comprado los aplausos. En cambio, Bruno interpretó ese congelamiento como la reacción eléctrica natural del empalme de sus manos, y se sintió conmovido.

Simón se acercó a la pequeña orquesta y les dijo: *Yo también soñé*. Enseguida se sentó en el taburete, tomó la guitarra y musitó un tímido «aló», reconociendo con alivio que la distancia era la apropiada. Sonaron los primeros acordes. Miraba fijo a Julia que raspaba furibunda hasta el último rincón de la vitrina, cuando él dio las primeras notas: *«Yo también soñé / cuentos de ilusión, / desde mi niñez, / y fue un sueño azul / el que me engañó en mi juventud».*

El impacto hizo detenerse a Julia. Aunque impostada, esa voz era idéntica a la de su hermano. Por unos instantes se quedó como petrificada intentando comprender qué ocurría. Levantó recelosa la mirada y lo vio a través del espejo: «¡Simón!», exclamó.

Bruno advirtió que Julia sonreía. Era evidente que había sido cautivada, lo mismo que él y los parroquianos, cuyos ánimos se fueron aquietando tan pronto su voz inundó el salón.

Subyugados por su mágica interpretación, nadie se percató de su aspecto extravagante, a nadie le interesó si había un cuerpo o un rostro tras esa voz. Lo único que percibieron fue la expresión vocal más perfecta que hubieran oído nunca.

Salieron del embeleso con una salva de aplausos. Unos comentaban maravillados, mientras otros parecían trasportados por la gloriosa exhibición vocal que había penetrado sus fibras más sensibles. Pidieron otra canción y luego otra y otra más, porque la voz de Emperatriz tenía algo de adictiva.

Por otra parte, la calurosa acogida del público hizo experimentar a Simón una sensación particular de felicidad y bienestar. Entendía una reacción así en el ámbito de la cárcel, pero sinceramente no lo esperaba aquí. Fue extraño lo que ocurrió. No solo los asistentes estaban conmovidos, también lo estaba él debido a que se había producido una correspondencia emocional, casi febril, con el público. Cuando cantaba en la cárcel hubo atisbos de esta emoción, pero nunca se había manifestado de la manera como sentía ahora que lo invadía una sensación creciente y sinérgica de placer.

Julia reconoció en su hermano el don de la música. Se sintió orgullosa. Bruno se veía doblemente satisfecho, pues antes de conocer a la cantante Julia había empezado con las escenas de celos: «Me dijeron que estaba embobado, que la hizo cantar por horas, que hasta lloró». Finalmente, pensó Bruno, la voz sin par de Emperatriz había triunfado sobre los celos absurdos de Julia. Le preocupaba la relación entre ellas, porque Julia era pieza clave en su negocio, y si bien él era un hombre de hondas pasiones, primero que nada era comerciante. Momentos antes, casi se le había paralizado el corazón al comprobar que el consumo había cesado por completo mientras ella cantaba. Pero respiró aliviado cuando pasado el aturdimiento inicial, arreció la sed.

Los parroquianos pedían sus canciones favoritas. Simón no sabía a quién complacer, hasta que un marinero uruguayo le puso un billete de diez dólares en el escote. «*Angustia*», pidió.

El poeta Pío Pérez U., Perupio, un parroquiano frecuente, se tendió en el piso con los brazos abiertos en cruz en señal de sometimiento. Como era usual, y esa noche con mayor razón, el bardo bebió hasta caer trasegado al piso.

Nuevamente esa sensación extraña de plenitud se apoderó de Simón cuando cantaba: «*Llora llorá corazón, / llora si tienes por qué, / que no es delito en el hombre, / llorar por una mujer...*». El público veía maravillado como el rostro de la cantante se volvía más y más plácido; estaba como trasportado, su voz era más emocional y sus movimientos tan sutiles como si estuviera en éxtasis.

Bruno comenzaba a sacar cuentas alegres, pues los clientes se volverían feligreses. Si bien no podía dejar de preguntarse quién era esta mujer de apariencia casta, y si no ocultaría un pasado vergonzante. Pero de inmediato comprendió que por ahora era mejor no indagar y sacarle el mejor partido posible, aunque era evidente que aquí había gato encerrado.

Julia apagaba una a una las luces del salón anunciando el fin de fiesta, cuando vio a su hermano adorado marcharse discreto encubierto en su disfraz. Todo cambiaría.

Al día siguiente Simón sintió que la presión de la ciudad sobre sí había cedido levemente; aunque en su esencia la situación no había cambiado.

Para llevar un ritmo de vida normal debería por encontrar pronto a los asesinos de Chavarri. Pero, al parecer, le preocupaba más su *performance*. El problema era que si seguía apuntando a lo exterior —forma y no contenido—, en el corto plazo su personaje resultaría estereotipado. La víspera se había esforzado por actuar como mujer, pero no bastaba con usar polleras y tacos altos, había que expresar feminidad en forma verosímil. Para ello, sería necesario buscar en él esa parte femenina que también tienen los hombres, dicen, y exteriorizarla. ¿Cuál era el lado femenil de un hombre? ¿Cuál el suyo? ¿Cómo extraerlo de su propia condición andrógina?

Buceó a fondo en su interior, hasta que vislumbró la existencia de una perspectiva femenina en esa forma particular y diferente de ver la realidad. Así, algo tan simple como la elección del vestuario, también involucraba una mirada desde lo femenino distinta a la del hombre, para quien vestirse pareciera tener un sentido utilitario más que estético.

Esa tarde volvió contento del centro. Cargaba un montón de fantasías con las que adornaría su ropa, como si fueran un hallazgo. Pero cuando al rato puso las baratijas en la mesa pegada a la ventana para observarlas a la luz natural, tuvo una fuerte decepción, pues tanto los materiales como los colores chillones eran notoriamente ordinarios. Lamentó haber malgastado el dinero, pero no se sintió culpable de no saber, de no conocer, ni de haber visto ni vivido por diez años la estética que regía en la sociedad actual.

Sin poder evitarlo hizo la comparación de su imperfecto travestismo, con ese Valparaíso plásticamente hermoso, pero desventurado y trágico, bello pero oscuro.

Capítulo 2

Bruno Falcone no estaba cuando Emperatriz llegó el segundo día al bar. Mientras esperaba su turno se preguntó cómo pudo Bruno comprar el local, cuando en aquel entonces era un simple e ilegal empleado extranjero. Antes no le había intrigado el hecho, pues los inmigrantes vienen determinados a «hacer la América» y amasan rápidas fortunas, pero desde que lo vio con Chavarri y Walter Campbell, hizo las conexiones. Bruno también estaba con ellos el día del aciago accidente.

La junta de Campbell con Chavarri no le sorprendió demasiado. Pero reconocer la participación de Bruno lo complicaba, pues su hermana se había enamorado de él desde el día que se encontraron en la calle años ha. Bruno se había condolido al verla en situación desesperada —probablemente a causa de su mala conciencia— y le ofreció un puesto en el Ulises Bar. Además, había sido un protector generoso.

Simón estaba tan ensimismado que cuando Bruno le estiró la mano para saludarlo, se levantó con prontitud —cuestión que jamás haría una dama— y se la estrechó con fuerza. Se percató de su error y la apartó rápidamente, pero al Tano ya se le habían encendido los ojos. Bruno, que se vanagloriaba de codiciado galán, entendió en ese gesto una complicidad silenciosa, y por qué no decirlo: la primera señal. Se conmovió.

Simón advirtió la gravedad de su descuido, pues ahora el cretino pensaría que Emperatriz estaba interesada en él. Se sintió inseguro. Temió y dudó de todo lo que hacía y decía, pues era el segundo error que cometía en pocas horas. El primero había acontecido camino al Ulises Bar.

Interesado por conocer el avance de la guerra, se detuvo en un kiosco cualquiera y pidió *La Estrella*. Cuál no fue su sorpresa al percatarse que era el kiosco de Mayito. Este o esta —no sabía cómo referirse a él/ella—, lo examinó cuidadosamente con su único ojo bueno. Experto en travestismo, era difícil engañar a Mayito.

A Simón le ardieron las mejillas bruñidas con el colorete. Sintió vergüenza, pero también indefensión y peligro, pues si Mayito que apenas lo había visto una vez lo había descubierto, cualquiera podría reconocerlo.

Sus preocupaciones recién se disiparon arriba del estrado, cuando la primera nota produjo ese encantamiento perturbador, prodigioso, mágico, que provocaba su bella voz en el público. El poeta Perupio cayó de hinojos rendido por el caos emocional que la voz le causaba. Pero también Simón era tocado por ese hechizo que lo hacía experimentar placer al cantar. Mientras actuó, el silencio fue respetuoso como en un entierro. Esa segunda noche, Bruno fue definitivamente cautivado.

* * *

A medida que pasaban los días y gracias al fervor de los parroquianos, Simón se sentía más seguro. Sin embargo, los errores que a menudo cometía, lo hacían tomar conciencia del riesgo que implicaban las conductas seudofemeninas. Lo visible no era lo más importante, era necesaria una penetración acuciosa de la sicología femenina que le permitiera llegar a representar un «ella» creíble. ¿Cómo manejar el miedo que a menudo paralizaba a Simón/Emperatriz? ¿Cómo manifestar alegría, ira o tristeza? La expresión de las emociones era, sin duda, el aspecto más difícil de la transformación.

Las respuestas llegaron solas. En este corto período de tiempo, tal vez por la presión a que estaba sometido, su emocionalidad se había vuelto en extremo cambiante. Frente a situaciones de tensión entraba en un estado de inquietud incontrolable, con enojos breves pero intensos. No podía entender qué le sucedía cuando asumía el rol de mujer, hasta que comprendió que Emperatriz tenía respuestas emocionales propias, mucho más femeninas que masculinas. Y puesto que esas reacciones no las reconocía como suyas de antes, pensó que probablemente habían emergido desde su yo femenino. Simón temió que en su afán de no parecer masculino, se estuviera yendo al extremo.

¡No era fácil ir por el mundo vestido de mujer!

Una mañana soleada y diáfana de septiembre, como suelen ser las mañanas de primavera en la costa, Simón salió a hacer algunas compras. La trasparencia del ambiente le insufló energías positivas y se entregó gozoso al presente absoluto. Un perro vago lo seguía como si él fuera su amo.

Su intención era comprar un espejo con buena luna para fijarlo a la puerta del ropero; pero también, un regalo para su madre. Lo primero lo consiguió con facilidad. Sin embargo, cuando debió elegir entre varias blusas que la dependienta dispuso sobre el mostrador, no supo por cual optar porque no conocía sus gustos. En realidad, su madre era una completa desconocida para él.

Antes de caer preso la relación con ella era escasa y distante; aunque con el tiempo esta se hizo más cordial. Salvo impedimento, doña Adela lo visitaba todos los domingos. La comunicación, sin embargo, se limitaba al estado mutuo de la salud, ropa limpia y cosas que le llevaba para comer. En general, tenían poco que decirse. En la vida de ella no pasaban cosas de interés, y él no quería preocuparla con los hechos del salvaje mundo de la cárcel. En el fondo, ambos deseaban que la hora pasara pronto y reconocían, tácitamente, que la visita era más llevadera cuando iba acompañada de Julia.

Hasta cierto punto, Simón no se sorprendió cuando se iniciaron los primeros encuentros, si se considera que el espacio vital de Valparaíso era reducido.

Discurría sobre la forma absurda en que disfrutaba su libertad, cuando sorpresivamente vio venir a Aída bajo una sombrilla blanca de encaje. Se quedó helado. El reflejo fugaz de un vehículo que viraba le dio en plena cara y lo cegó. Y cual si hubiera sido una visión, con la misma rapidez con que se había presentado, desapareció. «¡No!», exclamó, y corrió buscándola entre la muchedumbre, hasta que de pronto —como si hubiera salido de la nada—

se encontraron frente a frente. Clavaron sus miradas sin parpadear, justo cuando empezaban a tañer las campanas de la iglesia de La Matriz. «¿Es él?», se preguntó ella. Lo había buscado en todos los hombres y mujeres del puerto. El porte coincidía, la figura también. Pero le costaba asociar los ojos soñadores de Simón que la habían enamorado, con la mirada zorruna que tenía al salir de prisión o con estos ojos esmeradamente maquillados. De pronto, la calle atestada de gente pareció un bosquejo a su alrededor, como si Valparaíso solo consistiera en ellos escrutándose.

Avanzaron lentamente. Al cruzarse sintieron la energía potente que se desprendía de sus espaldas, como en un duelo. Se volvieron, sus ojos se incrustaron como dardos cargados de preguntas respecto a qué había sucedido con ellos después de una década. Ella necesitaba confirmar si esa persona era Simón, mientras él la grababa en su retina como retrato viviente que se desea conservar. Despertaron del hechizo con la última campanada. Entonces, como por encanto la ciudad se puso en movimiento. También ellos.

Simón decidió seguir su camino sin mirar atrás. Era imposible que ella lo hubiera reconocido. Salvo Mayito, por las consabidas razones, nadie lo había descubierto, ni siquiera su hermana. En la esquina enfiló hacia su pieza lleno de recriminaciones por no haber tenido el valor de abordarla, pero le había resultado bochornoso revelarse en esa identidad.

«Maldita debilidad de mi carácter», masculló, considerando injusto imputarle fragilidad emocional a una Emperatriz que recién nacía. Pero de inmediato se cuestionó, porque era absurdo pensar que la emotividad, la sensibilidad o la debilidad eran patrimonio exclusivo de lo femenino. Él había visto a unos cuantos reos flaquear en situaciones extremas, en tanto que sus mujeres eran unas hembras poderosas que asumían el doble rol de madre y padre, cuando ellos caían en desgracia.

«Esto no puede volver a repetirse», se dijo a sí mismo, decidido a recuperar el control de su vida.

A Aída no le extrañó que se siguiera vistiendo de mujer, pues estaba al tanto del riesgo que corría. Pero lucía tan diferente, tan mujer, que bien se podía confundir con una santiaguina o una extranjera. Temerosa de volver a perderlo, lo siguió. Se detuvo en la puerta de la casa donde él había entrado, totalmente confundida e irresoluta.

Un impulso repentino hizo a Simón abalanzarse a la ventana. Ahí estaba ella, como una colegiala con sus pies bien juntos, olfateando el aire por si una brisa le daba una señal positiva. Se quedó inmóvil por un rato, como desconcertada, y luego se movió indecisa como queriendo entrar, pero al rato lentamente se marchó.

Simón se quitó la peluca y la lanzó lejos. Le costaba creer que ella aún se interesara en él, a pesar de las diferencias que en todos los planos existían entre ellos y que quedaron al descubierto en aquellos días de la Fiesta de la Primavera de 1929.

Desde el inicio supo que no había sido una buena idea integrarse a la orquesta que amenizaría las actividades de la temporada primaveral. Deslizarse al mundo de Aída por la puerta trasera, era exponerse a situaciones inconfortables para ambos. Pero lo que jamás imaginó fue que ella haría público su enamoramiento por él. Lo había obligado a bailar: «Soy la reina y a una reina se le obedece», le había dicho. Y luego, sin más, lo había besado delante de todo el mundo.

Él siempre supo que esta relación no podía prosperar. No tenían actividades ni amigos en común. Sus familias no se conocerían, si no fuera que su madre había formado parte de la dependencia. Se reunían en lugares secretos para que el padre de Aída no los descubriera. Para el mundo de ella, Simón provenía de ninguna parte: marineros, costureras, «gente del servicio». Para rematar, era músico.

En honor a la verdad, ni el padre de Aída ni Simón entendían su obcecación por él. En una oportunidad Simón le dijo:

«—Realmente no entiendo qué ve en mí.

«Ella se quedó mirándolo fijamente.

«—Yo sí sé. Su pasión por la música, pero sobre todo su reserva, el misterio.

«—¿Misterio? —preguntó él, sorprendido.

«—Sí, porque creo que nunca podré llegar a conocerlo del todo, y eso es probablemente lo que más me atrae. Por favor, no me haga buscar razones porque podría haber muchas, o ninguna. Si quiere piense que es un capricho, pero le aseguro que es mucho más que eso. Yo le podría hacer la contra pregunta: ¿Qué ve usted en mí? Seguramente diría que soy hermosa, porque es cierto que lo soy —rió—, pero eso no sería suficiente. Hay más, el amor no se puede explicar porque simplemente es».

Ella reconocía diferencias entre ellos. No obstante, se rebelaba contra las prescripciones, los *comme il faut*, y todas las rigideces que consideraba «provincianismos» después de su estada en París. A ella le gustaba la vida de la gente corriente fuera de los muros de su clase, pero Simón sabía que aquello no era más que la rebeldía natural de la juventud.

«—No se ciegue —le decía él—, los nuestros son mundos que no se topan. ¿Cree usted por casualidad que su padre me aceptaría?

«—Jamás —respondió ella con franqueza».

Ese «jamás» quedó grabado para siempre en su memoria. Los recuerdos habían cobrado tal vitalidad, que cuando tocaron a la puerta dio un salto. De inmediato se puso la peluca y abrió.

Ahí estaba ella con su pelo rubio impecablemente peinado. Un aroma ácido le hizo saber que venía de la peluquería. Teniéndola cerca pudo ver que ya no era la niña que guardaba en su memoria.

—¿Usted es Simón, verdad? —preguntó con recato.

—Sí. Entre, por favor —respondió, y de inmediato se acercó al espejo para quitarse el maquillaje. Se sentía incómodo y ridículo metido en ese disfraz.

Aída se detuvo en medio del cuartito estudiando cada detalle. No pudo evitar reírse cuando lo vio repartirse la pintura negra alrededor de los ojos. Simón sonrió nervioso; avergonzado se disculpó nuevamente y se lavó la cara con abundante agua. Enseguida se cambió la ropa detrás de unas puertas que había comprado en una demolición que servían de biombo. Por fin era Simón frente a alguien.

—¿Cómo está usted? —le preguntó ella.

—Comparativamente mejor que el día que me vio salir de la cárcel. Estoy trabajando como cantante mujer en el Ulises Bar, me hago llamar Emperatriz. No tuve otra alternativa, estoy bajo amenaza de muerte.

—Lo sé —dijo ella, bajando la mirada.

—¿Su padre?

Ella negó.

—Quisiera ayudarlo, pero no puedo —respondió cortante.

—Discúlpeme, no debí mencionar a su padre.

—No se preocupe —dijo moviendo negativamente la cabeza, y luego agregó—: Tengo que irme, ¿puedo volver otro día?

—Es lo que más quisiera.

El sol entró mientras ella salía, y en el cuarto quedó su perfume flotando en el aire.

Ella volvería.

* * *

Como un espectro con el corazón resquebrajado salió Marla del hospital. De un jardín cualquiera escogió una rosa blanca que simbolizara la pureza, la inocencia y el silencio perpetuo de su hijo. Subió en el ascensor Panteón y luego avanzó, a duras penas, por calle Dinamarca hasta llegar al Cementerio de Disidentes. Mientras ascendía hacía realidad su pérdida, y redimía sus culpas hundiendo hasta hacer sangrar las yemas de sus dedos en el tallo espinoso de la flor.

Sintió a sus espaldas el clop-clop, clop-clop-clop resonante de los cascos de unos caballos. Se hizo a un costado. Pasó por su lado, casi rozándola, una carroza blanca tirada por cuatro corceles, también blancos, como de cuento de hadas. Dos cocheros la guiaban, y un lacayo iba de pie en la pisadera posterior para proteger al angelito en su cámara de cristal. La representación de la muerte engalanada de blanco y oro, la fantasía del carruaje y los sueños de fausta eternidad que ofrecía la religión católica y su pompa, la hicieron cambiar de dirección y entró en el Cementerio N° 1, el católico, donde eligió la más hermosa vista de la bahía.

Se hincó. Con sus manos hizo una tacita en la tierra donde plantó la rosa con la cual enterraba simbólicamente a su hijo. Terminada la penosa ceremonia, deambuló como extraviada por los cerros que la vieron nacer. Recién en la tarde tomó el Camino Cintura que la llevaría hasta el cerro Mariposas, donde vivía. Durmió esa noche y el día siguiente casi completos. No comió nada; tampoco pensó en Simón.

Al tercer día se vistió para su trabajo de ramera y se fue hasta el barrio chino. A pesar de que la noche estaba oscura y lluviosa, decidió no ir a la Casa de las Sirenas, ni a ningún bar del puerto. Necesitaba castigar su pérdida irreparable. Mientras esperaba bajo un farol que alguien la levantara, recordó por primera vez a Simón.

Su medio hermano, el Zorro Quiñones, la había convencido de atender «a ese pobre cabro que nunca ha tenido una mujer. Y si no le dan un *rempujón* se va a volver loco o maricón». A pesar de que estaba en deuda con él, Marla no quería asistirlo. Había oído que los penados creaban una fuerte dependencia afectiva con las prostitutas que los visitaban; hasta se casaban con ellas. Pero también sabía que cuando salían las repudiaban y las abandonaban —a veces con hijos—, al constatar que no era posible compartir con ellas la vida en sociedad.

Una tarde en que visitaba a su hermano casualmente lo encontró. Una vez más la impactó su trato cálido y el interés sincero que ponía en el otro al conversar. No sonreía con frecuencia, pero cuando lo hacía emanaba bondad. Hablaba lo justo y parecía resistir su confinamiento con estoicismo. Hubiera querido saber más de él, de su pasado, conocer sus sentimientos, pero solo relataba generalidades acerca de su persona. Cuando al fin se enteró de que el joven y bello prisionero era un artista, un músico, abrió su corazón que había tenido celosamente sellado.

La primera vez que estuvieron juntos para tener sexo, ella le preguntó:

«—¿Has visto una mujer desnuda? —Él no respondió—. Ven, desabróchame la blusa. —Ella notó que al muchacho le temblaban las manos—. Desde los hombros bájala hacia atrás, déjala caer. Ahora empuja la pollera hacia abajo, y al subir trae la enagua. Sácala, déjala caer».

«Y mientras ella le enseñaba, Simón reconocía un dejo rítmico en sus indicaciones.

«Marla se había quedado en sostén y calzón, los pies algo separados. Simón la miraba embobado. Ella se alejó un poco y se tomó el cabello con ambas manos. Con los codos en alto giró contoneándose para que él la viera.

«—He visto en los calendarios —dijo algo turbado.

«Ella hizo un gesto de "eso no es nada", y se sonrió. Lo miró brevemente y apartó la mirada.

«—Eres muy linda —agregó Simón.

«—¿Sabes qué hay debajo de esta ropa?

«—Me lo puedo imaginar.

«—Ven, suéltame el sostén.

Simón la abrazó para desabrochárselo, y se quedó muy quieto cerca de ella sintiendo su perfume dulce y excitante.

«—¿Qué sucede?

«—Me gusta tu piel, tus formas —dijo, y la deslizó con delicadeza sobre el catre como si fuera un cristal frágil».

Y en ese ambiente poco propicio, ella le dio una clase magistral de sexo y él, un alumno aplicado, la hizo sentir placer.

Este episodio recordaba Marla bajo el farol en esa noche inclemente, cuando un hombre joven, guarecido de la lluvia por un enorme paraguas negro, demandó sus servicios. Había en su habla un dejo de acento español.

Una vez dentro de la habitación, el hombre se sentó en una silla sin sacarse el abrigo; los brazos enlazados en el pecho.
—¿Qué desea? —preguntó ella, pensando que era un voyerista. Y sin esperar a que respondiera, comenzó mecánicamente a desvestirse.

Él la miró por un rato, era hermosa, las sinuosidades de su cuerpo eran perfectas.
—No quiero nada de eso —dijo, con brusquedad—, quiero que me hables de Simón Rocco.
Ella se puso rápidamente el vestido para disimular su nerviosismo.
—No conozco a nadie con ese nombre —respondió.
El joven se levantó amenazante y se plantó delante de ella.
—¡Vamos, ¿me vas a decir qué no conoces a Simón Rocco?!
—¿Qué pasa con él? —preguntó levantando la vista.
—Lo estamos buscando y dicen que tú lo conoces.
—Solo en la cárcel. Le presté servicios… Nunca lo he visto afuera.
—Y estos días, ¿dónde estuviste? Estabas desaparecida, ¿estuviste con él?
—No.
El hombre la tomó del pelo casi elevándola del suelo. A Marla se le cayeron en forma involuntaria un par de lágrimas, no solo por el dolor físico que fue considerable, sino porque esto era demasiado para su ya maltratada humanidad.
—¿Dónde estuviste, perra?
—Es mi cuento —respondió, aunque intimidada por la ferocidad del joven, agregó—: pero le juro que no lo he visto.
—¿Lo juras?
—Lo juro.

—Hasta las perras se dicen católicas —dijo con desprecio, y la soltó.

Al verla tan hermosa aunque a maltraer, la bestia supo que Simón se le acercaría. Era atractiva como para que cualquier hombre quisiera tenerla a su lado.

Tiró los billetes pactados sobre la cama. Pero antes de marcharse le previno que se cuidara, porque se verían nuevamente.

Ese era Jesús Chavarri, el joven, violento y cruel hijo que había criado Carmiña Chavarri en amargura y soledad.

* * *

A pesar de todas las dificultades que tenía que sortear, cantar le estaba resultando una experiencia gratificante. El reconocimiento del público constituía una verdadera compensación a sus preocupaciones, pues le permitía alcanzar esos momentos únicos de gloria. Debía admitir, sin embargo, que ser aplaudido, adulado y gustar eran asomos de vanidad nuevos en él. «Es posible que sea Emperatriz a quien le gustan los aplausos», pensaba con ironía, porque Emperatriz era él.

No le había sido fácil adaptarse a este mundo que lo había recibido a puñetazos y patadas. Tampoco lo fue conectarse con su ciudad, como si no fuera la propia, la de siempre, la que él esperaba encontrar. Todo parecía cambiado, o era que ahora él veía la ciudad desde una perspectiva diferente.

Los días habían pasado veloces. No podía creer que iba a cumplir un mes en libertad y que le habían ocurrido tantas cosas imprevistas. Empero, de todo lo sucedido, nada fue más importante que el encuentro con Aída, que lamentablemente no había vuelto a aparecer.

Por alguna extraña combinación, la música siempre había funcionado como su tabla de salvación, pero también como su cruz. Los días de infancia, que no fueron días felices, Simón se refugió en el piano que había pertenecido a su abuela paterna. Su pasión por el instrumento era tan desmedida que su madre comenzó a restringirle los horarios, hasta que terminó por prohibírselo del todo alegando que descuidaba los estudios. En vista de que no podía controlarlo en su ausencia, resolvió enviarlo a estudiar a la biblioteca. Tampoco eso sirvió, porque la culpa no era del piano, sino del reiterado maltrato a que ella lo sometía. Puesto que no había castigo que lo hiciera dejar de tocar, la entonces joven y cerril Adela optó por amarrar con un alambre la tapa del instrumento. El alambre funcionó como púas clavadas en el corazón de Simón.

«Este niño no tiene cerebro, solo orejas», decía, sin entender que el bajo rendimiento que ella catalogaba de «flojera supina», no se condecía con la facilidad con que completamente solo aprendía a tocar piano y sacaba las canciones que oía en la radio.

Simón era un niño solitario. A veces, Julia lo estimulaba para que saliera a la calle a jugar con otros niños, pero él se rehusaba alegando que le pegaban o lo molestaban.

«—Tú les pegas de vuelta —lo animaba ella.

«—Pero ellos son más grandes. Igual prefiero jugar contigo —respondía él».

Simón tenía alrededor de seis años cuando Julia entró en la pubertad y dejaron de interesarle los juegos infantiles. Con el fin de los juegos terminó el cambio de papeles y de vestido, y junto con ellos las demostraciones de afecto y dulzura que recibía de Julia en la simulación.

En un esfuerzo por compensar el sufrimiento de su hermano, Julia le permitía encender la radio por las tardes. Entonces, él se pegaba al aparato y escuchaba los programas musicales que tanto le gustaban, mientras ella se instalaba en la ventana a vigilar la llegada de su madre. Doña Adela solo autorizaba encender la radio los domingos, porque la luz era cara.

Al poco tiempo, sin embargo, Simón comenzó a resentir la falta de cariño. La reacción fue total: náuseas, dolor de cabeza, sensación de ahogo y a encerrarse en sí mismo; tanto que terminó por preocupar a las mujeres.

La mejoría llegó de la mano de un vestido a cuadrillé blanco y negro recogido en la cintura, que doña Adela le regaló a Julia. Y pese a que encontró lúgubre el color, al día siguiente, cuando ambas salieron, se lo puso frente al espejo y volvió a recuperar en el juego afectos que parecían extinguidos.

Para el día 29 de septiembre la prensa había anunciado el arribo de la nave *Copiapó*. Al igual que el *Winnipeg*, había sido habilitada para traer a más de doscientas personas, entre chilenos que regresaban de Europa, exiliados españoles y judíos que huían de la Alemania nazi.

El *Copiapó* zarpó desde Hamburgo horas antes del comienzo de la guerra, y fue el último buque en salir. El viaje fue en extremo peligroso, se supo luego. El canal de la Mancha estaba atestado de submarinos alemanes que podían torpedearlo, pero también existía el riesgo de colisionar con minas flotantes. Puesto que en los océanos imperaba el mismo clima de beligerancia que en tierra europea, durante dos o tres noches, a pesar del riesgo, debieron viajar con las luces apagadas para evitar ser torpedeados.

Simón no quiso perderse el espectáculo emocionante de la llegada. La recepción fue calurosa con el muelle atestado de gente abrazando a los viajeros y comentando la arriesgada travesía.

* * *

Puesto que el trabajo en el Ulises Bar trascurría sin sobresaltos, el temor a ser descubierto disminuyó notablemente. Lo único que había aumentado en esos días, era el interés de Bruno por Emperatriz.

Esa noche entró tranquilo al local. Apenas cruzó el umbral la vio. Fue tal la sorpresa que dio un respingo. Estaba sentada en un rincón, prácticamente echada sobre la mesa. Escribía en esas pequeñas servilletas de bordes ondulados y lustrosas por uno de sus lados, que alguna vez había sacado arrugadas de su cartera para leerle sus poemas atormentados y psicodélicos. A Simón le había costado descubrir por qué en la escritura de Marla había dos o más personalidades y variados estilos y contenidos, hasta que se enteró de su adicción al opio. Es probable que fuera la falta de continuidad estilística, la que influyó en que perdiera los Juegos Florales el año anterior.

Simón se preguntaba si lo reconocería, justo cuando la muchacha levantó la vista para pensar y fijó los ojos en Emperatriz, pero sin verla. Estaba pálida, pero mucho más linda que cuando lo visitaba en la cárcel con ropa de calle y sin pintura. Llevaba un vestido de raso color mostaza, escotado en la espalda, y un chal rojo oscuro calado que caía desenfadado por su hombro, hasta tocar el taco de su zapato también rojo.

Simón no había vuelto a recorrer el barrio chino desde que comenzó a trabajar. Y si bien tenía libre los domingos, sería imposible encontrarla porque ella nunca trabajaba en domingo.

En ningún momento imaginó que verla nuevamente le causaría tal impresión, o quizá fue lo inesperado de su presencia y no poder decirle quién era. Nadie los presentó ni lo harían, siendo ella una buscona como tantas que llegaban por las noches a instalarse ahí. Emperatriz, como cantante, pertenecía a una categoría superior dentro del submundo del puerto.

Marla se veía tan hermosa, y aunque no era una belleza arquetípica, producida para la noche era una pintura.

No fue una indiscreción de parte de la muchacha lo que le preocupaba, puesto que ella tenía la astucia del estigmatizado. Lo que realmente le molestaba, era imaginar que dentro de poco ella estaría bebiendo y fumando sentada en las rodillas de cualquiera. Y como hacían las otras prostitutas, de un momento a otro se marcharía abrazada de algún marinero con destino a un hotelucho de mala muerte. La sola idea le oprimió el corazón.

Marla, la mujer sensible, la poeta que él admiraba, se puso en trance al escucharlo interpretar: *«Golondrinas con fiebre en las alas / peregrinas borrachas de emoción... / Siempre sueña con otros caminos / la brújula loca de tu corazón...»*.

Las fibras más frágiles de su emoción habían sido instantáneamente tocadas. Se sintió elevada, inspirada, y repelió con manotazos a los hombres, que se le acercaban solicitando sus servicios u ofreciéndole una copa. Lo único que ella quería era oír, oír, oír.

Simón aprovechó que Julia se había sentado en la mesa de Falcone a tratar un asunto del negocio, para acercarse.

—Permiso —interrumpió Simón. Julia siguió con la cabeza pegada al cuaderno, como si no lo hubiera oído. Simón entendió que se trataba de una estrategia—. Julia, ¿usted conoce a alguien que pudiera coser para mí?

Julia se quedó mirándolo con sus ojos saltones muy abiertos, pero sin responder.

—La *sua mamma*, Julia —salió Bruno al paso—. Ella cose *molto bene*.

—Mi madre hace vestidos de bautizo —replicó.

—Pero ese vestido azul que le hizo le queda *bellissimo* —dijo Bruno tratando de contentarla.

—Si usted quiere puede ir a mi casa y hablar con mi madre.

Era extraño, pero Julia parecía abrirle con dificultad las puertas de su hogar.

Cantaba en su segunda salida cuando vio a Marla aproximarse a Bruno. Le dijo algo al oído y se dirigió a la puerta. Antes de salir, sin embargo, se detuvo para escucharlo cantar: *«María de la O, que desgraciaita / gitana tú eres teniéndolo to. / Te quieres reír y hasta los ojitos / los tienes morados de tanto sufrir»*. Al terminar la canción aplaudió mirándolo fijamente, le sonrió, y se marchó. Simón sintió un gran alivio al verla irse sola.

Simón no sabía que a Marla la había puesto Jesús en el bar como cebo para atraerlo. La había presionado. De no hacerlo, lo menos que le había ofrecido era el infierno. Si bien en cierta forma ya lo había vivido, cuando la hizo hacer sexo en esa forma tan animal. Le había dicho perra, asegurándole que así era como a ella le gustaba, aunque jamás se lo consultó. Marla entendió que la había querido dominar. Y lo había conseguido porque le infundió pavor. Ella distaba mucho de sorprenderse frente a cualquier perversidad, las conocía todas; pero, la forma, el tono, el mandato, habían sido ultrajantes. Contra todos sus principios de independencia, debió acatar cuando le prohibió que se fuera con otros hombres, doblegando así su libertad a fuerza de miedo. Ella no lograba entender qué tenía que ver una cosa con otra.

Con el paso de los días la muchacha debió reconocer que la bestia se fue dulcificando en el sexo. Y seguro que con una buena dosis de masoquismo de su parte, disfrutaba de ese sexo salvaje, cuyos actos y placeres se repetían hasta hacerla perder la conciencia.

Con la cartera colmada de billetes y a pesar del cansancio, subía en el funicular de buen humor, porque como quiera que fuese había sido satisfecha. Así lo demostraban sus caderas, que oscilaban involuntarias por la persistencia del sexo aún palpitante. Al mirarla, los hombres de gris ardían en deseos que satisfacían recién a la vuelta del trabajo con su mujer, pero pensando en Marla.

* * *

Cuando Simón salió de la casa de su madre ese sábado, llevaba restos de comida para alimentar a los perros hambrientos que a menudo lo seguían.

Se sentía feliz por el momento de distensión vivido en el hogar familiar, pues había llegado esperando encontrar hostilidad y censura.

Es cierto que al principio doña Adela lo había mirado con aire recriminatorio, pues si alguna vez tuvo temor de que fuera un afeminado, ahora era una mujer. Pero recapacitó de inmediato: «Lo único que me importa es que estés vivo. Te he buscado tanto... Jamás te hubiera reconocido. Te ves hermoso», le dijo, sin saber que había hecho reventar por dentro a Julia, que no podía soportar que hasta ella viera con buenos ojos a su hermano vestido de mujer.

A Simón le sorprendió una actitud tan comprensiva. Esperaba que de una u otra forma lo desaprobara, pues tenía traumáticamente grabado el día que lo había dejado en la puerta de calle para avergonzarlo. Pero ahora se mostraba mejor dispuesta hacia él. Tanto que si su presencia no despertara suspicacias, se habría quedado para siempre en ese ambiente familiar guarnecido de muñecas con vestidos de bautizo, cintas de raso y gorritos de encaje que ella confeccionaba. Pero un par de extraños apostados en la esquina lo obligaron a marcharse.

—Seguro que en esta calle hay un soplón —comentó doña Adela.

Al pasar junto a los sicarios los oyó decir: «Es Emperatriz, la cantante del Ulises Bar». Simón ni siquiera los miró, hasta tal punto era su certidumbre.

Julia le había dado unas disculpas nimias por el desapego demostrado en el bar, algo así como: «No quiero entorpecer tu esfuerzo». Simón notó cierta falsedad en sus palabras, pero lo dejó pasar aunque sin entender qué le ocurría realmente. Sin embargo, cuando le comentó que le había sorprendido ver a Bruno conspirando en la puerta del Ulises, ella saltó como una fiera:

«—¿Por qué dices "conspirando" y no conversando?

«—Porque estaban con él las mismas personas que me esperaban a la salida de la cárcel, las mismas que me metieron en prisión, las mismas que hoy me buscan para matarme».

Julia había bajado la cabeza. En el fondo, no quería reconocer el involucramiento de Bruno en esta historia trágica y cercana. Inconfesadamente enamorada de él, una pasión superior se había apoderado de ella cuando iniciaron un amorío que se sostenía a base de besos ocasionales, y uno que otro sobajeo que le proporcionaba el Tano para mantenerla esclavizada en el Ulises Bar. Y lo lograba, pues esta relación insustancial limitada a los caprichos del jefe, era lo único parecido al amor que recibía después de que el carro la dejara hacía rato. Julia estaba consciente de que eran migajas, pero se consolaba con un inteligente «peor es nada». Siendo así, era fácil comprender que no permitiera que nada ni nadie la privara de esa poquita cosa que el Tano ocasionalmente le aflojaba. ¿Cómo explicárselo a Simón? ¿Cómo pedirle que se alejara del bar si estaba ahí por una causa superior, salvarse? ¿Cómo confesarle sus celos, si Bruno jamás fue tan solícito con una mujer como era con Emperatriz, y Emperatriz era un hombre, él, su hermano?

Simón debió admitir que Julia, su propia hermana, había cambiado sus fidelidades. Por lo demás, era absurdo esperar que luego de tantos años todo siguiera igual. Las cosas cambian, las personas también; más aún, todo el tiempo uno está cambiando por dentro y externamente hasta hacernos extraños incluso a nosotros mismos.

Veía el sometimiento pasional de Julia y el oportunismo de Bruno, como el hambre y el deseo de comer. Aunque no negaba un cierto afecto de parte de Bruno, pero en los términos de que cualquiera aprecia a un perro fiel. Era cruel pensar así de su hermana, pero saltaba a la vista. ¿Por qué le molestaba tanto a Julia su presencia en el Ulises Bar? ¿Acaso tenía celos del favoritismo del bachicha por Emperatriz? En tal caso, tendría que reconocer que su hermana se había vuelto loca. Así como iban las cosas, dudó si llegado el momento Julia lo dejaría en la estacada o se las jugaría por él.

Se fue a su cuarto a descansar antes de ir a su trabajo. Al llegar encontró una nota de Aída encajada en la puerta. En ella le decía que lamentaba no haberlo encontrado y que intentaría venir la próxima semana. Instantáneamente cayó abatido en una nube negra y densa de depresión.

Intentó dormir, pero estaba intranquilo. Recordó que a esa hora se impartían las clases de tango en el Ulises Bar, y que el profesor Luna había invitado insistentemente a Emperatriz. Y a pesar de que le dolían los pies, ir le serviría para salir del hoyo emocional en que había caído.

Entró por la puerta lateral. Desde afuera se oía la música sonar a todo volumen. Él no era hombre de bailar y tampoco lo sería como mujer.

Luna lo presentó a sus alumnos como «la voz más hermosa y singular de los últimos tiempos, o de siempre», exageró.

—Bueno, pues que si lo hace tan bien que cante —ordenó Carmiña Chavarri con un retintín despótico, para cortar a Luna que estaba alabando en exceso a la cantante.

Simón se dio vuelta para ver quién era la persona que con acento español le ordenaba que cantase, como si él fuera su empleado. Cuál no fue su sorpresa al encontrar ahí nada menos que a la mujer de Chavarri; la misma que quería matarlo, la misma que lo había condenado antaño ahora le hablaba enrabiada. Se quedó paralizado esperando que lo reconociera.

Simón movió negativamente la cabeza, pues a pesar de la impresión se resistió a cantar, menos aún si las órdenes venían de uno de los causantes de su desgracia. Pero frente a una demanda general abrumadora, no tuvo otra salida. Solo uno, dijo, y solo un tango cantó.

Incitados por su voz los asistentes sintieron una necesidad imperiosa de salir a bailar. Cogiendo al primero que tenían a su lado, hombres y mujeres se lanzaron a la pista. Pusieron en el baile toda la pasión que había en ellos. Los más vehementes hasta se sintieron enamorados de su circunstancial pareja. Al terminar la canción le rogaron por otra, pero Simón se negó. Para salvar la situación, Fabio les recomendó que vinieran esa noche al bar. Los hombres se abalanzaron a sacarla a bailar.

—Yo no bailo, hago que otros bailen —dijo, tratando de eludir la incómoda situación. Traspiró helado al percatarse que la señora Chavarri lo observaba fijamente desde un rincón. Tan pronto el profesor invitó a Carmiña a ensayar un nuevo paso, Simón salió disparado rogando que a ella no se le ocurriera jamás poner sus pies en el Ulises Bar.

No más pisar la calle vio acercarse a la Vieja, antiguo compañero de reclusión. Cargaba en una mano el acordeón y, en la otra, con su bastón blanco iba tanteando la vereda y pidiendo paso: tac-

tac-tac-tac-tac. «Salió libre», pensó Simón, e instintivamente se echó hacia atrás. Esperó que pasara, pero cuando lo vio detenerse en la puerta del bar se sobresaltó. Sin pensarlo dos veces corrió hacia él, lo tomó del brazo y lo arrastró lejos de la entrada. La Vieja pensó que lo estaban asaltando.

—Soy ciego. Ciego y pobre —exclamaba horrorizado, aferrándose frenético al instrumento.

—¡Cállate imbécil, soy yo, Simón Rocco —le increpó en una reacción violenta—. ¿Adónde vas?

El hombre comenzó a mover aprisa las aletas de la nariz tratando de reconocer a Simón, que olía diferente a causa de su doble aroma de hombre/mujer.

—A trabajar en el Ulises Bar —respondió.

—Mira Vieja —le dijo en un tono tan sentencioso, que el hombre tembló—, escucha bien lo que te voy a decir: estoy cantando en el Ulises Bar como mujer; digo, me hago pasar por mujer. Te prevengo, pobre de ti que se te ocurra decir quién soy, porque te mato. ¿Entendiste? Te mato.

El ciego fue presa de tal terror que cuando Simón lo soltó, inusitadamente perdió la orientación. Y como si su brújula interna se hubiera descompuesto, comenzó a dar pasos perdidos hacia todos lados, golpeando con su bastón a tontas y a locas, ora yéndose contra el muro, ora cayendo angustiosamente a la calzada. Impresionado al verlo sin norte, Simón lo tomó con firmeza y lo dejó enfrentando la puerta del local.

—Solo faltaba un ciego para completar el elenco —comentó Simón.

La Vieja refunfuñó algo que terminaba en *ón*. Simón se rió.

No había calculado el impacto que tendrían en él los reencuentros, tanto los deseados como los inevitables en la ciudad de sus amores, ni la paradoja de tener que admitir situaciones dolorosas o extrañas: como ir de visita a su hogar de siempre; descubrir sentimientos ambiguos en Julia; admitir que Marla pertenecía al submundo de la prostitución; ver a la Vieja perdida en el perímetro de un metro cuadrado. Pero la jornada no había terminado aún y esa noche de sábado venía larga.

Lo primero que vio al entrar esa noche al bar fue a la Vieja, que arrugó la nariz tratando de reconocer la presencia femenina de Simón.

No faltó nadie, o casi nadie, del pequeño mundo de Simón Rocco. Se deleitaba con un mariscal picante —a Bruno no dejaba de impresionarlo su afición por una dieta pesada a esa hora de la noche— cuando llegó el capitán Campbell, el padre de Aída. Bruno lo invitó a la mesa y le presentó con entusiasmo a su nueva cantante, pero Campbell le prestó escasa atención, ni disfrazado lo aceptaba. Un temblor repentino de su mano lo hizo salpicar en el vestido el caldo de mariscos y vino blanco. No pudiendo controlar su agitación, dijo que no tenía más hambre y pidió que le retiraran el plato

—¿Alguna noticia? —le preguntó Bruno a Campbell.

—Ninguna.

Emperatriz se disculpó y fue a su camarín a limpiar las manchas que habían ensuciado el vestido.

Esa noche, como todas las noches desde que Emperatriz comenzara a actuar, había lleno total. Hombres y mujeres de los más variados estratos y procedencias llegaban al bar atraídos por su nombre.

La primera canción que le vino a la memoria arriba del escenario fue una de la serie *Los Campanilleros*. Secretamente se la dedicó a Campbell: «*A la puerta, / a la puerta de un rico avariento / llegó Jesucristo y limosna pidió. / Y en lugar de darle la limosna / los perros que había fue y se los echó. / Pero quiso Dios, / que los perros de pronto murieran / y el rico avariento pobre se quedó*».

Marla llegó cuando él cantaba. El ceño fruncido revelaba en ella algún disgusto reciente. Se sentó en una mesa y chasqueó sus dedos. Al rato le llegó un Martini seco. Intentó concentrarse en la canción, pero sus vecinos de mesa no le permitían escuchar.

—¡Por qué no se callan, los *huevones*! —gritó.

Marla plantó su codo sobre la mesa entre las copas y botellas a medio vaciar, y apoyó la cara en la palma de su mano. Intentaba escuchar, pero los abejorros se precipitaban voraces sobre la ninfa desafecta, que se los sacudía amenazándolos con un cigarrillo encendido. Entre ellos estaba el poeta Perupio que, pasado de copas, insistía en que ella le diera un beso. Marla, de genio corto, y acostumbrada desde pequeña a defenderse de cualquier embestida, le dio un empujón tan sorpresivo que lo hizo caer de espaldas levantando las piernas en el aire. Simón se puso nervioso pensando que se desataría un altercado y dejó de cantar. Pero el hombre se puso de pie riendo, haciendo musarañas y reverencias a Marla. Los parroquianos estallaron en risotadas; ella también rió.

Hacía tiempo que al bardo lo había sorprendido la delicada belleza de los poemas de Marla. Artista y alcohólico, soñador incorregible, desclasado, interesado más en la esencia de las personas que en su procedencia, se sintió cautivado con la lírica de la poeta y deseó ser la persona que había inspirado sus versos. En un ambiente provinciano como ese, nadie más que él era capaz de entender que una callejera pudiera estar dotada de sensibilidad artística; nadie que no fuera él, un desprejuiciado, podría apreciar su genialidad y esperar lo mejor proviniendo de una mujer que se vende por dinero.

Simón no podía dejar de mirarla. Llevaba un vestido rosa oscuro escotado, y se cubría los hombros con un chal negro con flores de terciopelo del color del vestido. Marla era una mujer especial, dotada de una belleza y una inteligencia con las que podría haber llegado lejos, a pesar de ser mujer y prostituta. Simón no entendía cómo no había aprovechado alguna buena oportunidad, que de seguro debió tener. Sabía que la muchacha aceptaba como un designio la profesión que había recibido por herencia, y que nunca le interesó poner en venta su persona a cambio de su sometimiento físico o espiritual. El demonio de Jesús, sin embargo, la asfixiaba al entorpecer su libertad de la que ella gustaba sobre manera.

A pesar de la presencia de Campbell, todo parecía fluir esa noche. A pedido de Bruno, Simón entonaba *El día que me quieras*.

Y si todo estaba relativamente bien, repentinamente todo estuvo espantosamente mal, pues en plena presentación apareció Carmiña Chavarri con su hijo Jesús. Simón sintió que se le apretaba la garganta y temió que su voz se quebraría, cuando madre e hijo se detuvieron bajo el estrado frente a él.

A Bruno se le nubló la vista a causa de la nostálgica canción. Apenas podía contener su emoción cuando divisó a los Chavarri. Con esfuerzo se levantó para invitarlos amistosamente a su mesa, porque no era frecuente la presencia de Carmiña en el lugar. Al rato, los cuatro conversaban en tono secreto. Simón pensó que ahí estaban las personas que segaron su vida y odió tener que cantar para ellos.

Sin embargo, interpretar canciones tan bellas le provocaba ese placer especial que provenía de la simbiosis que se establecía con el público, que ni la presencia de los Chavarri ni Campbell lograban romper.

Jesús no le sacaba los ojos de encima a Marla, mientras que ella lo ignoraba. Pero cuando Simón interpretó *La bien pagá*, ella le sostuvo la mirada a Jesús por el rato que duró la siguiente estrofa: *«Bien pagá, / si tú eres la bien pagá / porque tus besos compré, / y a mí te supiste dar / por un puñao de parné, / bien pagá, bien pagá, / bien pagá fuiste mujer»*.

A Simón le dio rabia descubrir que Marla intercambiaba mensajes con Jesús a través de los versos. ¿Acaso había algo entre ellos?

Simón se negó a compartir la mesa con los invitados de Bruno durante su descanso. Para poner aún mayor distancia, se instaló al final de la barra casi camino a los baños. Si no fuera que se había quemado la bombilla de la calle y estaba peligrosamente oscuro, habría desaparecido hasta su próxima función.

Se debió tragar nuevamente su enojo al ver que Jesús sacaba a bailar una milonga a Marla. Pero debió contenerse aún más, al observar como ella resistía impasible cuando él la apretaba con firmeza por la cintura quebrándola hacia atrás, como si fuera una varilla. Estoica como era, no se quejó. Ese Jesús es un bruto, un insensible, pensó Simón, pero debió reconocer que era al único al que le había aceptado bailar.

Resultó ser una bailarina de excepción. ¿Cómo podría ser de otra manera, si había nacido y vivido en el jolgorio? Por la forma penetrante en que Jesús la miraba, se notaba que le gustaba demasiado. Respecto a ella, era evidente que le había alquilado su cuerpo. Marla solo se dejaba llevar por la emoción del baile o del sexo en estados de alucinación o intemperancia, pero se la veía limpia. Bailaron tan compenetrados, encajaban tan perfectamente que les hicieron corro y al finalizar los aplaudieron con entusiasmo. Recién entonces la muchacha le sonrió a Jesús.

Sorprendido, porque jamás había recibido una gentileza de su parte, Jesús se quedó parado en medio de la pista mirándola mientras ella caminaba hacia su mesa.

Al instante le llegó a Marla una botella de champagne. Y tras ella, Jesús. A poco de estar juntos, sin embargo, la conversación se tornó violenta. Marla comenzó a alterarse, se le contrajo el rostro como si su cerebro fuera a estallar. Forcejearon, sus manos se enlazaron midiendo sus fuerzas en un *gallito*. Él la quebró, era obvio que lo haría.

Simón admiró la intrepidez de Marla; Jesús también. A Simón le gustó su bravura; a Jesús su desafío.

El mozalbete español puso un montón de billetes sobre la mesa. Simulando dignidad ella demoró en tomarlos, hasta que por fin los guardó en su carterilla.

Definitivamente le resultaba incómoda la presencia de Marla en el bar. No por algún sentimiento especial hacia ella, sino por el papel de espectador que debía mantener en el fragor de los acontecimientos. Abominó de la prostitución ahora que la hacía carne en ella. En aislamiento había imaginado que Marla le pertenecía, pero ahora comprobaba que era de cualquiera, de todos, menos suya. No podía obviar el hecho de que era la única mujer con la que había hecho el amor. De ahí su afán de posesión y, probablemente, sus celos. Súbitamente se apoderó de él un deseo ferviente de estar con ella.

Una vez terminada su última función, Simón abandonó el Ulises Bar. Una pobre mendiga que a altas horas de la noche cargaba una guagua en los brazos, le pidió limosna. Él le dio varias monedas.

—Tiene un corazón de oro —le dijo Marla, que en ese momento se subía a un taxi—. Hoy en día nadie se compadece de los pobres. ¿Quiere que la lleve?

—Gracias, pero vienen por mí —mintió, porque después de la accidentada jornada, no se sentía capaz de pronunciar ni una palabra que no fuera verdadera, de fingir un gesto más.

—Qué noche tan agitada, ¿no? —dijo Marla riendo. Y cuando el auto partía bajó el vidrio, y gritó—: ¡Tiene una voz hermosa, la felicito!

El domingo por fortuna era día de descanso.

Tal vez debió irse con Marla.

Capítulo 3

Cumpliendo con al menos uno de los propósitos que se había hecho antes de salir en libertad, visitó a su madre un domingo llevando empanadas de Ramisclar. Después de almuerzo, aprovechó de probarse unos vestidos que ella cosía para él.

Por tratarse de un asunto tan femenino, la prueba resultaba ser un momento incómodo para ambos. Especialmente para ella que consideraba que el disfraz afectaba su naturaleza masculina. Sus movimientos se le figuraban extraños, antinaturales, como si fuera una persona distinta, no su hijo. Y aunque procuraba no dejarse impresionar, le chocaba escuchar su voz varonil manejar con familiaridad términos como pinzas, escotes, ruedos, ribetes, donde insinuaba feminidad; era como si hubiera asumido a cabalidad esa nueva faceta.

Días atrás Julia le había preguntado: «¿Mamá, dónde está el Simón que se interesaba por la política, por la sociedad, por la música, y que ahora llena su mundo con vestidos de mujer y bisuterías?».

En ese tiempo doña Adela temía que Simón fuera comunista; ahora, homosexual. «Las madres no descansamos», pensaba.

—Mamá, esta parte —le dijo mostrando con pudor su sexo—, ¿cómo puede disimularse?

—Le voy a hacer un remiendo y nunca más tendrás el problema —respondió contenta, pues había llegado a pensar que en la cárcel lo habían castrado y que por eso cambiaba la voz.

Mirándolo probarse frente al espejo reconoció lo hermoso que se veía vestido de mujer. «Simón hubiera sido una bella niña y Julia un varón atractivo», pensaba. Aunque para ella la belleza no era una cuestión de rasgos en perfecto equilibrio, sino que influía en gran medida el carácter. Julia se había vuelto dura e intransigente, en tanto que Simón era amable y flexible. Visto así, lo bello podía ser feo y viceversa, porque también dependía de la forma de llevar la belleza y de combinarla con otros rasgos. Sin inteligencia o viveza la belleza resultaba efímera, deslumbraba al principio, pero luego se desvanecía como si nunca hubiera estado allí.

Se quedó casi toda la tarde en su antiguo hogar, pues hasta para sus sicarios ese día fue de descanso. Y si se fue antes de lo deseado, lo hizo solo para que Julia saliera de su encierro: se había pasado la tarde en su cuarto afectada, dijo, de jaqueca.

Frases cortas e iracundas relacionadas con la presencia de Simón en el bar, delataban los celos de Julia. Ahora, después de comprobar lo posesionado y hermoso que lucía Simón como mujer, doña Adela justificó los temores de su hija.

* * *

Simón estaba molesto consigo mismo, pues llevaba más de un mes en «libertad» y no había hecho nada que le permitiera incriminar a sus perseguidores. Peor aún, había comprometido todas sus energías en perfeccionar su desempeño como mujer. Lo que verdaderamente ocurrió fue que habían sucedido tantas cosas durante este tiempo, todas tan inesperadas y apasionantes, que lo hicieron olvidarse del verdadero sentido de su estancia en el Ulises Bar.

Nada ayudaba a su estado de ánimo esa mañana, ni siquiera la lluvia que caía copiosa porque le gustaban los aguaceros. Tuvo la sensación de que todo estaba mal: su conflicto con Julia, su travestismo obligado, su ineficacia para aclarar su situación, su cotidianeidad irremediablemente solitaria.

El éxito que estaba teniendo como Emperatriz era halagüeño, siempre lo es que el mundo te elogie; pero cuando Emperatriz lo abandonaba —aunque cada vez lo hacía con menos frecuencia— quedaba sumido en el anonimato y la incomunicación. Emperatriz era la opción por la vida, por la apertura. Y si bien resultaba una salida atrayente, no podía negar que ella se estaba inmiscuyendo demasiado en sus asuntos. A veces hasta le parecía que lo dominaba.

Unos golpecillos suaves en la puerta lo hicieron sobresaltarse. Los reconoció de inmediato, porque esa delicadeza solo podía ser de Aída.

—Un momento, por favor —dijo, y en un minuto se despojó de toda indumentaria femenina. Abrió.

—¿Está solo?

—Sí.

Aída entró mirando hacia atrás, como si la siguieran. Se sacó el pañuelo que estilaba y se ordenó el cabello. Simón colgó ordenadamente el abrigo de lanilla en dos clavos que servían de percha.

A ninguno le salían las palabras, ni siquiera a Aída que tenía más mundo.

—¿Quisiera un té?

—Sí, gracias.

Se sentaron enfrentados en la mesita pegada a la ventana. Afuera la lluvia caía tupida, pero no hacía frío. Simón sintió que por fin era un hombre en toda la extensión del término.

—El día que nos encontramos en el tren llovía a cántaros —dijo Aída, y se quedó en silencio examinando los ojos de Simón: la dulzura seguía estando ahí—. Soy la señora de Rupert Spencer y tengo dos hijos.

—Lo sé.

—En alguna medida me vi obligada a casarme. Pero debe saber que aunque no amo a mi marido he aprendido a quererlo, porque es el mejor de los hombres. Pero eso no es suficiente… —dijo, sin amargura en la voz. A Simón le dio pena ver que la habían sometido—. Dispongo de poco tiempo —dijo, y sosteniendo su mirada, agregó—: Le confieso que lo he amado todos estos años, y con pudor le digo que he deseado fervientemente hacer el amor con usted. No me disculpo por ser yo quien lo propone..., no corresponde. Es atrevido, lo sé. Pero esta relación fue interrumpida, y no quiera Dios que mañana o pasado todo termine para mí, para nosotros. Entonces de nuevo habremos perdido la oportunidad…

Lo dejó perplejo el modo llano en que lo dijo. Y sin dar espacio para algún cortejo se quitó el vestido junto con la enagua, con la misma naturalidad que lo haría Marla. Atónito, Simón miraba como ella dejaba caer la ropa despreocupadamente al suelo, nada de limpio, por lo demás. Pensó que hasta los tórtolos atraen a sus hembras con arrullos. Pero de inmediato se arrepintió por su juicio arcaico, en circunstancias de que lo mejor que le podía ocurrir a Aída, era que siguiera teniendo el espíritu libertario de antaño.

Al percatarse que Simón estaba como atornillado a la silla, Aída soltó una risa maliciosa, pues no le sorprendería que fuera virgen. Se acercó, lo tomó de ambas manos y lo llevó hasta los pies de la cama. Se sentó en el borde y comenzó a desnudarlo. Él se quitó la camisa. Simón sintió pudor cuando ella le quitó la última prenda.

Un orgasmo explosivo de Aída hizo temblar a Valparaíso. O fue mera coincidencia, porque justo en ese momento tembló, y tras sus gemidos cayeron los maceteros de los balcones, se batieron las persianas y los guijarros sueltos rodaron cerro abajo hasta llegar al plan. Una descarga eléctrica la atravesó de la cabeza a los pies, como si fuera un rayo. Parecía fin de mundo, pero no para ellos que indiferentes se siguieron amando para resarcirse de las caricias que habían quedado pendientes.

Durante los años de su matrimonio, Aída había relegado su sensualidad a un segundo plano, como si la mujer y esposa, por tácito decreto, no fuera hembra. Ahora lo lamentaba, pues acababa de descubrir que todo en ella era sensualidad, cada parte dispersa de su ser: su boca; la hendidura en el centro de su espalda; su cabello sedoso enredándose en el abrazo; su piel, todo parecía estar integrado en una única entidad erótica.

A él le llamó la atención la cantidad de veces que ella dio gracias a Dios por los orgasmos concedidos. Influido por la fe de Aída, Simón agradeció a quien correspondiera la confirmación de su virilidad; duda persecutoria desde aquel abominable episodio que en el último tiempo resurgía con fuerza, debido a la preponderancia de Emperatriz sobre su entidad masculina.

—Vendré a verlo cuando pueda —dijo antes de partir—. Pero esta vez seré precavida. Lo juro.

Abrieron la puerta. Afuera seguía lloviendo.

—Lleve mi paraguas —le sugirió Simón.

—No puedo llegar con un paraguas de hombre.

Simón sacó del ropero uno pequeño, tornasolado. Ella lo miró recelosa.

—Es de Emperatriz —dijo con pudor, pero molesto por la intrusión de su sosia en esta historia personal.

La miró irse. El viento arremolinado bajo el paraguas le desordenaba el cabello. La imaginó yendo presurosa hacia el ascensor El Peral que la llevaría hasta su casa. Y aunque sintió lástima al verla ir bajo el temporal de viento y lluvia, cerró la puerta contento. En realidad, no tanto, pues Aída era la señora Spencer y él la amaba. ¡Qué lástima!

Tan pronto pisó la calle, Aída se detuvo. Bajó el paraguas y apoyó la espalda contra la muralla de cemento empapada de agua. Elevó su cara al cielo para que el agua pura limpiara sus pecados de adulterio. Cerró su puño y se dio uno, tres, diez golpes cortos y fuertes en el pecho para purgar sus yerros, luego se santiguó invocando a la Santísima Trinidad. Emprendió una marcha contrita hacia su hogar. Pero antes, sin embargo, subió cabizbaja los peldaños de la iglesia de La Matriz y se hincó ante a la imagen del Cristo de la Agonía, único capaz de otorgarle perdón.

* * *

Aída no volvió en toda la semana. A causa de su sexualidad inexperta, Simón se llenó de inseguridades.

Su vida seguía la rutina azarosa del Ulises Bar. Cantaba el sábado hacia la una de la madrugada, cuando apareció Fabio Luna con el grupo de la clase de baile. Carmiña había llegado temprano acompañada de su hijo, y estuvo ostensiblemente amurrada hasta que apareció el profesor. Esperó a que este se acercara, pero como no lo hiciera, le ordenó a Jesús que la acompañara a bailar.

—¿Bailar yo, contigo? Estás loca —respondió, pensando que lo menos que le diría Marla era calzonudo, pero como Carmiña le ofreciera desheredarlo, acató.

Una vez en la pista, nadie supo qué pases mágicos hizo ella, pero en un santiamén, Jesús bailaba con la compañera de Luna y este con su madre.

Era difícil entender que esta mujer bella y rica estuviera interesada en un profesor de baile pobre, extranjero y casado. Por cierto, él había intentado no involucrarse, pero le resultaron en extremo atrayentes las excentricidades mundanas de Carmiña. Esta tarde, por ejemplo, ella había entrado en la clase de tango derrochando elegancia envuelta en un abrigo de piel, que aunque excesivo para el basto lugar y para el clima, la hacía lucir muy atrayente. Cuando Luna la sacó a bailar, ella puso una energía tan potente en el baile que obligó su atención exclusiva. Desde ese momento el profesor se reconoció fatalmente cautivado, y no pudiendo hacer nada para evitarlo se entregó de lleno a la experiencia incomparable de bailar con ella. El tango, cuyo aprendizaje requiere tiempo y práctica para lograr armonía como pareja, ellos lo habían conseguido así, en un pestañeo.

Fue debido a ese ímpetu que esa noche todos los ojos se clavaron en ellos. Primero por la perfección de su baile, luego por el apasionamiento desmesurado que le fueron imprimiendo. La gente empezó a reír con sorna y a preguntarse si podrían apartarse, porque estaban hechos una greña. Hacían pensar en un apareamiento de perros; y como con los canes, se mofaban los parroquianos, habría que tirarles un balde de agua fría para separarlos. Pero no fue necesario, porque Jesús se abrió paso a empellones y embistió a Fabio Luna por la espalda. Lo tomó del pelo y le torció la cabeza y el cuerpo hacia atrás, desequilibrándolo hasta dejarlo en el suelo, donde lo golpeó con una bestialidad de la que nadie más que él era capaz.

—¡*Hijoputa*, es mi madre! —gritaba—. ¡Es mi madre! ¡Quién te crees que eres, *hijoputa*!

Como si el escándalo fuera poco, según instrucciones de Bruno, Simón debió seguir cantando, lo que llevó el alboroto a niveles de cataclismo. Algunos parroquianos que recibieron golpes disparados desde ambos contendientes, se incorporaron indignados a la pelea. Haciendo uso de su fortaleza, Bruno se esforzaba por separarlos, hasta que recibió un puñetazo en la nariz que lo dejó sangrando. Tres marineros nipones observaban entusiasmados el espectáculo, sin participar.

Por fin lograron contener a Jesús. Julia hizo desaparecer a Luna por la cocina. Puesto que aún era temprano, ordenaron rápidamente las mesas para que todo continuara como si nada, y Emperatriz interpretó una balada suave para aplacar los ánimos.

Enfurecida con su hijo que la había puesto en evidencia, Carmiña le dio una bofetada en plena cara.

—¡No vuelvas a meterte en mi vida, chaval! ¿Has entendido? —

gritó las últimas palabras descontrolada por la ira.

Perder a Luna significaba caer de nuevo en ese abismo de desamparo afectivo que ya no podría soportar. Tomó su abrigo y salió por la puerta trasera para llevar al profesor a su casa.

Jesús, la bestia, se había dejado humillar reconociendo así la supremacía de la matriarca. Cabizbajo mascullaba su furia por el ridículo a que lo había expuesto. Los conocidos sabían que de alguna forma insospechada se sacaría la ofensa. Varios tuvieron miedo de caer en desgracia y se marcharon.

Jesús se negaba a reconocerlo, pero su resentimiento tenía que ver casi exclusivamente con lo que pensaría Marla. Qué bajeza estar preocupado por lo que dijera una puta, pero le importaba la puta. Su madre lo había abofeteado y reprendido como si fuera un crío. Conocía a Marla, era cáustica en sus comentarios.

Repentinamente, y para borrar cualquier duda respecto a su reputación de hombre bravo, la pescó de la mano y se la llevó trastabillando a través del salón.

Marla reía al salir, como si no le desagradara que la bestia fuera a descargar su fiereza en ella.

Por primera vez a Simón se le quebró la voz. Julia advirtió el impacto que había tenido en su hermano la partida de la prostituta. ¿Acaso la conocía?

Desde hacía un tiempo, Julia notaba que Simón iba como atorado por la vida. Pero no sería ella quien le tendiera la mano si con ello perjudicaba a Bruno.

* * *

Rupert regresó a la ciudad luego de una larga jornada en altamar. Había estado patrullando aguas territoriales para evitar que entraran a apertrecharse en territorio nacional los submarinos alemanes. Durante los días que su marido estuvo en la ciudad, Aída no visitó a Simón. Una sensación de ave engrillada se apoderó de ella. Sin poder controlar su inquietud iba de acá para allá por la casa; subía las escaleras y las bajaba con cualquier pretexto; cambió todos los muebles de lugar; hizo lavar las cortinas; ordenó la bodega, y hasta podó el jardín con sus propias manos. No sabía qué más hacer para zafarse de la decepción que le causaba el hecho de que le estuvieran coartando su tardío derecho a premio.

El nerviosismo también tenía que ver con sus culpas. Y aunque se justificaba diciendo que esto inevitablemente tenía que ocurrir, la agobiaba el peso de la iglesia y la tradición.

Una noche que se disponía a la poco excitante entrega peinándose frente al tocador, se planteó el absurdo de que no existiera inhibición en el sexo con el amante, pero sí con el marido. Le habían inculcado que las pasiones de la carne eran sentimientos bajos, de prostitutas; ergo, para pasarlo bien en la cama los hombres debían acostarse con una furcia.

Es cierto, reflexionó, que su apasionamiento por Simón tenía el atractivo extra de lo prohibido, y el sexo legal el sabor desabrido de lo rutinario y permitido. ¿Buscaba Rupert en otras mujeres lo que ella no le otorgaba? Se le apretó el corazón.

Si bien la infidelidad había despertado su potencial erótico, aprisa había aprendido a ser la hembra y la prostituta. Llena de culpas, por cierto, le había comentado a Simón que daba gracias a Dios por esas sensaciones maravillosas que la había hecho experimentar. Simón había reído sarcástico.

«—Las gracias me las deberías dar a mí.

«—Roto —le dijo ella». A él le dolió.

En un giro moral insólito, a Aída la acometió la culpa de dejar fuera del placer del sexo, del atrevido, naturalmente, a su marido. Trocaba así el problema moral del adulterio, por el más sensible de la deslealtad. Privarlo del bendito placer, se dijo, era como mínimo un pecado de omisión, una traición, una amoralidad, porque Rupert se merecía lo mejor.

Curiosa forma de purgar su culpa, curiosa su moral.

Rupert supo enseguida que algo había ocurrido en su ausencia, porque esta no era la Aída con la que normalmente hacía el amor. El capitán Campbell le había asegurado que Simón se había marchado de Valparaíso, pero siempre cabía la posibilidad de que estuviera equivocado. Y si no era él, ¿quién?

Al día siguiente, cuando Aída le contó de las clases de tango en el Ulises Bar, Rupert no respondió ni sí ni no. Para tentarlo, ella puso un disco en el equipo de música y lo obligó a bailar. Entre tropiezos y pisotones llevaban un buen rato de risas, cuando irrumpió el capitán Campbell. Su rostro rezumaba molestia, porque parecía no le gustaba ver a la gente contenta.

Aun sabiendo que el anuncio provocaría una reacción, Rupert le dijo:

—Estamos ensayando para ir a clases de tango en el Ulises Bar.

Aída temió que todo lo avanzado se vendría abajo.

—No estarás pensando ir a ese antro con mi hija, ¿no?

Como siempre, el capitán utilizaba una pregunta al final de la frase para desarmar a su interlocutor.

A pesar de que Rupert era un hombre de naturaleza apacible, le molestaba que su suegro se refiriera a Aída como si fuera una niña sin discernimiento. Detuvo el baile sin soltarla.

—Pues sí —respondió—. Es su hija, capitán, pero también es mi mujer, y al menos para mí la dominación masculina terminó hace tiempo. Usted dice que es un antro, pero según he sabido se lo ve allí a menudo. Cualquier decisión al respecto —le sostenía firme la mirada— la tomaremos Aída y yo. No soy buen bailarín, pero si Aída quiere ir a esas clases la acompañaré. Necesita una pareja, y su pareja natural soy yo, su marido, ¿o no?

Aída lo amó, no pudo evitarlo. Era un hombre maravilloso. Se preguntó si Simón sería tan bueno y comprensivo como Rupert. Difícil.

El cambio mostrado por su mujer —de negación permanente en el sexo a requerimiento cotidiano—, convenció a Rupert de que algo estaba ocurriendo a sus espaldas. Simón era una espina encarnada que había que extraer con cuidado para que no se infectara. Siempre supo que esto iba a suceder. Más aún, a pesar del dolor y el riesgo era bueno que finalmente ocurriera. Y si dejaba que esto pasara, no era por debilidad o descuido: amarrarla solo serviría para aumentar su rebeldía, también su deseo. Se las aguantaría porque se había casado con ella sabiéndolo.

—Cometes un error Rupert, cometes un error —sentenció Campbell, y salió dando un portazo.

Pese a que él mismo fue al equipo y puso nuevamente el disco, Aída advirtió en él una mezcla de preocupación y tristeza. O Rupert sospechaba algo o lo sabía todo, pero calló.

* * *

Como mínimo, Jesús iba un par de veces por semana al bar. Ese martes entró por la parte trasera para verificar el comportamiento de Marla en su ausencia.

Como si le hubieran puesto en las manos la oportunidad de borrar cualquier daño a su reputación, aprovechó la trifulca que se había armado entre Marla y un marinero japonés, que le ofrecía con insistencia dinero para que se fuera con él. Esperó un rato para ver hasta dónde llegaba ella, pero cuando el hijo del celeste imperio se puso violento en ese idioma indescifrable, se descontroló y le cayó encima como si estuviera en un campo de batalla.

—¡Malditos japoneses traidores! —prorrumpió en un grito de guerra.

Sumó a su violencia habitual, la reprimida. Los compañeros japoneses viendo la bestialidad del ataque se abalanzaron en defensa de su amigo, que si bien era fornido le faltaba la dosis de locura que le sobraba al mozalbete. Rápidamente dejaron a Jesús fuera de combate y se esfumaron.

Simón no cantaba en ese momento, así que pudo observar que Marla miraba la pelea con indiferencia, como si lo que ahí ocurría no tuviera nada que ver con ella. Lo cierto es que no la excitaban las riñas, menos si las provocaba Jesús. La noche del sábado anterior, ofuscado por la vergüenza a que lo había sometido su madre, la había violentado sexualmente. Como resultado, Marla había quedado resentida y aún más displicente. No obstante, se levantó y le pidió alcohol y vendas a Julia. Esta hizo caso omiso y se fue a la cocina, ya que jamás tendería la mano a quien tuviera que ver con la desgracia de su hermano, y de rebote con la suya propia. Simón vio con alegría que Julia se las jugaba por él. Se sintió reconfortado.

Bruno corría de un lado a otro buscando a Julia para que le pasara el botiquín.

—¡No entiendes —le gritó—, nos pueden cerrar! ¡Los Chavarri son los dueños de esta ciudad!

A Simón le molestó que la reprendiera, pero como hacía siempre, observó y calló.

Marla pidió un taxi para Jesús. Bruno dio por terminada la noche y cerró. Simón se preguntaba qué clase de relación había entre Marla y Jesús, cuando Bruno le ofreció llevarlo. Simón se negó.

—Está muy oscuro, es peligroso… —insistió el bachicha.

—Necesito caminar, gracias —respondió cortante Emperatriz.

A Bruno lo sorprendió la valentía de esta mujer capaz de irse sola bajo la noche cerrada.

Para completar la ardua jornada, Julia reventó en un ataque de celos cuando Bruno la fue a dejar a su casa. Lo acusó de estar enamorado de Emperatriz, de mirarla embobado y de adularla sin reservas. Bruno la acarició para calmarla e intentó besarla, pero ella le respondió a manotazos. Era la primera vez que Julia no cedía a sus encantos.

—¡Está enamorado de ella! —le gritó.

—Está equivocada, *amore*.

Cualquiera que hubiera sabido que Emperatriz era su hermano, habría pensado que esto era parte de una estrategia. Pero Julia estaba viviendo un auténtico calvario a causa de las atenciones y cumplidos que Bruno prodigaba a la cantante. En su desvarío, no discriminaba el hecho de que la cantante era Simón, su hermano.

Julia trataba infructuosamente de explicarse la raíz de la conducta femenina de Simón. Pensaba que pudo haberse originado en la infancia, cuando ella lo vestía de mujer para jugar y él hacía papeles femeninos. En tal caso, ella sería la culpable. Aunque también era posible que existiera una rivalidad inconsciente debido a la predilección de su madre por ella. Julia pensaba que la diferencia tanto en el afecto como en el trato que daba su madre a uno y otro, debe haber quedado estampada como un trauma en la mente de Simón. En ese caso, su rareza vendría de antes. Recuerda perfectamente el día que lo encontró llorando acurrucado en la puerta de calle con el vestido a cuadrillé. Tendría seis años; no más. Le pareció tan violento que enfrentó a su madre, pero la respuesta fue monstruosa: «¿Acaso quieres que sea maricón, o definitivamente le cortamos el miembro?».

Simón se había hecho pis involuntariamente, pobrecito niño. A partir de ese día se volvió más inseguro, retraído, triste, y aumentaron sus fallas en la escuela. Solo en Julia encontraba consuelo. En algunas ocasiones, Simón le peinaba incansablemente el cabello —como si eso lo relajara—, en otras jugaba con sus joyitas; pero, a veces, inexplicablemente, las lanzaba al suelo y las pisoteaba.

Julia se percató que el interés de Simón por lo femenino desapareció en la misma época que ella terminó el colegio. Nunca más hizo pipí sentado y dejó definitivamente de identificarse con ella. Y a medida que su gusto por lo femenino se desvanecía, aumentaba su interés por las niñitas del barrio.

Aunque marchita por la insatisfacción, resultaba innegable que Julia era una mujer atractiva. «Tienes *naso* romano», le decía Bruno a causa de su nariz fina con un ligero caballete. La coincidencia de terruño también era coincidencia del alma para el Tano, y razón más que suficiente para que la apreciara, confiara en ella y quisiera mantenerla a su lado, aun cuando no la amara.

En el tema del amor Bruno era hueso duro de roer. No solo no pedía, se resistía. A ella, que a estas alturas no tenía ningún interés en guardarse pura y casta, la enfurecía la categoría de intocable en que la había situado: «Usted es mujer para casarse. No puedo besarla, es tanta mi pasión que no podría controlarme», le decía. Pero ella sabía que Bruno no se casaría, no por lo menos con ella, y que si podía controlarse con facilidad era porque no la amaba: «No soy tonta», se repetía. Lo conocía bien, sabía que prefería no confundir trabajo con sexo, puesto que para él era más importante lo primero.

Por el momento, su mayor temor era que el rechazo de Emperatriz acrecentara el enamoramiento de Bruno; sabido es que nada enamora más que un amor imposible.

Chilló y pataleó infructuosamente frente a un Bruno que fingía conmoverse, pero que en el fondo era insensible a su sermón. Mediando los treinta no tendría hijos, no sería madre, no tendría hombre. Y por si eso fuera poco, así como iban las cosas, tampoco tendría sobrinos a quienes querer y heredar sus escasos ahorros. Bajó indignada del auto dando un portazo que lo dejó sordo.

* * *

Simón salió apresurado a conseguir un par de medias que por esos días escaseaban en el comercio. Emperatriz, que solía correr por apurada o perseguida, las rompía por montones.

Encontró cerrada la tienda de calle Condell que le había recomendado su madre. En un puesto compró una sopaipilla para un pequeño que pedía limosna. Enseguida se dirigió con paso firme hasta la avenida Pedro Montt, calle principal del comercio.

En la esquina de Montt con Las Heras, a menudo se paraban unos zánganos a decir piropos y a molestar a las chiquillas que pasaban.

—*Mijita*, ¡tantas curvas y yo sin frenos! —le dijo uno.

Simón no pudo contener una carcajada.

—¿Será puta? —escuchó que preguntaba otro.

Volvió a reír con ganas. Un poco más adelante se detuvo frente a una vitrina. Se miró detenidamente, se arregló el cabello y luego estiró el suéter de cachemir hacia abajo. Era el mismo modelo que había usado Lana Turner en la película *Ellos no olvidarán*. Sus pechos se veían realzados, su figura estilizada y llamativa, su porte regio. Esbozó una sonrisa y siguió su camino silbando *Rubias de New York*.

Aprovechando que la cortina de una gran tienda estaba a medio bajar —los comerciantes deshonestos aparentaban este descuido para atender público fuera del horario legal—, se deslizó a gachas al interior, sin saber que se estaba metiendo en la boca del lobo.

—Las medias están agotadas —dijo la dependienta.

Apenas alcanzó a pensar qué haría, cuando le tocaron el hombro por la espalda. Se volvió y dio un respingo tan violento que casi pierde el equilibrio: era nada menos que Carmiña Chavarri, que con su característico acento se ofrecía a ayudarlo. Simón trató de disimular su estupor.

—Me traen maravillas... Usted sabe, contrabando —le susurró tan cerca del oído, que Simón sintió su aliento tibio. Y tomando del brazo a Emperatriz, como si fueran amigas de toda la vida, la condujo hasta sus oficinas en el segundo piso.

* * *

En el camino de regreso a casa, Simón se fue cargando de ira.

Abrió precipitadamente la puerta de su cuarto, la hubiera pateado al menor impedimento. Le molestaba reconocer la actitud lisonjera que había tenido con Carmiña. Aceptó el ardor de sus pies como un castigo a su doblez. Lanzó sobre la cama el alto de medias que había comprado. No supo si las había adquirido por presión de Carmiña, que era una vendedora nata, o si había sido Emperatriz con su afán creciente por las compras. Como quiera que fuese, diez pares de medias por más que fueran unas «*nylon* Dupont último grito de la moda», como recalcó Carmiña, era una mala señal. Además, se había encalillado en un espejo de cuerpo entero que pondría en el envés de la puerta, para mirarse antes de salir.

Uno de los aspectos que más le incomodaba de su nuevo papel, era que las mujeres se confidenciaban con él como si fuera su par. Esto ocurría con frecuencia con las prostitutas del bar cuando se encontraban en el baño. Por ello, lo irritó en extremo que Carmiña iniciara su confesión con un íntimo «querida», y que luego diera paso a los pormenores de su encendida relación con Luna. Simón despreciaba los relatos amorosos, que entendía como «cosas de mujeres»; empero, cuando afloró el faltante Vasco Chavarri como el verdadero motivo de su desgracia, prestó atención.

«—Hay un gran culpable de la tragedia de mi vida: el asesino de mi marido —dijo en un momento. Simón quiso que se lo tragara la tierra—. El muy miserable apenas estuvo preso diez años y salió libre por buena conducta.

«—Se comenta que no fue él… —apuntó Simón, reconociendo que únicamente Emperatriz era capaz de contradecirla.

«—Solo hay un culpable de mi desgracia, y ese es él —lo interrumpió con certeza y rabia».

A Simón le costaba creer que el único motivo de venganza de Carmiña fuera que se había quedado sin los dulces arrullos de su marido. Aunque por la fogosidad que había demostrado bailando con el profesor, sería razón más que suficiente para querer matarlo.

«Ah, estúpida mujer», masculló.

Capítulo 4

Simón sentía que el Ulises Bar olía a ilegalidad, lo que no era de extrañar, pues estos antros normalmente funcionaban como fachada para ilícitos. Cuán ajeno a su persona era ese submundo que se afanaba por capturarlo, como si su destino fuera irremediablemente lo torcido.

Hasta donde sabía, Campbell era el único que había tenido un motivo justificado para querer mandarlo al mismísimo infierno. Lo había hecho en el pasado, y lo hacía ahora proscribiéndolo de Valparaíso. Pero ¿por qué ahora?

De todo lo que estaba ocurriendo, Simón tenía una sola certeza: alguien le metió las balas a Chavarri y ese no fue él. La historia oficial fue un completo absurdo. Los testigos se vieron envueltos en contradicciones que nunca fueron aclaradas. Además, el brillante abogado que había puesto el Estado para su defensa, sospechosamente perdió su lucidez, debilitó su alegato y con ello la posibilidad de ser exculpado.

Su condición de hombre marcado y travestido le impedía acercarse a sus antiguos conocidos para llegar a la verdad; así que decidió indagar en la prensa de la época.

El tranvía lo dejó en la puerta de la biblioteca Severín, donde solía ir cuando era estudiante. Recorrió por todos sus costados el imponente edificio de líneas neoclásicas, como si fuera un extranjero. Una hilera de palmeras jóvenes lo flanqueaba por Avenida Brasil.

Se disponía a entrar, pero una sensación de rechazo a ese ambiente de claustro lo detuvo. O tal vez fue a causa de las estadías forzadas a que lo obligaba su madre para que fuera «alguien» cuando grande.

Revisó desordenadamente varios periódicos a la vez. Con la misma anarquía vinieron a su memoria sobrecogedoras imágenes de los primeros tiempos en prisión. Destacaban las noticias relativas a la crisis de 1929. La cesantía había cundido a niveles dramáticos, instalándose la pobreza con todo su rigor en los estratos más humildes. En un principio se pensó que se trataba de una crisis pasajera, pero las consecuencias se dejaron sentir durante toda la década. Chile fue uno de los países más devastados debido a la caída de las exportaciones, en especial del salitre. Cientos de obreros regresaron desde el norte a las grandes ciudades del centro, que tampoco ofrecían un panorama mucho mejor. Las ollas comunes y otras iniciativas de asistencia ayudaron a paliar la situación de los más pobres.

Dentro de la cárcel se sentía la impotencia de los internos, al saber que afuera sus familias morían de hambre. El penal se atestó de rateros que carteareaban a las señoras en las calles. La situación era desgarradora.

Siempre agradecería a Bruno haber librado a su madre y a Julia de un decenio de penurias, incluso ahora que no se tragaba la historia de la herencia que había recibido de Italia.

Sorpresivamente se encontró con los relatos de la Fiesta de la Primavera y una foto de Aída siendo coronada. ¡Aída!, exclamó. La gente se volvió a mirarlo. Lucía tan hermosa con su cara juvenil redondeada. La recordó desafiante frente a su gente que se negaba a admitir una relación de amor entre personas de diferente condición. Nunca imaginó que ella tendría el coraje de pasar por encima de los prejuicios de su clase, y hacer pública su relación con él. Simón sabía que ella lo idealizaba y que el día que lo viera en su real dimensión, lo bajaría violentamente del pedestal. Por ello, siempre estuvo preparado para un desenlace en el que él sería el dejado.

El 2 de noviembre de ese fatídico año 1929, se había dado inicio a la Fiesta en el Teatro Mundial. Como parte de las actividades de la soberana, se aceptaba y estimulaba que realizara acercamientos con otros estratos. Por ello, no causó sorpresa cuando Aída sacó a bailar a un músico en la fiesta del Astur Hotel. Es más, se premiaban las conductas democráticas. Al capitán Campbell, en cambio, le dio un ataque de ira, pues tras ese baile de apariencia inocente él sabía que había algo más. Como padre y marino no podía permitir que el futuro de su hija estuviera en manos de un pelafustán, por lo que desde hacía algún tiempo buscaba la forma de sacar a Simón de concurso.

Campbell era un hombre astuto y de temperamento práctico. Gracias a su rectitud se había ganado el respeto de sus pares, no obstante, le faltaba esa sutileza que da la inteligencia. De solo pensar que su persona sería puesta en tela de juicio, porque a su única hija se le había ocurrido hacer ostentación de su enamoramiento por un musicastro del bajo pueblo, era algo que no podía aceptar. Vio con horror cernirse sobre ellos las plagas bíblicas. Una muchacha de sociedad besándose con un roto era una ofensa, no solo para él como padre, sino para la institución de la Armada y para la sociedad porteña toda.

Terminado el baile, Simón se topó casualmente con la mirada fulminante del capitán. De inmediato comprendió que el final de esta Fiesta, también sería el final de su historia de amor.

Como era de esperar, el capitán se puso de inmediato en acción para alejar en forma definitiva a Simón de la vida de su hija. Gracias a su actuar discreto, nadie relacionó a Campbell con el giro que tomó la vida de Rocco tras los acontecimientos en el Astur Hotel.

Los recuerdos de esa época y el ambiente denso de la sala de lectura, comenzaron a oprimirle el pecho y a perturbarlo de tal forma, que se sintió indispuesto y debió abandonar la biblioteca.

Afuera pudo respirar mejor. Detestó esos sentimientos femeniles que a menudo lo dominaban. Un hecho tan inofensivo como revisar la prensa y revivir esa etapa de su vida, había concluido en algo traumático, a pesar de que en cautiverio no todo fue negativo. Más aún, muchas de las experiencias traspasaron los muros de la cárcel junto con él, dándole una visión más amplia y comprensiva de la vida, de las cosas, del género humano. Es probable que si no hubiera vivido esa experiencia, jamás hubiera podido aceptarse viviendo *en femme* o que la prostitución fuera juzgada con argumentos éticos o religiosos, en circunstancias que había razones culturales y estructurales que la explicaban. Visto así, Marla era una parte funcional del sistema. Por lo demás, sería absurdo que él se escandalizara por la forma en que ella se ganaba la vida, pues él la había conocido así. Lo que verdaderamente lo mortificaba era no poder tenerla, porque a pesar de que existía una Aída exquisitamente sensual, el recuerdo carnal de Marla estaba siempre presente y reclamando. Lamentablemente, pensó una vez más, ella era alivio para otros hombres, pero no para él.

Una vez que se sintió mejor, aprovechó de dar un paseo y disfrutar esos instantes de libertad que le concedía el rol incierto de Emperatriz, ya que ahora le rondaba un nuevo peligro: caer en la trampa de su propia invención y, sin esperarlo, encontrarse atrapado en un escenario diferente, o impensado.

De regreso en su guarida repasó mentalmente lo que había leído. Le sorprendió descubrir que el asesinato de Vasco Chavarri competía en columnas con la crisis del 29, lo que denotaba su enorme poder. Junto al nombre de la víctima aparecía el de Simón Rocco, sinónimo de nadie y asesino inconfeso de la persona más conspicua de Valparaíso.

La prensa hacía mención al Remate de Mercaderías Rezagadas de la Aduana, lugar donde él trabajaba en aquella época.

Precisamente, cuando fue encarcelado estaba a cargo de la preparación de ese remate. Había sido un trabajo difícil de realizar a causa de las órdenes y contraórdenes que recibía.

Bailaba en su memoria la sensación de que algo turbio se tejía tras ese remate. La única persona que pudo haber sabido algo era su jefe, don Rigoberto Orellana, un gordito demasiado amable para un cargo de rigor, que había muerto al poco tiempo de que a él lo emparedaran. Por desgracia, con su muerte se cerraba el círculo.

El tema del contrabando le rondaba desde que estuvo con Carmiña en su tienda. Todas esas exclusividades que «le llevaban», dijo ella, y que él había visto apiñadas contra los muros, sobre el escritorio, tras de la puerta —cajas de whisky, medias, cigarrillos, etcétera—, olían a mercancías ilegales entreveradas con otras de procedencia legal. No hay que olvidar que si bien había importación libre, el sistema dejaba espacio para la evasión de los derechos de aduana, y ella no tenía el aspecto de ser una mujer honesta.

Recordó a Bruno merodeando por el puerto y mirando los lotes. Simón le había preguntado si buscaba algo para el Ulises Bar. «Algo así, algo así», le había respondido. También había visto al padre de Aída, aunque era natural que lo frecuentara siendo en aquella época Superintendente de Aduanas. Recordó, con pudor, que siempre que Campbell aparecía, él se parapetaba bajo el escritorio. Pese a los numerosos intereses que Chavarri tenía en el puerto, jamás lo vio allí, o tal vez fue porque no lo identificaba físicamente. A Bruno no lograba conectarlo con ellos desde su puesto de barman del Ulises Bar. Sin embargo, lo que quiera que hiciese en aquel entonces debe haber sido muy lucrativo, ya que pasó de simple dependiente a dueño del bar. Este hecho elocuente lo incluía automáticamente en la maquinación.

¿Por qué matar a Chavarri? ¿Por qué Carmiña no había indagado las razones que habrían llevado a Simón a asesinarlo? ¿Acaso no sospechó que algo extraño había ocurrido con su marido? Porque no se mata a alguien por nada. Tiene que haber un motivo poderoso que lo justifique y otro del mismo peso para encubrirlo, o callarlo.

Capítulo 5

Con frecuencia, Simón tenía la sensación de que Emperatriz, con su personalidad exuberante y distante de afamada cantante de bar, era quien iba por la vida llevando a su persona a cuestas. Empezaba a preocuparle si este ser era una creación suya, o si era él mismo que manifestaba alguna ambigüedad a través de ella.

Aceptar cualquier semejanza con Emperatriz, era reconocer que aunque en todos los sentidos ella era su antípoda, era él. A menudo dominaban a Simón sentimientos de enojo matizados con un dejo de envidia a causa de su coraje, su determinación, su voz inquietante. Era explicable que renegara de cualquier parecido, no solo porque virtualmente ella era mujer, sino porque era su opuesto absoluto: extravertida, liviana, cien por ciento epidérmica.

Con todo, no era sencillo juzgarla hoy en día. La había creado, pero no había resultado como él hubiera querido. Jamás imaginó que crearía un otro yo (un otro *self*, precisión inigualable de la palabra inglesa), y en el acto se corrigió: «¡Pero si soy yo!». Y suplicó: «¡Aída!». No quería ser femenino, pero no podía negar que ella o él trasmitían feminidad a los hombres, pues cada día crecía el número de sus admiradores. Era un hecho que Julia podía oler las hormonas femeninas que se desprendían de los poros de su piel masculina. Bruno le hacía las primeras insinuaciones:

«—Usted no debe estar sola, necesita un hombre que la proteja.

«—Usted también está solo.

«—Pero yo soy hombre.

«—Peor aún, porque los hombres son más ineptos para la vida en soltería».

Por la forma en que Bruno miraba a Emperatriz, cómo la protegía, las atenciones que le prodigaba, Simón entendió que este era el principio de un acoso que no sabría cómo manejar.

Llamaron. La habitación estaba en penumbras. Alguien con la nariz pegada a la ventana golpeaba el vidrio.

—¡Abra, por favor!

Simón se despertó.

—¿Quién es?

—Soy Bruno. ¡Ábrame!

—Un momento, por favor —dijo, corrigiendo el tono de su voz. Se ordenó la peluca, se puso rápidamente el vestido rojo y abrió.

—¿Por qué no fue a trabajar? ¿Acaso está enferma?

—Me quedé dormida. ¿Qué hora es?

—La una.

—¡¿La una?! Disculpe, pero no me sentía bien.

—¿Le sucede algo?

—No. No es nada. Un malestar pasajero solamente.

Bruno la miró apasionadamente y se postró con devoción.

—Emperatriz, cásese conmigo.

—Por favor, no sabe lo que dice. Amo a otro —dijo ella para zanjar el tema de una vez.

—¡Has estado jugando conmigo, eh! —gritó, en una reacción irrespetuosa de tuteo—. Ese es tu juego, das y después quitas. No me gusta que jueguen conmigo. *Io sono un uomo*, comprendes, y tú la mujer que deseo en este momento.

—¡Está loco! —gritó Emperatriz, tratando de zafarse de los brazos del grandote que la alzó cual si pesara lo que el alma, es decir, nada. Y luego la deslizó encima de la cama y enseguida dejó caer su peso paquidérmico sobre ella—. ¡No! —gritó, electrizándose. Y sin poder controlarlo sucumbió al deseo aberrante y arrollador que Bruno, el hombre grande a veces tierno, estimulaba.

«Oh, va a descubrir que soy hombre y me va a matar», pensó con horror, pero no pudo apartarse. «No puedo, no debo...», susurraba en su inconsciencia Emperatriz, pues tenía vedado el derecho de amar a un hombre.

Por culpa de un desliz o por debilidad, Simón había dotado transitoriamente de alma a la muñeca que había creado insensible. Y fue a causa de este descuido que necesitó desesperadamente ser amada.

—¡Sí, no! No. No es posible —musitaba al oído de Bruno, mientras su piel se erizaba al sentir la mano que bajaba con delicadeza el tirante del sostén y la enagua juntos. Su hombro se encogió sensual para que Bruno lo besara, y lo besó.

De pronto se sienten unos golpes.

—Déjeme. Alguien golpea, ¡déjeme! —gritó Simón, y se despertó.

Se sentó horrorizado y jadeando en la cama. Bruno no estaba. Acababa de tener una pesadilla, pero ahora efectivamente golpeaban.

—Soy Bruno. ¡Ábrame!

—¿Bruno? —preguntó atónito. Esta vez los golpes venían desde la puerta—. Un momento, por favor —repitió, como lo había hecho antes.

Temió que esto también fuera parte de un mal sueño, pero tenía puesto el vestido negro de raso.

Abrió. Se turbó al ver la gruesa figura de Bruno de pie en la puerta. Pensó que leería su mente y sabría que recién había tenido sueños eróticos con él.

Bruno revisó la pieza de una ojeada, pero le costó enfocar a causa de la cantidad de espejos que dispuestos por doquier distorsionaban la visión.

—La oí hablar, ¿está con alguien? —preguntó.

—No, no. Me quedé dormida. ¿Qué hora es?

—Medianoche —dijo Bruno. Emperatriz descansó; la historia no se repetía—. ¿Le sucede algo?

—No. Un malestar pasajero solamente —respondió.

Bruno apreció la discreción con que ella manifestaba ese malestar femenil. Como hombre de reputada experiencia en mujeres, reconoció de inmediato los síntomas en las marcadas ojeras y los ojos brillantes producto de la sangre revolucionada que contenía la energía de la procreación. Se hubiera puesto de rodillas y le hubiera implorado que hicieran el amor, pues hasta el deseo de la paternidad se había despertado en él, pero se contuvo.

—Vamos —dijo ella.

El viaje hacia el Ulises Bar lo hizo asediado por las dudas. ¿Cómo reaccionaría Emperatriz, se preguntaba Simón, que recién se había sublevado emocionalmente y cedido al poco refinado encanto del italiano, si en la intimidad del asiento trasero el Tano le tomara la mano aprovechando ese momento poco frecuente de soledad? Si los sueños eran un reflejo del subconsciente, ¿satisfacía por intermedio de ese sueño un deseo reprimido? ¿O era una manifestación onírica del deseo homosexual que pechaba por irrumpir? Este Freud terminaría por volverlo loco.

El ambiente del bar le pareció más caliginoso y turbio de lo habitual. El humo y la transpiración prosperaban a medida que los días se hacían más cálidos.

No le llamó especialmente la atención que un hombre alto elegantemente vestido, al que le asomaban las primeras canas en la sien y grandes mostachos —era el prototipo de la distinción—, se detuviera al pie del estrado a contemplarlo extasiado, porque era habitual la fascinación que provocaba su voz en los hombres.

Era Pièrre Valois, un anticuario francés recientemente viudo avecindado en Valparaíso, que desde hacía unos días se dejaba caer por el bar. Se sentaba pierna arriba en una mesa cercana al estrado, bebía con discreción una botella de champagne y cuando Emperatriz dejaba de cantar en la primera función, se marchaba.

Pero hoy, cuando el violín y la voz de Emperatriz aún llenaban el salón: «*Plaisir d'amour ne dure qu'un moment, / Chagrin d'amour dure toute la vie*», ella bajó cubierta de gloria.

A los pies de la tarima la esperaba el francés con la mano extendida. Emperatriz, aún embriagada con los aplausos entusiastas del público, le tendió su mano como si fuera una reina.

—Madame —dijo el hombre.

—Mademoiselle —corrigió Emperatriz.

Pudo ser real o imaginario, pero Simón sintió un flujo de atracción inexplicable entre Emperatriz y el hombre, una energía que no pudo catalogar, o no quiso, porque probablemente era sensualidad.

—Desearía verla después de la función —dijo él.

Bruno se acercó con el rostro encendido de furia.

—¿La está molestando? —preguntó, y comenzó a raspar el suelo con los pies como toro de lidia.

Simón tuvo conciencia del desliz; un terremoto violento lo remeció en su interior. ¿Qué le había ocurrido? ¿Acaso Emperatriz se había amotinado y reclamaba su derecho a ser? «Pero si Emperatriz soy yo», se dijo, angustiado. Y como para redimirse del infortunado lapsus, le hizo un breve gesto afirmativo a Bruno, y se alejó.

Se fue al baño dejando a sus espaldas una batahola de golpes secos, gritos y platos que volaban y se estrellaban contra los muros.

Se miró en el espejo. Distraídamente sacó con su uña escarlata un resto de zanahoria que había caído en su mejilla; la miró y la limpió bajo el agua. «¿Qué me está ocurriendo?», pensó confundido.

Había actuado muy mal al desatar una tormenta para borrar el desliz. No quería disculparse como mujer, ya que era muy poco de hombre lo que había hecho. Era terrible lo que le estaba ocurriendo. La muñeca inventada, la imperfecta, la ahora rebelde y sublevada, la que había sido creada para cumplir una función específica y temporal, se revelaba porque la complacía la adulación de los hombres.

Le acometió tal turbulencia emocional que llegó a pensar que Emperatriz no era él, sino otra persona que se había metido en su cuerpo como en las historias de terror. Por momentos se confundía de tal forma que no sabía quién era quién. Últimamente ella se inmiscuía en su vida sin pedir permiso, como si fuera el ama. Simón terminaba por reconocer una suerte de esquizofrenia cuando Emperatriz le decía: «No entiendo cómo Aída puede amarte». Percibía en ello una envidia intrínseca nacida del hecho de que él era el dueño del cuerpo y de la situación. Para su contento, Aída había apreciado de modo superlativo sus virtudes amatorias: «¿No te das cuenta que cada vez que hacemos el amor truena o tiembla en Valparaíso? Hasta me da miedo hacer el amor contigo por las consecuencias telúricas», decía riendo.

Pensó que se estaba trastornando y que necesitaba con urgencia desahogarse con alguien; para ello, nada mejor que abrirle su corazón a Julia.

—Ven a verme mañana —le pidió.

* * *

Le abrió la puerta un Simón diferente del que veía a diario. Lucía varonil, pero su aspecto era equívoco con el cabello crecido. Y aunque llevaba pantalones y zapatos de hombre, tenía puesto un colorido chaleco de algodón abotonado de Emperatriz. No tenía pintura en el rostro, cuestión que le agradó sobremanera; si bien tras una segunda mirada la perturbó su piel imberbe. Con espanto descubría en su hermano al prototipo del andrógino, mixtura desconcertante de hombre/mujer, que de vez en cuando aparecía en el Ulises o se veía deambular por las calles del puerto.

Se abrazaron largo rato, si bien Julia estaba demasiado resentida como para congraciarse de buenas a primeras. Le tomó la cara con las dos manos, lo escrutó: no era su mismo hermano, pero como hermana mayor, y muchas veces madre, quería comprenderlo. Lo besó en ambas mejillas. Simón se alegró anticipando un reencuentro fraternal.

—Me había olvidado de tu cara. De hecho, me gustas más como Simón —dijo con dulzura, pero de inmediato agregó—: Entiende que te amo, pero detesto a Emperatriz.

Julia se sentó en la cama en actitud alerta. Simón echó a remojar té en la teterilla. Puso dos tazas; el azúcar estaba sobre la mesa.

—Yo también, muchas veces... Siempre, o casi siempre... Pero me salvó la vida —aclaró, y se sentó en el borde de la silla.

«¿Por qué no se sienta en el fondo como hacen los hombres? Es como si se le hubiera pegado lo de mujer», pensó Julia con desagrado.

Simón temió hablar mal de Emperatriz, pues podría molestarse y arremeter contra su hermana. Y aunque la muñeca desalmada le tenía la vida complicada, la defendió como una madre a su hijo descarriado.

—Emperatriz también soy yo, no lo olvides.

—Ya sé que eres tú, pero a ti te amo y a ella la detesto. No la defiendas, por favor —le rogó.

A Simón le impresionó que ella también percibiera una dualidad. Se levantó y encendió un cigarrillo. Julia no fumaba.

—En la intimidad soy Simón, siempre soy Simón —dijo—. Esta es una situación obligada en la que ella y yo jugamos dos roles distintos desde un mismo cuerpo, mi cuerpo; desde una única persona, mi persona. Eso es todo —le aclaró, pero su hermana dio vuelta la cara—. No me quieres escuchar —dijo, comprendiendo que en el desdén Julia estaba planteando su dolor y su molestia.

—Lo acabas de decir Simón, eres un cuerpo pero son dos personas y Emperatriz le coquetea a Bruno. No lo niegues, por favor —le imploró.

Cuando citó a Julia estaba dispuesto a confesarle sus temores, pero ahora se daba cuenta que solo serviría para acrecentar sus sospechas. Aunque también sería una bajeza hacerla creer que imaginaba cosas que en alguna medida existían.

—Por supuesto que no —dijo, vertiendo un poco de té fuera de la taza—, aunque a veces Emperatriz se escapa de mí y cobra vida propia.

Una nube de silencio se proyectó sobre ellos distanciándolos nuevamente. Gracias a esa intuición que desarrollan los enamorados, Julia había percibido algo extraño en la actitud de Simón, pero el hecho de que él reconociera su ambigüedad agravaba la situación. Hubiera deseado que lo negara a muerte, le habría creído de inmediato; mas al plantear sus dudas Simón reconocía que ella tenía razón. ¿Era su hermano un homosexual no asumido que se manifestaba a través de Emperatriz? No le extrañaría después de diez años en prisión…

—Para quien te conoce como yo es evidente —atacó desesperada.

—A veces no soy yo —dijo—. La creé para vivir a costa suya, pero ahora no puedo sacarla de escena porque es el personaje principal. Si ella desaparece también lo haré yo.

Hablaba casi en soliloquio. En algunas oportunidades le era difícil conciliar la conversión de mujer a hombre. Y aunque aspiraba a mantenerse como una unidad masculina y desde ahí representar a Emperatriz, ella había ido ocupando espacios dentro de él como si fuera un huésped autónomo.

—¡Qué dices, Simón! Emperatriz eres tú y tú eres un hombre, ¿o no?

—¡Por supuesto que soy hombre! —Sintió un tenue rubor, se puso las manos en las mejillas—. Es que estoy confundido de tanto vestirme y actuar como mujer. Cualquiera se confunde…

—Cualquiera no se confunde. Tú te confundes. ¿Es cierto, entonces, que Emperatriz le coquetea a Bruno, digo, que tú le coqueteas a Bruno? Mírame a los ojos, Simón: ¿quiere eso decir que tendré que estar en pie de guerra contra Emperatriz, contra ti, contra mi hermano? —dijo las últimas palabras ahogada en llanto. Súbitamente tomó la cartera y se marchó sin despedirse, pero dando un portazo tan fuerte que hizo saltar a Simón.

—Jamás miraría al Tano —dijo Simón, perturbado. Pero Julia no lo alcanzó a oír. De inmediato se corrigió—: Jamás miraría a ningún hombre. —Y cerrando los ojos, clamó—: ¡Aída, por favor!

No terminaba de pedirlo cuando tocaron con delicadeza a la puerta. Primero pensó que Julia venía a disculparse, aunque eso era impensable en ella. Abrió. Era Aída que venía dispuesta a entregarse a la pasión más desenfrenada y libre.

Y tan pronto estuvieron entre las sábanas, se disiparon todos sus temores.

* * *

Días atrás, se había instalado un taller de pintura y desabollado en la propiedad contigua a donde vivía Simón. Los golpes de los martillos sobre el metal laceraban sus oídos sensibles de músico e interrumpían su sueño diurno. Desesperado por no poder dormir, planteó sin resultados sus quejas ante su casero.

A la crisis de identidad que vivía, se sumaba ahora la falta de sueño. En un acto de esquizofrenia total, una mañana se vistió con ropa de hombre y se hizo pasar por novio de Emperatriz. Pero no sirvió de mucho, pues cuando el propietario del taller le dijo que se fuera a freír monos, Simón le lanzó un puñetazo tan poco consistente, que este le atenazó el brazo con facilidad: «¡Sal de aquí ahora mismo o llamo a la policía!», le dijo.

Había actuado como un cobarde, pues ante la sola mención de la policía había huido. Y no es que se quisiera justificar, pero en medio de tanta confusión ya no sabía dónde estaba el peligro.

Tanto la conversación con Julia como lo que había sentido con Valois la noche anterior, lo tenían abrumado. Nunca había percibido en él afanes homosexuales y no había razón para que ocurriera ahora, salvo por la confusión que le estaba causando vestirse y actuar como mujer.

Se sentó frente al tocador. El momento de la transformación llegaba como un castigo, pero la vida seguía y necesitaba trabajar.

Se afeitó minuciosamente. Luego, con unos golpecitos en la cara, se aplicó la crema que serviría de base a los polvos que disimularían el vello impertinente. Manejaba con destreza el cisne cuyas plumas finas se posaban en su piel tersa. Ordenó su peinado y, sin darse cuenta siquiera, se fue entusiasmando en el arreglo. Tarareó *Nostalgias* mientras se engominaba un mechón bajo los pómulos: *«Nostalgias / de escuchar su risa loca / y sentir junto a mi boca / como un fuego su respiración»*. Puso prolijamente el carmín y juntó varias veces los labios para que se distribuyera en forma pareja.

Así, labio contra labio, cuidadosamente peinado y maquillado, se encontró con su imagen especular. Se observó desde afuera como si se tratara de un espectador anónimo. Había logrado una transformación tan perfecta que no pudo reconocerse: era otra conciencia la que se reflejaba en el espejo. Se miró el perfil buscándose, pero el sombreado de la nariz lo hacía lucir diferente. Tocó sus mejillas tratando de hallar algo familiar, pero la excesiva suavidad de su piel maquillada no correspondía a su sexo. No le gustó. No era él. Era Emperatriz, la *femme*, la hechicera que se apoderaba de él y lo hacía desaparecer transformado en una suerte de hermafrodita.

Las dificultades parecían aumentar y diversificarse. Al problema inicial de encontrar a los reales culpables, se sumaba una crisis de identidad altamente perturbadora, especialmente ahora que parecía extraviarse cuando se ponía *en femme*.

* * *

Una de tantas noches que caminaba al trabajo, en calle Clave al llegar a la plaza Echaurren, reconoció por su andar patojo y destartalada figura al Chilo Quillota, un expresidiario como él. Temió lo peor, pues el desalmado lo había visto disfrazado en las actuaciones en la cárcel. A medida que se acercaban, Quillota comenzó a escrutar con su mirada torva y sanguínea de hombre malo, la transfigurada apariencia de Simón.

Cuando se toparon, el malévolo se plantó en seco frente a Emperatriz. Simón lo afrontó con indisimulado estupor. Se aferró instintivamente a la cartera —no supo por qué lo hizo, tan de mujer— y dio un paso al lado para continuar. Pero Quillota lo interceptó nuevamente y comenzó un rodeo como de rana saltarina: cercándola, escrutándola, absorbiéndola para reconocerla, mientras ella intentaba seguir su camino. Se disponía a asestarle un buen carterazo para despistar, cuando leyó en la sonrisa nociva del esperpento que lo acababa de descubrir. Puesto que no se justificaba seguir simulando, lo enfrentó desafiante. Pero de súbito, como si el malvado tuviera una cita impostergable con el demonio, le dijo a Simón en tono amenazador: «Nos veremos, huevón», y se alejó corriendo.

El infausto encuentro le hizo comprender que su situación se prolongaba demasiado y que debería preocuparse más. Era un hecho que Quillota lo vendería. Se sintió demasiado expuesto, porque Emperatriz era una persona fácil de encontrar en Valparaíso. Estaba solo. Escasamente contaba con la ayuda de Aída, con Julia en plan de rival no se podía contar, y aunque deseaba descubrirse frente a Marla, aún no era el momento de hacerlo.

Antes de entrar al Ulises Bar miró hacia atrás, el intruso no lo seguía.

TERCERA PARTE

Dudas y Decepción

Capítulo 1

A pesar de ser un bar de marineros los altercados no eran frecuentes en el Ulises Bar, hasta que apareció Jesús. Preocupado por la mala imagen que estaba teniendo el local y los costos extras que en todo sentido las peleas implicaban, Bruno decidió contratar un portero.

Al llegar esa noche a su trabajo, Simón se detuvo atónito ante la vista del Zorro Quiñones, su amigo y compañero de celda —y medio hermano de Marla—, disfrazado de portero y parado como una estaca en la entrada del bar. Se escrutaron mutuamente. El Zorro dio una rápida ojeada al cartel donde aparecía un esbozo de Emperatriz, y comprendió que la *prima donna*, como la llamaba el jefe, era nada menos que su amigo Simón.

—Buenas noches, señora —dijo cómplice y burlón—. *Alante*, nomás.

Simón lo hubiera corregido como solía hacerlo, pero se limitó a un controlado «Buenas noches».

Cruzó la entrada sintiéndose aliviado y protegido.

Sabiendo que Bruno quería contratar un portero, Marla le había hablado a Jesús de su hermano que había llegado de «Los Pimientos» —eufemismo con que el bajo mundo porteño se refería a la cárcel.

«—¿Dónde queda eso? —le había preguntado Jesús.

«—Allá —dijo ella, señalando con la cabeza hacia el cerro Cárcel, lo que Jesús interpretó como algún territorio allende el cerro, en el campo».

Calculando que nadie podía ser más apropiado que un hermano para cuidar de Marla, especialmente si era un hombre de campo no maleado por los vicios de la ciudad, Jesús le aseguró que convencería a Bruno de que lo contratara. Lo que no sabía Jesús, era que confiar en la moralidad del Zorro era como empezar la construcción de la casa por el techo.

A Bruno no le había gustado que Jesús se lo impusiera, supo luego por Julia.

«¿Campesino? Si este es campesino, yo soy el Papa», había comentado.

La mirada aguda de rufián urbano del Zorro era visible para cualquiera, menos para Jesús cegado por la pasión.

El día del escabroso sueño, Emperatriz tuvo la mala idea de contarle a Bruno del taller mecánico que se había instalado al lado de su casa y que no la dejaba dormir. Desde ese momento, Bruno se volvió monotemático con el problema habitacional de Emperatriz. Simón comprendió que en su afán de querer ayudarla, el Tano intentaba inmiscuirse en su vida. Estaba a punto de pedirle que por favor se olvidara, que no era su problema, cuando se produjo un repentino corte de luz. Puesto que la electricidad no volvía, Simón aprovechó para ir a sentarse junto a Marla, que leía en un rincón a la luz de una vela. Tenía la cabeza hundida en un pequeñísimo libro de tapas de cartón y lomo de cuero. Como ella no se percatara de su presencia, Simón se quedó empapándose de la fragancia familiar de su perfume y rememorando esas tardes llenas de sensualidad que habían tenido en el pasado.

A Marla le simpatizaba Emperatriz, más aún, su presencia le daba sentido a sus noches obligadas en el bar. Simón tomó la diminuta edición de *Poésies nouvelles*, de Alfred de Musset de 1851, que Marla había dejado sobre la mesa.

—¿Lee francés? —le preguntó.

—Me ayudo con el diccionario; además, por mi trabajo… —dijo con sorna.

—¿Le gusta la poesía?

—No soy solo sexo, aunque en un tiempo creí que sí. Hay facetas mías que son rescatables, seguramente no para el mundo, pero sí para mí. ¿Conoce a De Musset? *Une larme on dit plus que tu n'en pourrais dire* —dijo ella con buen acento, y luego tradujo—: Una lágrima dice más de lo que uno podría decir. Tome, léalo.

—Gracias —dijo Emperatriz—. ¿Muchas lágrimas?

—No, porque el capítulo del amor fue arrancado con violencia del libro de mi vida —dijo, sin pretender causar lástima.

—¿Y el joven Chavarri?

Marla dejó escapar esa risilla típica del que recuerda alguna maldad.

—Ah, es un cliente un poco loco, demasiado loco quizás.

—A él parece interesarle mucho usted. —Marla hizo ademán de no importarle. Simón aprovechó que Julia cruzaba el salón llevando un candelabro para preguntarle—: Marla, ¿conoce usted al hermano de Julia?

La pregunta pareció tomarla por sorpresa, porque se atoró.

—¿Por qué me pregunta por él? —dijo, poniendo su mano en la garganta.

—Entiendo que está desaparecido. Se dicen muchas cosas de él, pero no es un mal hombre. Yo lo conocí tiempo atrás.

—¿Dónde? —preguntó Marla, pero Emperatriz no respondió—. Es una persona estupenda —dijo la muchacha, y bebió al seco el Martini que tenía enfrente.

—¿Es usted su amiga? —alcanzó a preguntar él, justo cuando llegó la luz.

Al instante se acercó Gerardo, el mozo más antiguo del bar, a recordarle que era su turno. Simón esperó oír la respuesta de Marla antes de levantarse.

—Lo visitaba en la cárcel —dijo, y miró a Bruno intuyendo que hacía llamar a Emperatriz para alejarla de su lado.

A Marla le dolía que el bachicha la tratara como si tuviera la peste; lo detestaba por ello. Se sintió avergonzada frente a la cantante y esa noche se pasó de copas. Cuando Simón interpretaba un tema árabe a pedido de un comerciante del puerto, la muchacha se fue al centro de la pista y comenzó a bailar una provocativa danza del vientre. Sabía que a Bruno le molestaba que las prostitutas se exhibieran más de lo necesario, pero con Marla eso era imposible. Fuera por su belleza o por su desparpajo, siempre llamaba la atención. Como es de suponer, con ella haciendo el show en medio de la pista nadie bailó, lo que reventó a Bruno porque sin bailar no tendrían sed.

Marla bebió una copa tras otra. Se la veía alterada. Y efectivamente lo estaba, pues cuando el mozo tuvo la mala idea de llevarle el Martini sin aceituna, sintió que una vez más la humillaban. Pero luego, cuando este cometió el desatino de poner la aceituna con sus dedos dentro de la copa, ella se enfureció hasta tal punto que con la mano empuñada le dio un golpe por debajo a la bandeja, haciendo saltar los vasos por los aires. Y ¡plaf!, explotaron salpicando de licor y vidrios a los parroquianos. Herida en su amor propio, Marla comenzó a gritar:

—¡Que significa este trato de leprosa que me dan en este bar infecto! ¡Si creen que ese monigote —gritó, apuntando a Bruno— es mejor que yo, se equivocan! Este hombre es malo; muy… malo.

Simón vio que Bruno se hundía en el asiento esperando algo peor.

Más preocupado por las andanadas de Marla, que de cumplir las órdenes de Jesús Chavarri de retenerla en el bar, Bruno le pidió a Ismael, el Zorro, que la pusiera en un taxi.

—¡Suéltame! —le gritó Marla a su hermano, asestándole un puntapié en la canilla. Enseguida se acercó a Bruno echando chispas—. ¡No necesitas echarme, cabeza de vaca! —La gente rió—. Me iré y no volveré. No volveré, ¿entiendes lo que eso puede significar para ti? —dijo amenazante, y se alejó a tranco resuelto. Sin embargo, al pasar frente a Emperatriz se detuvo, y le dijo—: Perdóneme por interrumpir su hermosa canción.

Al salir, arrastraba el abrigo y se contoneaba debido a su naturaleza indomable. Varios la silbaron con apetencia y lamentaron su partida. También Simón.

La respuesta acoquinada de Bruno fue reveladora. O ella sabía algo de las ilegalidades que probablemente ahí se cometían —que Julia ignoraba o callaba—, o insinuaba que los Chavarri le quitarían su auspicio.

El Tano le había ordenado a Emperatriz que cuando hubiera grescas no dejara de cantar, pero al oír a Marla vociferando le fue imposible continuar. El encuentro con ella, aunque breve, había despertado en él antiguos afectos. Era fácil caer en sus redes a causa de su inteligencia y su belleza. Y aunque no quisiera aceptarlo, era muy probable que hubiera sido reencantado, porque la prostituta de pasado oscuro era una mujer superior.

Esa misma noche, poco después del exabrupto de Marla, Bruno tuvo la poco afortunada idea de insinuarle que no era bien visto que cultivara ese tipo de amistades. Simón, o mejor dicho, Emperatriz, replicó furiosa y tajante al grandote de cerebro pequeño: «Le prohíbo que se entrometa en mi vida».

Desconcertado, Bruno se preguntó dónde había fallado y se conformó con un razonamiento elemental: está con la regla.

Esa noche Emperatriz se fue sin despedirse. Preocupado, Bruno le ordenó al Zorro que la acompañara hasta su casa; y si se negaba, que la siguiera a escondidas.

Había avanzado apenas una cuadra, cuando oyó unas zancadas ágiles y una voz que llamaba bajito.

—Señorita, Emperatriz, Simón, espera.

Simón se detuvo casi paralizado por la impresión, hasta que comprobó que era el Zorro.

—¡Zorro, amigo! Si me vuelves a decir señorita te rompo la nariz. O soy Simón o Emperatriz, ¿de acuerdo? Seguro que el cretino de Bruno te pidió que me acompañaras.

—Exactamente. Y tú no me llames Zorro, mira que ahora me llamo Ismael. ¿Te gustaría tener un zorro cuidándote el negocio? Oye, puchas que te ha ido bien, hace dos meses que saliste y ya eres la emperatriz del canto, ja, ja, ja.

—Ismael, Ismael —repitió Simón, ignorando el comentario y tratando de familiarizarse con un nombre que no le calzaba para nada al salvaje entrañable, en cuyo mundo no existía el «por favor» ni las «gracias»—. Qué bueno que me vas a acompañar —dijo. El Zorro lo miró sorprendido y se preguntó por qué Simón tenía miedo. Para él el miedo solo podía entenderse en las mujeres que eran seres débiles—. No es que tenga miedo, me preocupa que descubran que soy hombre —respondió al pensamiento del Zorro.

—Eso si te fueran a violar, pero *pa* eso te *defendís*.

Simón prefirió no revelarle que una agresión sexual en esas circunstancias pondría en riesgo su vida. Si descubrían que era travesti, querrían liquidarlo a causa de la frustración y el engaño; pero si tuvieran alguna propensión por el mismo sexo, querrían poseerlo a como diera lugar.

Marla dormía siesta en su casita encumbrada en el cerro Mariposas, cuando oyó las carreras y maullidos despavoridos de sus gatos desbandándose por las escaleras, trepándose a los árboles, equilibrándose en las cornisas y hasta volar por los aires como monos buscando un lugar donde esconderse. Porque repentinamente su pacífico albergue se había transformado en un infierno, con la irrupción del Atila repartiendo patadas a los inofensivos felinos.

—¿¡Quién mierdas espanta a mis gatos y toca a mi puerta como si yo fuera sorda!? —vociferó furiosa, intuyendo que era el malcriado de Jesús Chavarri.

Jesús entró como si fuera dueño en la pulcra vivienda de Marla.

—Uhm, está limpio, aunque la entrada huele a meado de gato —dijo, pasando una mirada crítica al lugar—. No entiendo cómo puedes vivir en esta estrechez, el viento colándose...

—¿Acaso vienes del Ministerio de Salud Pública? —lo interrumpió—. ¿Tan ciego estás, palomo, que no puedes ver la grandiosidad del océano a través de mi ventana? Además, en este pequeño mundo que habito, primero se saluda.

—Ah, sí. Hola, Marla. ¿Por qué no fuiste anoche al Ulises?

—No fui ayer, ni me verás nunca más en ese antro inmundo. No quiero volver a ver al animal de Bruno. No permito que nadie me basuree. No me vas a obligar. No te tengo miedo.

Jesús comenzó a pasearse como un león atravesado por la determinación indeclinable de Marla.

—Quiero que estés en el bar, no por ese miserable de Rocco, sino porque siempre quiero saber dónde estás para encontrarte... siempre —le confesó, con toda la dificultad que tenía para expresar a una meretriz sus sentimientos de señorito.

Marla supo de inmediato que había dominado a la bestia. Se alegró, porque después del aborto había perdido fuerzas. Si bien al principio había aceptado a regañadientes el trato obligado por el muchachote, con posterioridad lo había agradecido como un regalo. Y lo hizo desoyendo las recomendaciones de su experimentada abuela: «No es bueno amancebarse, porque cuando te abandonan y hay que volver a la calle es un martirio». Pero, considerando que en los últimos tiempos la vida se había ensañado con ella, no le importaba mucho lo que pudiera ocurrir después. Resistiría, pocas cosas podrían ser peores. Además, este joven malcriado la hacía experimentar sensaciones placenteras.

—Ese cretino de Bruno me debe pedir perdón o nunca, jamás nunca volveré a pisar el Ulises Bar —dijo ella, cediendo a la insistencia de Jesús.
—Como tú digas, Marla —respondió, sabiéndose dominado.
El tipo de relación que a Marla le gustaba tener con los hombres era de una conexión superficial y breve. Sin ataduras ni sujeciones. Dentro de este concepto tener a Jesús a sus pies era un triunfo menor. Pero no le ocurría lo mismo con Simón, que franqueaba involuntariamente la coraza con que se protegía.
Ismael sospechó que su hermana quería algo de él cuando lo invitó a pasar por su casa. No solo lo recibió con inusual amabilidad, hasta le rogó que se quedara a almorzar. Él se dejó engatusar por curiosidad, porque era inusitado que Marla lo soportara por más de cinco minutos.
Terminado el almuerzo de verduras y pescado hervido, que ella acostumbraba a comer de día para purificar su cuerpo de noche abusado, entró en materia.
—Ismael, dime hermanito, ¿dónde está Simón?
El Zorro pudo verificar de inmediato el falso afecto de su hermana.
—No sé ni una cuestión —respondió de golpe el bruto fiel.
—¡Anda a mentirle a tu abuela, no a mí! —reventó Marla, y sabiendo lo terco que era, agregó—. Tengo ganas de descansar, así que chao.
Se levantó y le abrió la puerta de par en par. El Zorro, algo sorprendido solamente, pues la conocía, se levantó con calma, caminó tres pasos hasta la puerta y se detuvo frente a ella.
—No tienes remedio —le dijo, y salió.
 Desde la ventana, Marla lo vio alejarse con la cabeza gacha, pero no sintió arrepentimiento ni pena.
Su enamoramiento por Simón, siempre negado, se avivaba cada cierto tiempo como por combustión propia. ¿Por qué Simón? Porque así son las cosas en el sexo, y también en el amor. Gravitación, piel, imán, química; el olor de la piel que se atrae en reacción química con la otra piel. Fatalidad. Simón la perturbaba. Siempre. Pero era caso perdido, más ahora que a Jesús se le habían despertado sentimientos posesivos hacia ella. Por otra parte, ¿qué le podía ofrecer que no fuera su cuerpo deshonrado? Hija de prostituta, nieta de prostituta, a los once años era virgen pero no inocente.

«Yo soy Marla, la solitaria, la rechazada, la excluida. Hoy escuché a los niños jugar en el pasaje y, desoyendo las órdenes de mi abuelita, salí. Los miré desde la puerta de mi casa, sonriente y amistosa. Deseaba participar con ellos, pero no me invitaron. Me gusta ver a los niños jugar al «un, dos, tres momia es» o «al alto», porque se quedan quietos en posiciones divertidas. Nunca juegan «al paco y al ladrón», me imagino porqué. Para mi pena, el único contacto que hicieron conmigo fue un pelotazo tan fuerte en plena cara que me hizo caer al suelo. Supongo que perdí el conocimiento, porque reaccioné recién con los alaridos de mi abuela que corría como loca por el conventillo amenazando a los niños con una destartalada escoba.

«Las madres salieron en defensa de sus hijos e insultaron a mi pobre abuela echándole en cara su profesión: puta. Esa palabra me dolió más que el pelotazo. Tal vez algún día yo les grite: lavandera, costurera o chatera —como dice mi abuela refiriéndose a las vecinas».

Así escribió Marla en su Diario de Vida, primer regalo que le llegara de un hombre, un cliente de su madre, caramelo barato para desvirgarla después de sentarla en sus rodillas, o un poco más arriba, y refregarla contra su sexo. Marla reconoce una predisposición temprana a la prostitución. Es genética, suele decir, porque de manera inconsciente se le entreabrieron las piernas y se dejó llevar por un picorcito que la recorrió entera y la hizo moverse disimuladamente, mientras miraba impávida a su madre para que no la fuera a descubrir y aplicara el castigo.

Pero para su madre, una zorra floja y astuta, la señal no había pasado inadvertida. «Probablemente ya es tiempo para Marla —pensó la mala pécora—, pues aunque aún es una niña y no ha tenido su primera menstruación, la veo ganosa». Un poco antes o un poco después daba igual, pues estaba escrito que seguiría el afán familiar. «Esta es la mía», discurrió, la perezosa, agotadas sus fuerzas tras varios días de sueño interrumpido. El fruto tierno complacería plenamente los apetitos del hombre, sin tener ella que esforzarse. Exhortó a Marla con inusitada dulzura:

«—Si quieres anda con él, es bueno. Anda».

Con la delicadeza que requiere una niña, el hombre grande la llevó hasta la pieza a escribir las primeras letras rojas de su Diario.

Marla no identificó esto con alguna forma de abuso. Todo lo relacionado con el sexo era normal para ella, porque la vida era sexo. Mañana, era sexo. Tarde, sexo. Noche, sexo. Hombres, sexo. Pan, sexo. Insultos, sexo. Zapatos, sexo. Sexo, sexo, sexo; como si no hubiera nada más en este mundo que sexo. Y aunque esto era normal al interior de las cuatro paredes de su hogar, por los agravios que recibía de los niños, afuera el sexo parecía ser algo pecaminoso, oculto o impuro.

Después de haberlo experimentado y satisfecha la curiosidad infantil, el sexo le pareció algo asqueroso. Y si bien no se sintió abusada, nunca borró de su memoria la posesión brutal que hizo aquel gigante feroz y desafecto, como de cuento infantil.

A los tres años de profanada se había apoderado de ella la tradición. Comenzó a mirar fijo a los hombres que venían a visitar a su madre y, a veces, también a su abuela. La gatita ronroneante con la que antes jugueteaban, ahora abría grandes sus ojos felinos y luego los entornaba emitiendo sensuales miau-miau, miau-miau, mientras se les restregaba entre las piernas. La que en apariencia jugaba, pero que en realidad trataba de cautivarlos, pronto se transformó en la felina salvaje que levantó tantos hombres como quiso. No en vano pertenecía a una saga de connotadas rameras.

Hastiada ya de la penitencia de exclusión, y a falta de espacio para expresarlo en palabras, comenzó a responder a las agresiones de los niños con golpes, mordeduras, patadas y tirones de mechas, entremezclados con gritos de impotencia y llanto. Como resultado, los niños comenzaron a temerle y a alejarse, pero ahora también por miedo. Esto la hizo aún más infeliz, porque ella quería ser su amiga, jugar; ser como ellos: una niña común y corriente.

Para cuando Marla llegó a la adolescencia, estas vivencias desencadenaron en una crisis que la volvió huraña e irritable. La abuela intuía una responsabilidad familiar en esto, la madre verdadera, no. «Lo que daña a la niña —pensaba la abuela—, es el presagio de una vida de aislamiento y sin esperanzas de felicidad. Es probable que se resista a aceptar que la felicidad está negada por real decreto a las mujeres de nuestra casta».

En una oportunidad en que Marla le puso el tema, la abuela trató de reanimarla diciéndole que había excepciones. «Muy pocas en la historia», le respondió con la certidumbre que da la veteranía, aunque ella era apenas una niña.

Capítulo 2

Poco después de que se produjeran los hechos que llevaron a Simón a prisión, Rupert Spencer, teniente primero de la Armada, había manifestado sus intenciones a Campbell.

Un enamoramiento súbito hizo presa de él, cuando se encontró con Aída en París en casa de unos amigos chilenos. Aunque la conocía y le gustaba de antes, fue en esa ciudad que terminó por cautivarlo su espíritu despreocupado y libre, pero también su belleza. Lamentablemente ella había respondido con indiferencia a sus pretensiones y al poco tiempo volvió a Chile.

Tan pronto Spencer terminó su especialización regresó con la intención secreta de conquistarla. Pero no había tenido suerte, porque si bien ella era amable, no se dejaba seducir. Circulaban comentarios malintencionados respecto a que tendría una relación «especial» favorecida por su temperamento. Pero la gente era mal hablada y a él le gustaba ella tal cual era, o precisamente le gustaba porque era así. Si bien no podía negar que le dolió, cuando esa tarde de fiesta en el Astur Hotel la vio pasar por alto todas las convenciones y besar al joven músico.

Teniendo en cuenta la desmedrada imagen de su hija, el capitán lo aceptó complacido. Spencer no solo había sido el único hombre de Valparaíso que no se había escandalizado con el «*affaire* primaveral de Aída», como lo llamaban entre risas; sino que, además, reunía todos los requisitos para ser un buen partido: era marino y pertenecía a una conocida familia de ascendencia inglesa que aseguraría una progenie de abolengo.

Aunque tenía la certeza de que Aída andaba en algo, Rupert había accedido a que se inscribieran en la clase de tango. Tenía buenos motivos para aceptar: la veía contenta, cariñosa con él y plenamente entregada al sexo. Haciendo momentáneamente suya la sentencia de que «si algo está bien para qué cambiarlo», decidió dejar trascurrir un tiempo para ver qué sucedía.

—*God damn it!* —estalló el capitán Campbell, en una última conversación sobre el tema.

Hastiado ya de su prepotencia, Rupert lo enfrentó con determinación, rompiendo para siempre la jerarquía naval que el capitán también imponía en casa.

—Capitán, es mi mujer y es nuestra vida. Hemos decidido tomar esas clases, según es el deseo de Aída y mío. Con su permiso —dijo, y salió de la habitación.

—Imbécil —masculló Campbell—. Ahora me desafías, pero cuando lo necesitaste te saqué a ese rufián del camino.

Unos segundos antes, Aída había entrado en el comedor a poner los cubiertos en el aparador, cuando inadvertidamente oyó la conversación que sostenían su padre y Rupert en el *living*. Tras escuchar las últimas palabras del capitán, Aída sintió que le flaqueaban las piernas. Debió sujetarse para no caer. Una sensación inicial de náusea y un dolor pulsátil en las sienes la llevaron a confinarse a pieza oscura, como acostumbraba a hacer durante los períodos de crisis.

* * *

La noche anterior, Simón se había acostado sin quitarse el maquillaje después de una jornada más larga de lo usual. Un grupo de turistas mexicanos había pagado una suma exorbitante para que cantara para ellos. No era la primera vez que le pedían salidas extras.

Al despertar tenía los ojos pegados. Se detuvo frente al espejo. Su cara estaba sucia con rouge alrededor de la boca y los ojos renegridos. «¡Qué es esto!», exclamó, y una vez más no supo qué día era, si martes o sábado o viernes. Las exigencias del trabajo, así como el éxito impresionante que estaba teniendo, pero sobre todo el cambio permanente de identidad, lo terminaban por perturbar. Tomó el calendario. «¡Cómo, ya estamos en noviembre!», dijo sorprendido (últimamente era frecuente que hablara solo). El tiempo pasaba volando y él seguía sin hacer nada para resolver su situación.

«¿Por qué mataron a Chavarri?», se preguntó una vez más, dándole vueltas a un asunto que parecía mañosamente sepultado. Persuadido de que no lograría respuestas contundentes a través de la prensa, decidió indagar en forma directa sobre quiénes participaron de su encarcelamiento. Le preguntaría a Aída sobre su padre y a Carmiña por Vasco Chavarri. A Bruno lo tenía cerca para observarlo. No tenía cómo averiguar donde vivía el señor Martínez, el chofer que también había declarado en su contra.

La última vez que Aída vino a verlo, se había marchado lloriqueando porque no podría venir la semana siguiente. Extrañamente, hoy llegó de un humor infernal.
—¿Por qué no ventilas cuando fumas? —dijo, abriendo la ventana de par en par—. ¿Me pregunto si tendré alguna vez la suerte de encontrar la cama hecha cuando llego?
—¿Algo más? —dijo Simón, abrochándose el pantalón.
Ella se quedó mirándolo. Lo abrazó avergonzada de descargar sobre él, la víctima, su molestia.
—¿Qué ocurre?
—Perdóname. No tiene nada que ver con nosotros.
—Háblame de tu padre —le pidió luego, estando tumbados de espaldas en la cama con sus cuerpos aún sudorosos.
Aída se incorporó. La coincidencia de los hechos la hizo pensar que Simón sabía más de lo que ella creía, o que por lo menos sospechaba algo. Sintió la solicitud como una acusación, y cargó con la culpabilidad reconocida por su padre como si fuera propia. Hasta ayer, nunca lo había relacionado con las circunstancias que llevaron a Simón a la cárcel. Y a pesar de que había declarado como testigo de cargo, nada hizo sospechar de una participación directa.
—No me pidas que vaya contra mi padre, por favor. No me pidas eso.
—No lo estoy acusando. Solo quiero saber cómo es, solo eso.
Aída se levantó. Se puso el kimono de raso floreado de Empe-

ratriz y metió las manos en las mangas. Se quedó mirando unos instantes el torcido tronco del crespón que aún no florecía. Simón comenzó a vestirse mientras ella le contaba que su padre, antes que todo, antes que padre siquiera, era un marino fanático del orden y del cumplimiento de la norma. Y que fuera de la institución, en su mundo privado, no había espacio para el amor o el placer, salvo su licencia para la música. Aunque en los últimos años, dijo, habría que agregar el amor por sus nietos.

Simón se acostó en la cama y apoyó las piernas verticales contra la muralla.

—Perdóname —la interrumpió—. Las ligas me cortan la circulación.

—Pensé que usabas portaligas.

—A veces no.

—¿Dónde iba? —Aída se distrajo con el comentario tan femenino de Simón—. Ah, sí. Debes saber que en alguna medida la mujer del marino se casa con la institución, y que los hijos somos hijos de la institución y sus normas; suma y sigue.

—O sea, eres hija y esposa de la institución —afirmó sarcástico.

—No —dijo disgustada—. Para algunos efectos sigo siendo hija, pero ante todo soy esposa.

Simón frunció el ceño.

—¿Quién es el timonel del buque familiar? —continuó provocativo.

—Hubo una jerarquía que se mantuvo hasta ayer en mi casa.

—¿Por qué hasta ayer?

—Por nada. A propósito, Rupert aceptó que fuéramos a las clases de tango.

—¿Quiero saber qué pasó ayer, señora Spencer? —Así le decía cuando estaba celoso o enojado.

—Doblegó a mi padre.

—Y eso cambió tu percepción de Spencer.

—Decididamente.

—¿Ahora lo amas? —No podía controlar sus celos.

Aída puso la tetera en la cocinilla.

—Siempre lo he amado de un modo particular, eso te lo dije desde el principio —dijo, y volvió sobre su padre porque necesitaba recuperar su desmoronada imagen—. Mi padre es un hombre inflexible, pero escrupuloso y justo: «Las emociones un hombre se las traga solo, aunque se atragante», suele decir. No hace mucho recibió un reconocimiento por su desempeño, y por su probidad —acentuó lo último, que parecía ser lo único rescatable en estos momentos. Insistió—: Es un hombre incorruptible. Hubo muchos en su puesto antes que él que cedieron a la tentación. En la academia sus alumnos lo adoran.

Simón apenas escuchaba la apología que ella hacía del capitán. Dudas aparte, si Campbell había declarado en su contra quería decir que había mentido; en consecuencia, no era el hombre cabal que ella retrataba. Porque no es posible ser y no ser a la vez. Tampoco era cierto que sus alumnos lo adoraban. Se comentaba que daba un trato despiadado a los jóvenes cadetes, que les imponía esfuerzos físicos excesivos y feroces castigos que presenciaba con un aire de evidente complacencia. Quienes lo conocían lo describían como un hombre cruel, un sádico.

* * *

Ese martes se produjo una fisura entre ellos. Al parecer fue bastante profunda, pues a pesar de que su marido no estaba en la ciudad, ella no volvió a verlo en los días sucesivos. Sin poder precisar del todo por qué, ambos habían quedado con un ligero sabor acre.

El sábado siguiente en la tarde, Simón fue al Ulises Bar con la intención de verla en la clase de tango. Pero ella no asistió.

Aceptó que Carmiña lo dejara en el centro, pues quería ver cualquier película que lo ayudara a matar el tiempo hasta la hora de su función.

—Me puede esperar un momento, voy a lavarme las manos —le pidió.

Carmiña aprovechó de vengarse de los celos que le provocaban las incesantes alabanzas de Fabio al talento de la cantante, y apuntó incisiva:

—Las mujeres nos empolvamos la nariz.

Simón se montó en el vehículo con recelo. En un tono de fingida intimidad le pidió a Carmiña que le contara sobre Chavarri. A ella le pareció un abuso de confianza, pero como estaba en estado de benevolencia gracias a su relación con Luna, aceptó. Carmiña es la típica mujer que se dulcifica en el amor, pero que odia y rumia con intensidad cuando está sola.

Al principio, Simón debió escuchar la retahíla de su triste condición de viuda rica. ¿Por dinero o por amor? Fabio no estaba con ella por dinero. Lo había tentado a cometer alguna falta, pero no lo había conseguido. Era un hombre íntegro.

—Es un espíritu leal, la antípoda de Vasco… —dijo—. Él era de naturaleza infiel. Nuestra relación siempre estuvo atravesada por el engaño. Y aunque odiaba su indiferencia y su traición, me sepulté diez años junto con él. ¡Estúpido! —le gruñó al carabinero que la hizo detenerse estando la calle desierta. Tenía los ojos empañados—. Su último engaño olía a pérdida total. Me aterroricé. La mujer era casada y él la amaba. El día antes de morir oí que le decía en el teléfono: «Sin ti no vale la pena vivir».

—Como si su asesino lo estuviera oyendo.

—¿Qué quiere decir? —preguntó molesta.

—Perdón, nada —se disculpó Emperatriz—. Pero finalmente se liberó del sufrimiento…

—No. No puedo verlo en esos términos. Odio a Simón Rocco, único culpable de mi desgracia —dijo, y luego de meditar un momento agregó—: Sin embargo, desde que conocí a Fabio ya no busco la venganza. Jesús, ese chaval es el que está empecinado. Se lo prometió a su padre muerto y un compromiso con un muerto se cumple, joder. Era su padre, era un niño que se quedaba sin padre, y vamos que le hizo falta. Cumplirá lo prometido porque es obstinado. ¿Lo ha visto cómo anda tras la Truby, la puta del Ulises? Si no hay cómo apartarlo.

Detestable Carmiña. Emperatriz le hubiera puesto su afilada uña escarlata en la llaga aún abierta, y le hubiera preguntado qué pensaba de los celos ahogados de la mujer del profesor. Cómo si el dolor causado por el engaño solo contara para ella.

Con todo, apreció que ella no estuviera entre quienes querían aniquilarlo. Por lo menos no mientras estuviera con Luna. Conociendo el temperamento tozudo de los vascos, Simón supo que Jesús lo buscaría hasta el fin de sus días. Pero Jesús buscaba a la persona que había dado muerte a su padre, y puesto que esa persona no era él, debería encontrar al verdadero asesino y ponerlo en las manos del muchachote. Pero ¿por qué no hacía nada?

* * *

La mañana cálida presagiaba un buen día. Le gustaba cruzar en diagonal la plaza Echaurren y detenerse bajo un pitosporo en floración, para sentir su aroma y oír a los pájaros cantar y revolotear en el esplendor primaveral. Era la vida en toda su expresión de júbilo, lo más cercano a la naturaleza en medio del pesado cemento de los edificios que la circundaban. En el mismo nivel de goce estético lo capturaba el crecimiento desordenado de la ciudad que se encumbraba hacia los cerros, con sus calles de interminables vericuetos, sembrada de modestas viviendas; algunas peligrosamente encaramadas en el precipicio. Valparaíso era un verdadero prodigio de arquitectura espontánea a la vista de un extraño como era él después de su estancia oscura.

Aída venía de la costurera en el tranvía de calle Serrano, cuando lo vio. Impulsada por la sorpresa y la emoción de encontrarlo después de varios días, se lanzó carro abajo. Estuvo en un tris de caer. Para evitar sospechas se fue caminando a cierta distancia tras de él, como si él fuera la reina. Lo observó en detalle. Era impresionante verlo en la calle vestido de mujer: extravagante con su mayor estatura, su espalda ancha, su andar forzado, definitivamente ambiguo y ajeno, pero lo amaba.

—¿Conociste a Vasco Chavarri? —le preguntó una vez que estuvieron en el cuarto.

—Sí —respondió Aída, mientras servía café—. Al principio venía a casa con Carmiña, pero después lo hacía solo. Era extrovertido y tenía una voz potente y varonil. Mi madre se iluminaba cuando aparecía. Es probable que mi padre se pusiera celoso porque Chavarri era en extremo galante. «Está muy guapa hoy», le decía cada día; o bien: «¿Será posible, pero hoy está aún más bella que ayer?». Y era cierto, porque mi madre era una mujer hermosa. Mi papá empezó a molestarse porque llegaba de improviso y con cualquier excusa: «Iba pasando». Luego fue sofisticando las explicaciones y la frecuencia, hasta que un buen día mi papá le pidió que no viniera más. Lo supe, porque sentí un ruido en el *living* y entré sin avisar. Encontré a mi padre hecho un energúmeno sosteniendo una botella por el gollete; Chavarri se afirmaba contra la chimenea con el rostro desencajado y la corbata suelta corrida hacia un costado. Parece que habían tenido algo más que una fuerte discusión. Fue en aquel entonces que mi madre se vino abajo. Es probable que

no fuera feliz con mi padre, eran tan diferentes.
—Lamentable situación —comentó Simón.
—Sí. Fue como si a mi desventurada madre le hubieran quitado el aire. Recuerdo que Chavarri volvió hacia el final. No sé a qué acuerdo llegaría con mi padre, pero sus visitas eran espaciadas. Ella revivió, fue notorio. Pero cuando Vasco murió, al poco tiempo también murió ella —Aída se quedó un rato en silencio. Luego miró a Simón como aturdida, y dijo—. ¿Acaso eran amantes? No podría creer que mi madre engañara a mi padre; tal vez sí en el pensamiento, pero no en la acción. Pudo ser un amor romántico. Ese amor puede ser tanto o más pernicioso que la pasión de la carne, lo sé por experiencia.

En el relato de Aída, Simón pudo apreciar cómo el capitán Campbell había sacado de un plumazo las rémoras que podían manchar el buen nombre de su familia. Los hechos hablaban por sí solos. No obstante, si sus sospechas fueran ciertas, no sería él quien mancharía el nombre de la sufrida madre de Aída para inculpar al capitán.
Todos parecían ser hilos de una misma madeja. Campbell se revelaba como el principal interesado en la desaparición tanto de Chavarri —por la censurable razón de desear a la mujer del prójimo— como de Simón —por el poco cristiano motivo de ser pobre y roto. Y aunque desconocía los motivos de Bruno para querer inculparlo, al contratar a Julia mostraba la típica reacción del mafioso italiano que mientras te clava la daga llora, porque te está matando y te ama.
Lo más probable era que Chavarri y Campbell luego de una profunda amistad, se hubieran transformado en rivales. Si se deja fuera el lastimoso romance, es muy probable que junto a los enamoramientos ilícitos, también hubo negocios ilícitos amparados por el control total que Campbell tenía en el puerto: prevenir, impedir y perseguir delitos de contrabando y fraude aduanero en todos sus tipos y especialidades. Con todo ese poder, era fácil imaginar que Chavarri contrabandeara —contaba prácticamente con el monopolio de la actividad del puerto— y que Campbell recibiera un pago por su discreción, o por sus datos. Si así hubiera sido, se justificaría que quisieran apartarlo a él en aquel entonces; especialmente si pensaban que desde su puesto en la Aduana podría

haber descubierto algo. Asimismo, era posible imaginar que si hubo negocios fraudulentos en el pasado, también los hubiera ahora. Y si así fuera, no sería fácil destapar un fraude como este, pues es sabido que nada cuenta con mayor protección que una institución armada. ¿Complicidad o ceguera del almirantazgo?

¿Por qué dejaron de indagar la verdad? Como quiera que fuese, ya no nadaba en el mar obscuro de la ignorancia. Interesado en saber más acerca de las actividades ilegales del grupo, le preguntó al Zorro que siempre estaba al tanto de todo. «Voy a averiguar», le respondió.

A los pocos días sucedió un hecho que lo dejó perplejo.

Había leído en la prensa del hostigamiento de la policía contra los clandestinos de juegos de azar, pero nunca pensó que acometerían contra el Ulises Bar. Pero por error o desprotección, a los tres días allanaron el bar.

—*Una razzia, una razzia!* —gritó Bruno, tan pronto el Zorro lo alertó, y se precipitó a cerrar la sala de juegos que funcionaba en forma clandestina en el interior del local.

No habían trascurrido dos escasos minutos cuando irrumpieron en el bar una quincena de hombres y seis mujeres elegantemente vestidos —pero visiblemente alterados—, portando sendos tragos en la mano. De inmediato se confundieron entre los asistentes.

Los detectives escudriñaron la trastienda, pero no encontraron nada. Para no irse con las manos vacías, le cursaron una multa por venta de cigarrillos a precios exorbitantes. Sanción de la cual el Tano no se pudo zafar.

Fue tal la conmoción que sufrió Bruno después del imprevisto, que su humanidad entera quedó sumida en una profunda depresión.

—Por favor, Emperatriz, cante *Una furtiva lacrima*.

—Pero esa canción no es para el Ulises Bar, Bruno —dijo ella.

—No importa, cántela. Se lo ruego.

Al día siguiente, Campbell dijo:

—Lo que está ocurriendo solo puede ser obra de ese mequetrefe. Esto quiere decir que tiene contactos con la policía. Hay que redoblar la búsqueda. Nunca antes había ocurrido algo como esto, ¿no?

Simón agradeció al ángel que andaba tras los malandrines.

Capítulo 3

Abría la puerta para ir a comprar un espejo con pedestal, cuando se encontró a boca de jarro con Mayito, la dueña del puesto de diarios. La sorpresa lo hizo retroceder y se le escapó un ¡oh! breve de estupor. Hasta aquí, Mayito era la única persona que no lo conocía de antes que lo había descubierto.

La invitó a pasar. Mayito prestó escasa atención al lugar, y fue directo a la mesa junto a la ventana donde acomodó su cuerpo de morsa, en la silla de Aída, con la delicadeza de una sirena.

—*Toi cansá, toi agotá* —dijo, y agradeció, con voz opaca pero cantarina, el té que le ofreció Simón.

Lo primero que pensó Simón fue que se trataba de un chantaje. Sirvió otra taza para él, aunque no tenía deseos. No fuera a oler a desprecio, sabido es que *ellas* se ofenden del aire.

—Quiero que sepa que admiro de todo corazón que usted optara por ser lo que realmente es: una mujer —dijo, mientras rodeaba con su manota la taza—. Vine a prevenirle que han doblado la recompensa por usted.

—¡Recompensa! —exclamó Simón, y su corazón se aceleró.

—Un tal Chilo Quillota que estuvo con usted en Los Pimientos... Bueno, él dice que es el único que la reconoce y está determinado a ganarse la recompensa.

¿Cómo pudo Mayito descubrir todo sin él haber abierto la boca? Debió admitir que tenía una gran intuición femenina mezclada con buenos informantes. Pero *ella* erraba en lo fundamental, él era un travesti accidental y no una mujer en los términos que *ella* apuntaba.

—Cualquier cosa que necesites, querida, búscame. Y cuidado con el Ulises. Tiene mala fama —dijo arriscando la nariz—. Ah, qué bien te queda el rojo.

—Gracias —dijo Simón, algo avergonzado por el llamativo vestido en el que había invertido una pequeña fortuna.

Y si bien Mayito no parecía estar interesada en la recompensa, lo hizo revivir la crisis de identidad que había sido sobrepasada por los problemas contingentes.

Lo preocupante era que *ella*, que lo había desenmascarado sin conocerlo, creyera que era homosexual. ¿Tan afeminado estaba? Era probable que la dualidad siempre en disputa entre su yo masculino, que luchaba por no desaparecer, y su otro yo —se negaba a nombrarlo— que predominaba gracias al papel público y prioritario de Emperatriz, implicaran algo más profundo y complicado.

Se deshizo violentamente de sus escrúpulos al acordarse del espejo que a estas alturas le estaba resultando imprescindible.

Decidió no ir a la tienda de antigüedades de Pièrre Valois. Buscaría en las mueblerías del centro, incluso en la tienda de Carmiña.

Recorrió todo el centro y no encontró lo que buscaba. Sin haber más lugares adonde ir, y habiendo perdido la esperanza de encontrar uno, se sentó en la plaza Victoria mirando, desde un ángulo oculto, la elegante tienda de antigüedades de calle Condell. De pronto una ligera turbación: monsieur Valois salió del negocio, se subió a su auto y se fue por calle Independencia.

La tienda estaba abarrotada de muebles finos de distintas épocas y estilos. Emperatriz se maravilló y deseó comprarlos todos, porque le gustaban las cosas bellas. Simón pensó que si Emperatriz tuviera los medios se convertiría en nueva rica.

En la tienda más elegante de la ciudad, por supuesto que encontró el espejo de pie oval de ébano que había imaginado. Pidió al vendedor que se lo fueran a dejar.

Cuando se volvía para salir se dio de bruces con Pièrre Valois, que apoyando ambas manos en un bastón de palo de guindo, la miraba con ojos anhelantes. Se veía muy distinguido, sabido es que tenía ascendencia noble. A Emperatriz se le encendieron las mejillas.

—¿Cómo está? ¿Encontró lo que buscaba? —preguntó con su acento francés.

—Sí, muchas gracias —dijo Simón e intentó salir, pero él le cerró el paso.

—Es hora de almuerzo, sería un honor para mí que me acompañara.

—Muchas gracias, pero tengo un compromiso.

—Entonces, mañana.

—No —respondió Simón, agitando nervioso la cabeza—. Disculpe —le dijo, y con ambas manos lo apartó suavemente de su camino y, sin dar explicaciones, se escabulló hacia la calle.

* * *

La situación social y emocional de Simón era complicada. Los valores y las normas que regían para los demás mortales, no funcionaban para él. No pertenecía a una clase social ni participaba con sus pares en actividades propias de su sexo. Con los hombres se relacionaba desde la perspectiva de una mujer, y con las mujeres como si fuera su par. El no tener que responder a nadie había liberado su comprensión y su conciencia. De que era un alienado en todos los planos, tenía certeza; que quienes lo perseguían lo habían transformado en un ilota, era un hecho. ¿En qué momento había perdido la brújula?

Su pelo de hombre había crecido lo suficiente como para ser cortado, pero Emperatriz decidió —¡Emperatriz decidió!— que habiendo llegado la primavera y junto con ella los días cálidos, se lo dejaría crecer y se libraría de la asfixiante peluca. La decisión implicaba un cambio radical, aunque en épocas pasadas, no tan remotas, los hombres lo llevaban largo como se veía en los retratos de reyes y cortesanos. Si el mismo Jesucristo lo había usado hasta los hombros. Es cierto que era una convención arbitraria, pero también era innegable que ahora él veía las cosas con un intencionado relativismo.

Por más que el razonamiento ayudaba, la duda y las contradicciones terminaron por escindir su personalidad, una de las cuales era femenina en estado fragmentario, y la otra masculina en amarillos aprietos.

Golpearon. Simón se asomó por la ventana y divisó el espejo. Cual no fue su sorpresa al abrir la puerta y encontrarse con su propia imagen reflejada. ¡Oh!, exclamó riendo, hasta que el espejo se movió y detrás de él apareció Pièrre Valois. Automáticamente Simón frunció el ceño.

—Gracias, pero no debió molestarse —dijo Simón, sin invitarlo a entrar.

El anticuario sintió que no era bienvenido.

—Discúlpeme —dijo, y continuó con su pronunciado acento—. No me malinterprete. Le confieso que tengo un interés verdadero en usted. Créame que después de un largo duelo, usted es la única mujer que me ha interesado.

—Entre —dijo Simón cada vez más serio.

—Gracias.

En el interior, Valois alcanzó a contar por lo menos cinco espejos de distintas formas y tamaños: «Es narcisista como toda mujer», pensó.

—Siéntese —le ordenó Simón—. ¿Es usted enfermo del corazón? —El francés negó esbozando una sonrisa de asombro—. Me alegro, señor Valois. Espero que no se sorprenda si nota un cambio en el tono de mi voz. Le voy a confesar algo únicamente porque sé que usted es un caballero y no lo va a comentar. —Valois seguía atónito con la mirada a Emperatriz, que se sentó con decisión frente a un tocador hechizo y comenzó a sacarse la pintura de los ojos, el rouge y el colorete de las mejillas con una reciedumbre muy poco femenina; hasta que finalmente se quitó la peluca de un tirón—. Señor Valois, soy hombre.

—*Qu'est-ce que vous dites?!* —exclamó el francés, y se levantó completamente aturdido.

—Es muy simple. Estuve diez años preso por un asesinato que no cometí, y al salir de la cárcel me esperaban para matarme. Lo único que pude hacer para sobrevivir en Valparaíso sin que me reconocieran, fue cantar vestido de mujer.

Demudado por la impresión el francés debió sentarse nuevamente. Y como no terminaba de convencerse, cuando Simón se comenzó a sacar la pollera y a ponerse pantalones de hombre, zapatos de hombre, camisa de hombre, Valois giró educadamente la cabeza.

—Me imagino que no ha sido fácil —dijo el francés, mirando de soslayo. Con todo, prefería a Emperatriz, o como quiera que se llamase, con peluca y no con ese cabello pajoso que había dejado al descubierto. Pero en ningún caso su aspecto era completamente varonil.

—No ha sido fácil en absoluto —dijo Simón—. Y aunque vivo en un estado de permanente confusión, la transición de un papel a otro se ha hecho cada vez más llevadera. Es como si una dicotomía cerebral me permitiera responder en forma racional o intuitiva, agresiva o tierna, según esté en el rol de Simón o Emperatriz. Curiosamente, los momentos de mayor equilibrio emocional se dan en esas ocasiones en que no me reconozco ni totalmente masculino ni totalmente femenino.

—Ah. ¿Y nadie lo ha reconocido? —preguntó Valois. Se sentía incómodo.

—Nadie —respondió, prefiriendo obviar a Mayito que era un caso especial.

—*Excusez-moi* —dijo aún choqueado, y se marchó sin estrecharle la mano.

* * *

Era pasado mediodía cuando Simón corrió la cortina. Sentía aún el peso del trasnoche en su cuerpo, algo así como una descompensación física general. No le era fácil acostumbrarse al cambio de horario después de haber tenido una rutina estricta de sueño en la cárcel.

El nublado ceniciento y frío de esa mañana poco ayudaba a su estado de ánimo. Reconocía que tenía una afición desmedida por la ropa de mujer y que, además, la había tenido desde niño; empero, dudaba que tras ella hubiera algún tipo de desviación. No consideraba una rareza el placer que experimentaba al fantasear con el adorno de su yo femenino hasta volverlo completamente *en femme* —mujer, mujer, diría Mayito—, y luego hacer febrilmente el amor con Aída.

Por muy confundido que estuviera, jamás se había arreglado pensando en interesar a los hombres. Nunca le había atraído sexualmente alguno, salvo ese sueño espantoso que había tenido con Bruno, que bajo ninguna circunstancia atribuiría a un producto del inconsciente, sino a la dualidad que vivía. Borraba deliberadamente de su memoria lo que sintió con Pièrre Valois aquella noche en el bar.

De súbito vio aparecer a Aída detrás del crespón. Venía envuelta en un chal blanco mullido que realzaba su delicada figura. «Esta mujer no es para mí», pensó, y la dejó golpear un par de veces antes de abrir.

—Quiero regalonear —dijo ella, y lo arrastró hasta la cama. Pero como él no reaccionaba, ella se sentó en el borde con el torso desnudo envuelto en el níveo chal—. Era de mi mamá —dijo, sabiendo que él sentía simpatía por su madre.

Simón seguía ensimismado, y hasta torturado por sus pensamientos. Estiró su mano y tomó un cigarrillo del velador; lo encendió y aspiró con fuerza. Era tal su necesidad de comunicar lo que le ocurría, que a pesar de que ella no era la persona adecuada la tomó por confidente.

—Reconozco que hay un cambio en mí —dijo—. Pero este cambio no ha afectado mi virilidad. La sexualidad no es solamente biológica, Aída. La forma en que somos hombre o mujer lo ha definido en gran medida la cultura, y no solo la naturaleza. Visto así, el hombre tiene obligatoriamente que ser proveedor y enérgico y la mujer doméstica y frágil, aunque no siempre calce con lo que la persona es en realidad —ella abrió grandes los ojos—. No me mire con esa cara.

—A mi modo de ver no somos iguales, la maternidad nos hace diferentes.

—Sobre todo, complementarios —afirmó Simón—. Aída, eso que usted ve como exclusivamente biológico, también está influido por la cultura. No por dar a luz usted nació sabiendo economía doméstica, ¿o sí? —Ella rió, también porque le recordó la muletilla de su padre—. En algunas sociedades, pocas, es cierto, eran los hombres los encargados de la crianza de los niños. Además, la masculinidad y la feminidad no constituyen cualidades exclusivas ni definitorias de uno u otro sexo, hay grados.

—¡¿Grados?! —exclamó ella, con total sorpresa.

—Sí, grados. Todo depende de donde se sitúe la persona en la escala masculino/femenino. Y no se equivoque, que en los extremos no están los mejores ejemplares. Si se cambia el punto de vista actual por uno de mayor comprensión de las similitudes entre los sexos y no de las diferencias, podría mejorar el mundo en que vivimos. También sería bueno para usted como mujer. Ha cambiado tanto la sexualidad a través de la historia, que me pregunto cómo será el año dos mil cuando entremos a un nuevo milenio.

Aída guardó silencio. No quería que su mundo cambiara, para ella estaba bien. Entendió que Simón se estaba yendo a los extremos buscando respuestas a su problema; y enseguida se preguntó en qué lugar de la escala se situaría él.

Por su parte, Simón consideró que ella tenía una concepción conservadora típica; pero no le importó, porque era bella y la amaba. Se corrigió de inmediato, porque tampoco era una tonta linda. Aplicarle ese criterio —residuo despreciable de su formación machista— era insultarla.

Recién entonces Simón pudo darle lo que ella había venido a buscar. Después de la controversia, sin embargo, el sexo no fue el mismo de antes para Aída. No se sacudieron los cerros ni estalló el cielo en sus danzas pirotécnicas. Por el contrario, sintió como si de pronto ese gran amor se precipitara a la nada, porque era difícil, si no imposible, ignorar el peso de la duda que comenzaba a gravitar respecto a la sexualidad de su amante.

Después que Aída se fue, Simón salió a caminar con la esperanza de que la brisa marina salada lo ayudara a aclarar su confusión. Hasta el dolor de pies lo aceptaba ahora como una bendición, pues se había convertido en la señal que le recordaba que seguía siendo Simón-Simón, el hombre.

Intentaba reafirmar su perfil varonil mirando a las mujeres, y no los vestidos que llevaban; sus cabellos sedosos, y no el largo de la melena; los glúteos, y no el ancho de la pollera, cuando lo atrapó un escaparate con un par de zapatos de charol rojo de taco y terraplén. «Me veré demasiado alto —pensó, mientras se los probaba—. Pero combinarán perfecto con el vestido de seda rojo, aunque me aprietan y bastante. ¿Y si solo los uso para actuar…?».

Y a pesar de que la dependienta trató de convencerlo diciéndole: «Señora, ese zapato no le entra», no pudo dominar el impulso.

Al salir con la caja de zapatos bajo el brazo, comprendió que esto estaba pasando de extravagancia a demencia y que necesitaba con urgencia ver a un psiquiatra o, en su defecto, conversar con alguien. Mayito era la persona que mejor podría entenderlo.

Respecto a lo que le sucedía a las personas que tenían empatía con el mismo sexo, Mayito dijo:

—Los médicos de la cabeza piensan que es una enfermedad que se pasa con fuerza de voluntad —rió—. Son unos ignorantes, sabes. ¿Enfermas? ¿Nosotras? ¡Ja, ja, ja! Que yo sepa *nadien* se ha arrepentido nunca. Además, te lo aseguro, querida, *nadien* puede liberarse. ¿Sabes por qué?

—¿Por qué?

Antes de responder, Mayito dio la última pitada al cigarrillo, arrojó la colilla al piso y la aplastó con la punta del zapato.

—Porque en el fondo *nadien* quiere hacerlo —dijo lo último con una risilla pícara.

El reiterado *nadien* que Mayito acentuaba en la primera sílaba, retumbaba en la cabeza de Simón.

—Quizás no lo han intentado...

—Muchos lo han intentado… —dijo, y encendió otro cigarrillo—, pero este deseo es perturbador, obsesivo y cedemos ante él porque tiene más poder que la reprobación de la sociedad —su tono era melodramático—. No hay escape. Conque lo mejor que puedes hacer, querida, es irte haciendo a la idea y aceptarte. Porque no hay nada malo, es natural.

—¿Natural?

—Hay mucha más gente como nosotras de lo que tú crees; más aún, gente de la que ni siquiera sospechas.

—Mayito, ¿por qué crees tú que una persona es homosexual?

—Yo creo que se nace así.

Simón se preocupó. Pensó en sus rarezas de infancia y en lo que le había ocurrido con Valois.

—¿Estás segura? Y si fuera por lo que a uno le tocó vivir. La falta de un padre, por ejemplo, el abuso o el maltrato… ¿O simplemente es algo que está en todas las personas? —preguntó al fin.

—En todas no, pero en muchas sí, por eso te digo que es natural. No te angusties, acéptate y trata de ser feliz. No te importe lo que diga la gente, ni te castigues por ser como eres: *una* es lo que *una* es. Y chao, porque tengo muchas cosas que hacer.

Capítulo 4

Marla no había alcanzado a pegar los ojos, cuando Ismael le dio la mala nueva. Su abuela Teresa, la Teruca para los amigos y clientes, murió al amanecer de ese domingo de fines de noviembre a causa de una trombosis pulmonar.

Los hermanos bajaron abatidos por las empinadas callejuelas de piedra y tierra, hasta alcanzar el plan.

Entraron en el conventillo pestilente de calle Blanco donde vivía la difunta. Fue penoso para ambos verla partir. Con ella se marchaban los afectos familiares, el sentirse parte de algo y los buenos preceptos; a su modo bien particular, claro está.

A Marla le había enseñado las cosas de la vida, y también de la profesión. Su propia madre, en cambio, ligera de cascos y entendimiento, jamás captó el sentido trascendente de la maternidad. Le hubieran comunicado el lamentable deceso, pero no había rastro de ella. Tal vez había muerto.

A la muchacha le ardieron los ojos al verla yacer en la cama sin vida. Puesto que entre ambas había una relación más cercana y cómplice, su muerte la golpeó con más fuerza que a Ismael, que de milagro no estaba preso. Ahí, frente a ella muerta, recordó aquel día de agosto cuando la abuela regresó del centro y su madre la había mandado marcar por el hombre grande.

«—¿Dónde está mi *prienda* querida? —preguntó, porque siempre era lo primero que preguntaba.

«—Trabajando —respondió la madre con desidia.

«—¡¿Trabajando?! —gritó la abuela, y corrió como una loca hacia la pieza donde prestaban servicios. Tomó lo primero que encontró a su paso, abrió la puerta de una patada y sacó a fierrazos al hombre, que solo alcanzó a recoger sus calzoncillos largos en ese día frío de invierno».

Enseguida, recordó Marla, había arremetido contra la madre: «¡Puta, puta!», le había gritado, mientras le calaba incansablemente el fierro en la espalda. La paliza que le propinó fue tan grande, que la mandó al hospital por cinco días y ella se fue a la cárcel por dos.

No obstante la violenta posesión, para Marla había ocurrido lo esperado, lo enigmático, lo temido, pero a veces también lo deseado por legítima curiosidad infantil.

Los escándalos siguieron, pues su madre comenzó a presionarla para que trabajara. La abuela replicaba lanzándole un zapato, una taza con mate caliente o lo que tuviera a mano; a veces la arrastraba del pelo por la casa.

Marla adoraba a su abuela. Y para esta, la niña era la más hermosa e inteligente de todas las criaturas de este «infierno llamado tierra». Aspiraba a que fuera una persona de bien: secretaria, enfermera o profesora. «No, puta no, *mijita*. Eso no es para usted. Usted es inteligente», le decía hasta el día que fue desflorada. Pues según su vasta experiencia, una vez trocada la virginidad por dinero no había vuelta atrás. Algunas veces la miraba y lloraba: «Pobrecita, mi niña. Pobrecita».

—¿Quién llamó al cura? —preguntó Marla.

—Fueron las vecinas —dijo Ismael—, para que no se fuera directo al infierno. Le temen tanto que ni a la abuela se lo desean —y agregó con picardía—: Las viejas casi se fueron de espalda cuando la abuela le dijo al cura: «No pierda su tiempo conmigo».

No obstante, el párroco se había quedado acompañándola. Y poco antes de que la parca la visitara le dio la extremaunción. Estando aún agonizante ella le había dicho: «Pamplinas». Al rato, el cura le cerró los ojos y cabeceó en una silla, mientras ella dormía para siempre.

La velaron en la casa sin más concurrencia. En la tarde, Marla e Ismael caminaron como únicos dolientes tras el ataúd llevado por una carreta rumbo al cementerio.

Después del inesperado deceso, Marla quedó sumida en la más negra tristeza. No fue al Ulises Bar en toda la semana, y cuando lo hizo estuvo agresiva y excedida en el beber.

Nadie relacionó su rebeldía con el penoso duelo. Ni una sola persona le dijo una palabra de consuelo, como si la abuela no hubiera muerto; o como si fuera bueno que hubiera muerto. Ni siquiera Emperatriz que se mostraba afectuosa con ella le dio el pésame. Jesús también pasó. Puesto que conocía bien a su Valparaíso, no le sorprendió que a pesar de ser una ciudad abierta a la diversidad siguiera siendo intolerante, y viera a las prostitutas como seres degradados en su condición humana. «Nos ven como un pedazo de carne fresca, nada más. Pero no precisamente como un trozo de filete», solía decir riendo, para disfrazar el dolor que le causaba el desprecio y la indiferencia.

A causa de la guerra había un importante movimiento de naves en el puerto. Como país neutral, Chile estableció reglas mediante las cuales los buques extranjeros: ingleses, noruegos, incluso los alemanes y otros que entraban en territorio nacional, tenían autorización para permanecer en el puerto por veinticuatro horas. No obstante, si era necesario hacer reparaciones luego de sus largos viajes, las naves podían quedarse por más tiempo.

Esa noche entró al Ulises Bar un marinero escandinavo que impresionó fuertemente a Marla por su estatura, sus cabellos claros rizados y sus brazos dorados firmes y torneados.

Marla y su amigo Perupio construían un poema dadaísta, juego poético en el que pasaban horas. En esta ocasión, era ella quien elegía al azar las palabras que pacientemente el poeta había recortado del periódico de la mañana.

Acababa de sacar la palabra dios, que le serviría para completar el verso, cuando lo vio. De pie bajo el dintel de la puerta, difuminado por el humo denso del bar, figuraba un marinero semejante a una deidad de la naturaleza salvaje, o de la guerra.

—Perupio… —dijo, casi sin gesticular—, acaba de entrar el dios Thor.

El apolíneo marinero la hizo revivir al instante su vocación, temporalmente dormida, de complacer a los tripulantes de piel bronceada que arribaban de alta mar. Y siguiendo los enterados consejos de la difunta, esa noche se le olvidó Jesús y todas sus amenazas y se entregó a la vida a placer.

Desapareció por un rato en el baño. Al regresar traía una expresión diferente: los ojos le brillaban y las pupilas estaban algo dilatadas. Se la veía más animada de lo usual, más canchera y provocativa que el resto de las prostitutas del bar. Simón la observó extrañado, aunque era probable que sus sentimientos magnificaran su percepción.

Marla se detuvo retadora delante del marinero. Este la examinó con una mirada penetrante, aunque cansada. Se quedaron viendo, catándose por un rato. Solo cuando él le sonrió, ella se acercó. Se detuvo apoyando su sexo contra el hombro tatuado con un colorido dragón. Ella le pasó su mano por el cabello. Él dejó ir relajadamente la cabeza hacia atrás, se le entreabrió la boca y cerró los ojos por unos instantes. Enseguida levantó lentamente la cabeza, miró detenidamente a la muchacha, la tomó por la cintura y la sentó a horcajadas sobre sus piernas, sexo contra sexo. Se enrollaron en un abrazo apretado y fogoso. Ella dejó caer unas gotas de vodka entre sus pechos para que el nórdico las bebiera.

Marla estaba fuera de control. Bruno comenzaba a hacerle gestos de impaciencia a Julia, para que Ismael pusiera coto al asunto. El marinero, cautivado por las notas que entonaba la cantante, separó a Marla y puso atención a la música. Bruno agradeció a Emperatriz.

—Caribe… Conozco *ese* canción. *I love it* —dijo en su acento extranjero, y ordenó a Marla—: *Dance.*

—¿Yo? No.

—*Dance for me, dance for* Preben, por favor —le pidió en tono desesperado. Ante su negativa le alargó unos billetes que ella no tomó.

Conmovida por el hombre que imploraba y la voz sugerente de Emperatriz, Marla comenzó a moverse al ritmo de la canción. Le tomó las manos para bailar, pero él no se dejó. Cadenciosamente se fue desplazando de espaldas hacia el centro de la pista con la mirada puesta en el vikingo, hasta que la voz mágica de Simón la hizo entrar en trance. Caderas y hombros comenzaron a moverse poseídos por el ritmo insinuante de *El Manisero*: «*Maní. Maní. / Si te quieres por la boca divertir, / cómete un cucuruchito de maní*». Incitaba al marinero a bailar moviendo sugestivamente sus manos con las palmas vueltas hacia arriba y contoneándose, pero él se negó.

Poco antes de terminar la canción llegó Jesús. Se quedó parado en la puerta observando a Marla tararear y bailar para el nórdico. Todos retrocedieron esperando una de sus salidas violentas, mientras Marla coreaba a Emperatriz: *«Que esta noche no voy a poder dormir / sin comerme un cucurucho de maní. / Me voy, me voy»*.

Marla simulaba un adiós con su mano alejándose de Preben, cuando repentinamente se chocó contra alguien a sus espaldas. Se volvió riendo y encontró a Jesús frenético, la sangre hirviendo en el rostro. «Hola», dijo ella apenas, y se quedó súbitamente congelada con el brazo en alto. Jesús se lo bajó con brusquedad y la sacó a rastras del lugar.

* * *

Al día siguiente Jesús llegó temprano para precaverse. El danés se sentó en un extremo del salón y Marla en el otro. El marinero se marchó al poco rato, pero al pasar frente a la muchacha se detuvo y le hizo un breve saludo. Jesús se quiso levantar, pero lo contuvo la zarpa firme de Bruno.

Simón no permanecía indiferente a lo que ocurría. En una mezcla de celos y rabia interpretó *Ojos verdes* mirándola fijamente: *«Apoyá en el quicio de la mancebía, / miraba encenderse la noche de mayo. / Pasaban los hombres / y yo sonreía / hasta que en mi puerta parasté el caballo»*.

Marla alzó la vista, nunca imaginó que Emperatriz la censuraría.

Simón terminaba su primera salida, cuando Marla se levantó tras una seña que le hizo su hermano desde la puerta. Salió cabizbaja, alicaída, lenta, como si se sintiera gravemente enferma; solo le hizo un guiño de despedida a Jesús. A través de la puerta entreabierta, Simón la vio subirse con presteza a un taxi. ¿Qué artilugios usó Marla para comunicarse secretamente con el nórdico y convencer a Jesús para que la dejara marcharse? Definitivamente, Marla era una experta y Jesús un bobo.

Sabía que irían al Hotel Quilpué. Que luego de cruzar un pasaje atestado de vagabundos que dormían acurrucados en sus miserias y hediondeces, entrarían subrepticiamente por la «puerta del pecado» —Marla aún no cumplía los veintiún años—. Ella lo haría presurosa; se taparía la boca y la nariz para no aspirar y él exclamaría con repugnancia: *«Cheat!»*.

En el licencioso hotel, Marla satisfaría los deseos del hombre rubio, deseos que alguna vez sació para él. Harían el amor en el lenguaje del sexo y las señas, pues debían ser muy pocas las palabras que conocieran en común. ¿Para qué las palabras cuando habían sido atrapados por la fuerza poderosa del deseo?

La siguiente noche, cuando Marla calculó que Jesús no vendría, se fue tras el escandinavo ante la mirada avizora de Bruno.

Como por razones de trabajo al cuarto día Jesús debía viajar a Santiago, le pidió a Marla que no fuera al Ulises. Obediente, ella acató. Pero tampoco apareció el nórdico en el bar.

Desatadas las pasiones, al quinto día —esta historia duró cinco de los seis días que estuvo el petrolero en reparaciones— Marla enfrentó a gritos a Jesús en el bar:

—¡No más cadenas!

Un corte violento le pareció la mejor forma de poner fin al compromiso. El trato sellado inicialmente se había desvirtuado, convirtiéndola a ella en una suerte de sierva y a él en amo y señor.

En un primer momento Jesús se desmoronó. Luego deseó golpearla y llevársela. Pero muy en contra de su voluntad, debió ir a buscar a su madre que le había prestado el auto, con el compromiso de que la recogiera a las once en punto para llevarla al Ulises Bar.

Al rato de irse Jesús, Marla se marchó con el nórdico. La situación era de riesgo vital para los recientes amantes. Simón sintió preocupación y celos de que el marinero conquistara su corazón y se la llevara lejos. Si él fuera el extranjero la querría conservar, pero claro…, siempre y cuando no existiera una Aída como la suya. Marla tenía tantas virtudes, que quien las descubriera la querría retener para sí de alguna forma. En ese sentido, entendía a Jesús.

Al regresar, Jesús se detuvo frente a Emperatriz que cantaba *La falsa monea*: «*Gitana que tú serás, / como la falsa monea / que de mano en mano va / y ninguno se le quea*». Luego caminó hacia la mesa de Bruno y comenzó a buscar a Marla con la mirada. No faltó quien le dijera cuándo y con quién se había marchado. Se le encendieron los ojos, la boca le temblaba, y también la mano de la que cayó la copa.

Todos estaban expectantes. Pobre Marla, pensaron los más piadosos al verlo salir ciego de celos. Simón se sorprendió, nunca hubiera imaginado que este cretino la amara tanto. En cierta forma lo admiró, porque pasaba por encima de todo, incluso de su madre, lo que en sí era respetable. Pero cuando vio que se hacía seguir por un par de sus sicarios, todo el respeto inicial se esfumó, porque un hombre va solo a pelear por su mujer.

—¡Gallina! —exclamó Emperatriz, reprobando la conducta cobarde de tres contra uno.

Prefirió no juzgar el comportamiento de Marla. Aunque le dolió comprobar que ninguno de los presentes, incluido él, acudiera en su socorro, siendo que la bella aunque infiel, era una mujer superior.

—¿Qué dice? —preguntó Bruno sorprendido—. Está loco este Jesús, enamorarse de una *puttana*.

A Simón le dolió el modo en que se refería a Marla, que por esos días era indefendible.

* * *

Como un invasor vandálico llegó Jesús al hotel. Rompió butacas, mesas, balaustradas, y todo lo que encontró a su paso. Descerrajó las puertas a patadas, hasta que en una de ellas la encontró. Los salvajes irrumpieron en la pieza en penumbras, cuando los noveles amantes se encontraban en plena faena e incapacitados para defenderse.

Siguiendo las órdenes de Jesús —que se quedó afuera—, los matones golpearon sin importar a quien. Luego separaron a Marla y descargaron toda su bestialidad sobre el nórdico. Utilizaron puños y pies para golpearlo, pero también azotaron con gruesas y quemantes correas la piel desnuda y febril del vikingo, que apenas se podía defender porque la desnudez lo había vuelto vulnerable. Marla gritaba e intentaba detenerlos, pero la apartaban con violencia.

Cuando los mandados notaron que el cuerpo del hombre no tenía reacción, lo dejaron tirado en medio de la habitación, casi muerto.

—¡Jefe! —llamaron los hombres.

Jesús entró y le ordenó a Marla que se vistiera. Ella lloraba desconsolada. «¡Asesino!», le gritó, y se arrojó sobre el caído tratando de despertarlo. Jesús la separó con rudeza. Ella intentó golpearlo de vuelta, pero la contuvo con firmeza. Se puso la ropa profiriendo todo tipo de insultos contra el mozalbete.

—Ayúdenlo, por favor —pidió Marla a la gente que se había agolpado en la puerta.

* * *

Aunque nunca del grado de horror que vivió Marla, esa noche Simón también sufrió varios sobresaltos. Bruno, cuyo apasionamiento crecía minuto a minuto, en un reiterado ataque de celos la presionó para que le dijera quién era el novio que había ido a hablar por ella al taller de desabolladura. Emperatriz se sorprendió. «¿De qué novio está hablando?», se preguntó, pues se le había olvidado que le había contado a Bruno de los ruidos del taller.

—Ah, veo que estuvo indagando. Pero si tanto le interesa saber, es mi primo.

—¿De dónde salió ese primo?

—De Los Pimientos —dijo, al no ocurrírsele nada mejor.

—¿También viene de Los Pimientos, eh? —inquirió sarcástico. Simón asintió—. ¡Ah!, entonces usted es pariente de Ismael —rió burlón.

—Mi primo viene de allá, yo fui creada en Valparaíso.

—¿Procreada, *vuol dire*? Ahhh, usted lo que quiere es enredarme con su idioma. Sé que tiene un novio escondido. —A ella se le escapó una sonrisa—. El día que la fui a buscar olía a cigarrillo, ¿era de su primo también?

—No. Era mío. Fumo cuando estoy sola. ¿Con qué derecho me interroga? —preguntó ella, molesta.

—Usted *non capisce*, Emperatriz —dijo, con la mirada lánguida de un cordero—. *Io sono innamorato di te*.

Simón se quedó helado. Ninguna de las dificultades y desafíos vividos durante este tiempo, había alcanzado el nivel de desastre que experimentaba ahora al escuchar la declaración de amor de un hombre. Al anticuario lo había detenido a tiempo. Aprovechando que lo había dicho en italiano, Simón simuló no entender y se fue a la barra a buscar un vaso de agua.

Con su manía de interpretarla, Bruno discurrió que ella no quería mezclar amor y trabajo, como él con Julia. Medio aceptó que se trataba de un primo, gracias a la certeza con que le había hablado el casero: «Pongo mis manos al fuego por ella. Jamás he visto a un hombre entrar en su cuarto, ni siquiera a su primo».

Julia, que había visto lo enojado que estaba Bruno, enfrentó a Simón.

—¿Te está celando, *non é vero*? —dijo con rabia, probablemente imitando a Bruno, cuyas emociones las expresaba en italiano.

—No —respondió Simón ofuscado, y se alejó comprendiendo que era urgente hacer algo por su hermana, que se estaba desquiciando con el enamoramiento de Bruno por Emperatriz.

Pero el bachicha no había quedado totalmente convencido. Y aunque le pareció una treta demasiado femenina, Simón discurrió que la mejor forma de sacarlo de su obsesión, era invertir la situación y encararlo en un diálogo frontal —del que solo Emperatriz era capaz— respecto a los injustos honorarios que recibía ella en relación con Juan Cortés, el cantante con que se alternaba en el estrado. Porque a fin de cuentas, era ella quien llenaba el Ulises cada noche, y no el gangoso de Cortés.

Y no lo hizo por enarbolar la creciente causa feminista, sino porque le parecía una discriminación de la cual él, como mujer, era víctima.

Bruno se sorprendió. Era natural que un hombre ganara el doble, aunque era absolutamente cierto que era ella quien atraía el público al bar.

—Usted sabe, los hombres ganan más porque tienen una familia que mantener.

—Hasta donde sé, Cortés tiene tanta familia como yo: ninguna.

—Pero él es hombre.

—No veo la diferencia. De todas formas no voy a discutir con usted. O me iguala el sueldo o me voy.

«Una mujer simplemente no puede ganar lo mismo que un hombre —reflexionó Bruno—, eso sentaría un mal precedente. Después querrán que hagamos el aseo; que colguemos la ropa; que mudemos la guagua, y que planchemos. Si acepto ahora, cuando me case con ella barrerá el piso conmigo. Definitivamente, no acepto. Pero… ¿y si se va?». Su cuerpo carnoso tembló entero de solo pensar que lo dejaría sin su amor, sin su música y, por si eso fuera poco, se llevaría su público a otra parte. Vio cernirse la ruina sobre el Ulises Bar, y a sí mismo como ánima del purgatorio vagando entre las mesas vacías en medio de un calor agobiante y húmedo.

—Está bien, de acuerdo, lo que usted diga.

Y sin esperarlo siquiera, Emperatriz salió ganando. Con el aumento de sueldo se cambió a una agradable casita de dos ambientes en la misma calle Cajilla donde vivía, pero más cerca de plaza Echaurren, más central.

* * *

El Zorro, que repentinamente había experimentado un cambio asombroso en su aspecto, se había movilizado para ayudar a su amigo y le traía un buen dato.

—Andaban tras Vasco Chavarri por contrabando, en algo que llamaron Operación Septiembre.

—¿Quién te lo dijo? —inquirió Simón.

—El milagro te lo cuento, pero no me *pidái* el santo.

—Pidas —le corrigió.

Simón fue a la biblioteca y repasó nuevamente la prensa. Constató que, efectivamente, aquel 1929 se había desarrollado con mucho éxito una estrategia anticontrabando que llevaba ese nombre.

Recordaba vagamente que por algún motivo que él desconocía —probablemente como parte de ese procedimiento—, le habían ordenado revisar rumas de documentos que hacían parte del proceso. Las fechas coincidían. Él había comprobado discrepancias entre los precios reales y los informados de varios productos. Haciendo lo que correspondía, le había reportado esta anomalía al señor Orellana, su jefe. «No se preocupe, ahora yo estoy a cargo», le había respondido, dándole a entender que todo estaba en buenas manos. Pero ahora se preguntaba si también su jefe estaría involucrado.

Es probable que sin saberlo, Simón les estuviera pisando los talones y que por esa razón lo sacaron de en medio. «Pero ¿por qué asesinar a Chavarri, gran señor y dueño material de Valparaíso?». La única forma en que esto podría entenderse, era como un acto irracional resultado de la sinergia de codicia y celos, que habrían enloquecido a Campbell hasta llevarlo a asesinar a Chavarri.

Estando en prisión, a menudo vio en primera plana al capitán haciendo ostentación de su eficiencia y honestidad. La prensa lo apodaba «el cazador» de contrabandistas. Pero habría que aclarar que de pequeños contrabandistas, y no de los peces gordos de la mafia porteña que seguramente contaban con su beneplácito, piensa ahora.

En su cargo actual de Capitán de Puerto, el poder de Campbell era superior al de antaño. Absoluto, se podría decir; lo que hacía de él un intocable a la vez que un escudo para los defraudadores. Era señal de la buena protección con que contaban, los años que el grupo había durado sin que lo descubrieran. Si el tema era el contrabando, era razonable imaginar que ahora que había restricción a las importaciones continuaran amparados desde la institucionalidad que él representaba. ¿De dónde provenían las medias, perfumes, licores, cigarrillos y otros que ofrecía Carmiña? ¡Qué se los llevaban…! A otro perro con ese hueso.

Simón sabía que hay dos aspectos que cuentan para el contrabandista en el cálculo de sus beneficios: el factor protección, que en este caso era superlativo, y el celo en el encubrimiento del lucrativo negocio. Si solo de proteger el negocio se tratase, ¿qué mejor muestra que la muerte de Chavarri, el ostracismo a que lo habían forzado y el posible asesinato de su jefe? ¿Por qué implicaba a su jefe?

Capítulo 5

Recién a mediados de diciembre, Aída y Rupert Spencer fueron por primera vez al Ulises Bar. El ambiente no era precisamente el del Club de Viña, pero a Rupert —al igual que a Aída— le gustaba ocasionalmente alternar con gente diversa, más espontánea; incluso excedida, pero más cercana a la vida misma que el medio convencional en que se desenvolvían.

Sonaba el bis de *Por una cabeza*. Esperaron en la puerta para no romper el hechizo, pues reinaba un silencio absoluto en el bar saturado de humo.

Iluminada con un foco cenital, como si fuera una aparición, figuraba Emperatriz en el escenario mientras su voz única inundaba el local: «*Por una cabeza, / todas las locuras. / Su boca que besa, / borra la tristeza, / calma la amargura. / Por una cabeza, / si ella me olvida / qué importa perderme / mil veces la vida, / para qué vivir*».

Aída nunca lo había oído cantar. De inmediato dio razón a su dilatada fama y a Carmiña, que no había exagerado sus alabanzas en la cena de la noche anterior. Era grandioso como artista, pero le resultó chocante verlo transformado en intérprete-mujer total. Sin querer apretó la mano de Rupert, este la miró con una complicidad equivocada. Verlo actuar era tan distinto a imaginarlo… Definitivamente, una cosa era Simón en privado; otra, en público.

Una vez terminada su primera salida, Simón se fue a la barra junto a Julia. Se sentía avergonzado y patético frente a Aída que iba acompañada de su varonil marido —con terno azul a rayas—, mientras él exhibía una poco afortunada caricatura de mujer.

Al notar su confusión Julia le ofreció un Martini, que extrañamente aceptó.

Se negó rotundamente a compartir la mesa con los amigos de Bruno.

Aída no lo miró en todo el tiempo que estuvieron en el Ulises Bar. Y cuando Rupert le prometió traerla todos los días si así lo deseaba, ella se preocupó.

—¿Tanto te gustó? —le preguntó espantada, y pensó: «Estoy loca, ¿cómo puedo estar celosa de Simón?».

—Demasiado. Es fascinante —respondió.

«¿Cómo aceptar que esa mujer tan mujer fuese Simón, su Simón, su hombre, el amante largamente deseado?», se preguntaba ahora.

Y como era habitual, fueron tantas las manifestaciones de júbilo esa noche —la gente reía, bailaba, cantaba y se abrazaba— que cuando se cerró el local, Carmiña obligó a que todo el mundo —en rigor un grupúsculo seleccionado— fuera a su casa de Viña del Mar a seguir la fiesta.

Emperatriz se negó a ir, a pesar de la insistencia de Carmiña. Esa noche, Simón tenía la intención de darse una vuelta por el barrio chino, pues le había contado el Zorro que Marla había vuelto a la calle y que estaba en muy mal estado: «Unos golpes nada más, en todo el cuerpo eso sí, pero no le quebraron ni una costilla ni un diente. Al dios vikingo ese —rió con picardía—, a ese sí que lo dejaron bueno *pa ná*».

A Simón le sorprendía la escasa empatía del Zorro con el sufrimiento de su hermana. Hijo del rigor, no podía ver a Marla como la mujer o la hermana que había sido maltratada. «Gajes del oficio», aseguraba, tomándolo con la misma indiferencia con que aceptaba irse preso cuando delinquía.

Como era de suponer, Bruno la obligó a ir a la fiesta, a pesar de que Julia tiró el candado y las llaves al suelo y se mandó a cambiar gritando: «¡Los odio, los odio!».

En esos momentos, Bruno aceptaba los arrebatos de su asistenta como un mal inevitable. En la misma medida que crecía su apasionamiento por Emperatriz, en proporcionalidad inversa disminuía su interés y la atención que le prestaba a Julia. Si no fuera que la necesitaba tanto se habría zafado gustoso de ella que le zumbaba al oído todo tipo de recriminaciones, exigencias e interminables y aburridos sermones. Paciencia.

Simón, en cambio, sintió una pena terrible por su hermana. Pero no pudo resistirse a ir, porque ya le había picado el bichito de la curiosidad.

Simón le pidió a Bruno que lo llevara a cambiarse. Estaba preocupado por esta especie de «estreno en sociedad» que hacía Emperatriz, precisamente en casa de sus acusadores.

¿Qué me pongo?, se preguntó frente al espejo, mientras Bruno esperaba afuera. Me lo pongo todo, se dijo, y así lo hizo.

Se veía recargada, iridiscente, pero se gustó. Prefirió trasgredir. Al fin y al cabo, Emperatriz podía no ser una aristócrata, podía no ser una mujer, pero era una artista y como tal tenía licencias adicionales. Por razones obvias, ni a él ni a Emperatriz les interesaba formar parte de una sociedad aborregada en la cual no había espacio para la diversidad. Había vislumbrado en la Aída de hoy a la mujer reglada, practicante fiel y cumplidora acérrima de las formas que antes repudiaba. Empero, para hacer justicia, solo eso no le gustaba de ella, en todo el resto la amaba tal como era.

Personajes variopintos llegaron hasta la casa de Viña del Mar. En la confusión, y ante la posibilidad de beber licor del bueno y gratis, unos cuantos se colaron.

—Pareces la Virgen de Andacollo —le dijo Carmiña con un tufillo despreciativo. Acto seguido, le ordenó—: Cuando sientas las palmas, entóname una bulería.

Al sonido de las palmas, todas las miradas subieron por la magnífica escalera de mármol hasta el segundo piso. Todas, excepto Aída, que clavó sus ojos en Emperatriz. No salía de su estupor al verlo vestido de manera tan extravagante. Nunca lo había visto oficiando de mujer, vibrando, cambiando el timbre de su voz y gesticulando como una hembra. Mal que bien su actuación en el Ulises Bar era parte de un show, pero encontrárselo fuera de escena le resultaba insoportable. Si hasta a su marido le había gustado, así de femenino se veía.

—¡Oh Dios! —exclamó, pero hubiera llorado.

—¿Qué pasa? —le preguntó Rupert.

—Nada.

Esa noche definitivamente fue de Carmiña. Lucía majestuosa al borde de la escalera con un traje con grandes lunares, un rosetón en el cabello, la mano izquierda en la cadera y la otra alzada. Al rasgueo de la guitarra comenzó a mover manos, brazos y a contonearse golpeando el suelo con los tacos. Si Fabio Luna alguna vez dudó, esa noche cayó rendido ante el embrujo de la bailaora, que bajó la escalera moviéndose al ritmo alegre de la bulería.

La intención de ella al hacer esta fiesta «improvisada», fue darse la oportunidad de mostrar sus potencialidades a Luna, ya que siendo lo suyo el baile sabía que lo cautivaría, y lo cautivó.

Emperatriz cantaba apoyada con entusiasmo por los amigos españoles de Carmiña. Algunos de ellos habían llegado recientemente en el Winnipeg o en el Copiapó, huyendo de su España revolucionada. Unos sentados, otros de pie, todos la acompañaban con las palmas, voces y gritos al son del cante jondo.

En eso entró Jesús. Dio unas vueltas discretas por el salón tratando de entender de qué se trataba esta reunión de concurrencia heterogénea, por decir lo menos. Se detuvo frente a Emperatriz. Por fin encontraba a alguien conocido. Simón se asustó porque Jesús lo miraba fijamente, si bien su mirada era amistosa. Embriagado por la voz emocional de Emperatriz, se incorporó palmeando al ritmo de la canción.

Era la primera vez que reparaba en Emperatriz. Así vestida parecía una mujer de mundo más que una cabaretera del puerto. Se sintió atraído por ella. «Por lo menos no es una descastada prostituta», pensó. Y deseando subconscientemente vengarse de Marla, se instaló junto a la cantante.

Bruno advirtió de inmediato el inusitado interés de Jesús.

—¡Olé, olé, olé! —intervenía con su voz potente de muchacho, mientras bebía uno tras otro los vasos de whisky.

Cuando Emperatriz terminó de cantar le ofreció un cigarrillo. Como ella lo rechazara, le trajo una bebida y unas tapas de anchoas con pimientos. Se veían tentadoras, pero también las rehusó. Luego, ya borracho y propasado, Jesús le pidió que bailaran. Pero lo hizo con tal insistencia y presión, que Emperatriz le dio un golpe seco con la cartera. Aída debió apoyarse en Rupert: un carterazo... Eso era demasiado.

Rojo de ira, Bruno saltó sobre Jesús. Ambos contrincantes cayeron con gran estrépito al suelo y comenzaron a darse golpes, a pesar de los gritos de Carmiña y del esfuerzo de Luna por separarlos. Viendo que se iban a matar, los asistentes les comenzaron a vaciar el whisky y ron que tenían en sus vasos, pero como no se separaban, alguien tuvo la ocurrente idea de tirarles un fósforo encendido. Fue lo único que dio resultado, porque se apartaron de inmediato horrorizados ante la idea de carbonizarse.

—Tengo sueño —dijo Aída a su marido, después de flambeados los contrincantes.

Salió con el alma hecha pedazos. Dos hombres se habían peleado a muerte por el hombre que ella amaba. Nunca hubiera imaginado que Simón vestido de mujer pudiera despertar semejante pasión en los hombres. «Si hasta Rupert se sintió atraído por ella. Dios mío, digo, por él», pensó.

Hasta ahí llegó la fiesta. No obstante el accidentado final, Carmiña hizo un balance positivo: al fin había logrado cautivar a Luna.

* * *

Una noche como tantas, los parroquianos borrachos coreaban a voz en cuello a Juan Cortés y bailaban febriles milongas con las prostitutas del bar, cuando Bruno comenzó a hacerse preguntas respecto a la vida, o más precisamente, a la doble vida de la cantante.

—¿Qué oculta? Dígame. ¡¿Quién es el hombre que la visita?! —gritó Bruno, abrumado de pronto por el despecho.

Simón lo hubiera abofeteado. El cretino lo celaba a gritos y el bar estaba atiborrado de gente. Qué vergüenza.

—Bruno, por favor —pidió Emperatriz despacio—. ¿Acaso yo lo celo con Julia?

De inmediato Simón comprendió que había dicho una estupidez.

—¡Pero si yo no amo a Julia!

—No la ama, dice, pero la hace ilusionarse.

—¡¿Yo?! ¡Es ella! —gritó exasperado, y luego dijo como para sí—. Ahhhh, *é vero* que esta Julia me hace escándalos, me insulta. Hasta ha llegado a pegarme asegurando que me he acostado con usted. Dice que nos vio besándonos en el auto; que nos vio por la ventana *nel suo letto* haciendo el amor. Disculpe que se lo diga, pero ¡qué más quisiera yo! —dijo, elevando las manos al cielo—. *Io* trato de explicarle que nunca he ganado más *denaro*, pero *lei* me responde que le importa un bledo el *denaro*. Está loca esta Julia.

Las palabras de Bruno revelaban que el sufrimiento de su hermana y su frustración, la estaban llevando a levantar peligrosas calumnias. ¿Qué pensaría Aída si oyera esto viniendo de Julia? Lo menos, que era comprobadamente marica.

* * *

La tarde del sábado, Simón llegó especialmente temprano a las clases de tango. Necesitaba con urgencia aclararle ciertas dudas a Aída, pues ella que era su certificado de masculinidad, dudaba.

La esperó paseándose y fumando en la calle, algo que nunca haría una mujer. «¿Va a entrar?», le preguntaban los alumnos que iban llegando de a uno. «Dentro de un rato», les respondía.

La relación con Aída no solo declinaba, directamente naufragaba. Ausencias injustificadas y silencios dolorosos y elocuentes, habían poblado los últimos encuentros. Probablemente ya se había hartado de él y estaba teniendo la típica reacción de la niña rica: juguete usado, juguete desechado. En ningún momento reconocía su propia responsabilidad, que entendía como exterior y temporal. Por fortuna, ese sábado Rupert tuvo un almuerzo de camaradería en el Club Naval.

—¿Podemos hablar? —le dijo, interceptándola.

—Estoy atrasada —respondió, y entró sin detenerse.

—Por favor —le rogó, pero como ella hizo caso omiso, la siguió.

Cuando pasaban frente a un salón contiguo al de la clase de baile, la tomó del brazo y la metió adentro.

Encendió la luz que iluminó el mesón de un bar ubicado en un rincón. También había en la habitación varias sillas y mesas con tapete verde ordenadamente dispuestas.

Aída se soltó de él y se mantuvo a prudente distancia.

—¿Qué ocurre? —le preguntó Simón, e intentó besarla.

—No, por favor —dijo, conteniéndolo con ambas manos—. No puedo más con Emperatriz. No puedo.

—¡¿Qué dices?!

—Hasta el sábado pasado, nunca te había visto en el papel de mujer total. Si no fuera que hablas como hombre estaría choqueada en estos momentos, aunque ahora también me impresiona que hables como Simón vestido de Emperatriz. Mira, me erizo con la sola mención de su nombre —se subió la manga para mostrarle. Es grave, pensó Simón, está igual que Julia—. Di que soy una burguesa, di que me falta mundo, di lo que quieras; pero te confieso que esto me supera.

—Me haces sentir mal. Es absurdo. Ven, dame un beso —le dijo, abrazándola con fuerza para disipar sus dudas.

—¡No! —chilló ella, rechazándolo—. No puedo contigo estando todo pintado.

—¡Qué dices, Aída! Esto es un disfraz.

Lamentó haberse confidenciado con ella en días pasados. Nunca hubiera imaginado una reacción así. Afligido, apoyó sus manos en los hombros de Aída.

—No me mires para que no te impresiones, pero te amo.

Ella se serenó. El sonido cautivante de *Besos brujos* se filtró a través de la puerta. Sin darse cuenta se dejaron llevar por la música como dos hermanos que aprenden a bailar, solo que ellos se miraban a los ojos y oían: «*¡Déjame!, no quiero que me beses / por tu culpa estoy sufriendo / la tortura de mis penas. / ¡Déjame!, no quiero que me toques / me lastiman esas manos / me lastiman y me queman*».

Seducidos por la canción se fueron aproximando hasta quedar mejilla contra mejilla.

Bruno pasaba por ahí en ese momento. Al reparar que la luz del salón estaba encendida, se asomó. Cual no fue su sorpresa al ver a su amada bailando *cheek to cheek* con otra mujer; y esa mujer era nada menos que la señora Spencer. Se debió sujetar en el vano de la puerta para no caer. Y aunque de golpe le faltó el aire, en un acto de sumo masoquismo, se quedó observándolas con el corazón sangrante en la mano. Si bien no se besaban, se miraban como dos enamoradas. Pero cuando apoyaron mutuamente sus cabezas, la una en el hombro de la otra, Bruno sintió que la habitación le daba vueltas y que su humanidad se desplomaba pesadamente, hasta caer redondo al suelo.

Al oír el estruendo, Aída y Simón corrieron a ver qué ocurría. Se miraron horrorizados: Bruno yacía lívido, despatarrado y con los ojos abiertos como si estuviera muerto. Aída se inclinó sobre él, respiraba. ¿Nos habrá visto?, se preguntaron con la mirada.

Llamaron al profesor Luna para que viniera a hacerse cargo. Empero, fue Carmiña quien le levantó las robustas piernas para que le volviera la sangre a la cabeza.

Cuando comenzó a despertar, Simón y Aída se escabulleron hacia la calle.

* * *

Preocupados por las consecuencias, cada uno se fue a su casa a urdir una historia creíble. Pocas tardes tan pesarosas como aquella tuvo Simón, tramando una explicación que tuviera lógica. Podría decirle cualquier cosa al Tano, pero ¿cómo justificaría el enamoramiento que se desprendía de ese baile? Ahora lo único que faltaba era que Bruno lo acusara de lesbiana.

—Quedó la cagada —le dijo Simón al Zorro, al entrar esa noche a trabajar.

Bruno estaba sentado en su mesa de siempre. Tenía la cabeza pesadamente hundida en el cuello, unas ojeras abultadas le colgaban bajo los ojos. De golpe se le habían venido los años encima.

Marla leía en un rincón. ¿Acaso había retomado su papel de cortesana? El Zorro le había contado que después de los hechos del hotel, Jesús le había pedido perdón en todas las formas posibles. Incluso le había regalado un departamento en calle Serrano, que ella no había querido aceptar. Ismael no creía que fuera cierto lo del departamento.

«No me pretendas comprar», le había dicho Marla el día que llegó con la inscripción notarial. Finalmente, lo había aceptado como un regalo provisional que se esfumaría cuando terminara la relación. No quería ilusionarse.

A Jesús le gustaba la delicadeza de la muchacha, pues aunque tenía llave nunca entraba sin que él estuviera. «Me sentiría una intrusa», le había dicho. Él había reído: «Es tuyo, mujer. Es tuyo. Acéptalo».

A veces, mientras él se duchaba, ella tomaba posesión haciendo algo de limpieza, pero como fiel sirvienta más que como dueña. Abría las ventanas para que entrara aire fresco, pero junto con él se filtraba el sonido opaco de las sirenas de los barcos y el tráfico de la ciudad. Jesús había llevado algunos muebles importantes, pero pocos a sugerencia de ella. Cuando Marla venía al centro se detenía a mirar la elegante fachada, las escaleras y el *hall* de mármol. «Esto no puede ser mío», se decía a sí misma. Pero lo era. Algún día convidaría a Ismael. Seguro que el bruto pondría en duda su propiedad, y tal vez tendría razón... Quién sabe. Porque aunque ella no se sentía merecedora, parecía ser cierto. Jesús quería que con este regalo ella lo tuviera siempre en su pensamiento. De todas formas, era imposible no pensar siempre en él.

«—¿Y los gatos? —se le escapó un día angustiada.

«—Mal agradecida.

«—No. Por favor, no digas eso. Entiende que soy una salvaje, un animal del cerro.

«—Si no te gusta arriéndalo, pero júrame que no despilfarrarás el dinero. Así siempre tendrás un lugar de donde nadie te moverá, con las comodidades que dan la electricidad, el agua corriente y el baño dentro de la casa.

«—Te lo prometo —dijo, conmovida por su preocupación.

«—Atea —dijo Jesús, y rió».

Por el recogimiento que mostraba Bruno, Julia intuyó que algo grave le había ocurrido. Lo más probable era que Emperatriz fuera la causante. Se preocupó por su hermano, pero su solidaridad dependería de con quién hubiera sido el problema, si con Simón o con Emperatriz.

Simón se sentó silenciosamente en la mesa de Bruno. Julia le trajo al Tano una agüita de toronjil humeante para aliviar las penas.

—Bébala, por favor —le rogó, pero él parecía no escuchar.

—Bruno —dijo con suavidad Emperatriz. Al oír su voz el Tano escondió la cara entre sus manos. Le dolía su presencia, aunque internamente se alegró, porque había pensado que ella no volvería—. ¿Se siente usted mal?

Alzó la cara deformada por el dolor y la ira. Se levantó como catapultado de la silla y comenzó a dar vueltas como una fiera alrededor de ella. Algunos parroquianos lo miraban extrañados.

—¡¿Mal?! —preguntó en voz alta—. Usted me va a decir que veo visiones, ¿no es eso? ¿Cree que soy un tonto, un idiota, un ingenuo? ¿Cuál, eh? —bufó.

Felizmente había poca gente.

—Yo jamás he dicho algo así —dijo ella.

Bruno se agachó y le dijo al oído.

—Hoy la vi bailando con… la señora Spencer. ¡Cante idiota! —le gritó a Cortés—. Era como si usted fuera el hombre y ella la mujer. ¿Qué me dice de eso?

Bruno tenía los ojos brillantes y la piel grana por una posible subida de presión.

—Usted está desvariando —dijo Emperatriz, y rió moviendo burlescamente la cabeza.

—¡Pero si yo la vi! ¡La vi con mis propios ojos! —gritó exasperado.

—Lo que usted vio no es lo que usted cree —dijo ella imperturbable—. Le enseñaba unos pasos a la señora Spencer porque quería sorprender a su marido. Es probable que usted imaginara algo que no estaba ocurriendo.

Bruno se acercó tanto que Emperatriz creyó que iba a chocar contra su frente como un carnero.

—¿No? Además de burlarse de mí usted insulta mi inteligencia. No, *signorina*, no estoy loco ni soy idiota. No nací ayer, Emperatriz —dijo frenético—. No nací ayer.

Felizmente se sentó. Hundió su cabeza entre las manos, sus hombros se movían entrecortados. Lloraba. Simón sintió pena por él, pero poca. Bruno era bueno y malo a la vez, como la mayoría de las personas; a veces, hasta más bueno que el resto.

El Tano se cambió de mesa para demostrarle su molestia. Al poco rato tomó su chaqueta que colgaba del respaldo de su silla y se acercó a Emperatriz.

—No puedo oír su voz esta noche. Quiero que sepa que si usted no me demuestra que es la mujer que dice ser, todo cambiará entre nosotros. Usted sabe muy bien a qué me refiero —dijo Bruno, justo antes de que llamaran a Emperatriz por el micrófono.

* * *

Al día siguiente la situación no mejoró para Bruno, no por lo menos al principio de la noche. Le consultó a Ismael con quién había estado Emperatriz la noche anterior. Este le respondió que estuvo bastante tiempo conversando con Marla.

—¿Con Marla? ¿Y con quién más?

—Con Julia.

Nada menos que con las dos mujeres estables del bar había estado «conversando».

Después de haber cantado en su primer turno, Emperatriz se acercó a Bruno.

—Esta noche, Bruno. Venga esta noche a mi casa después de cerrar.

—¿Y quién le dijo, *signora* Emperatriz, que yo quiero hacer el amor con usted?

—Usted.

—Ja, ja. Eso fue antes. Ahora no la deseo.

—No es cierto.

—Que fui un necio, eso sí que es cierto.

—Bruno, solo le puedo demostrar en hechos quien soy.

En otra ocasión Bruno se habría sentido el más feliz de los mortales, pero la descubrió varias veces conversando con Julia. «¿Qué tanto hablan ahora si antes se odiaban? ¿Acaso Julia también era *rara*? No, *Dio*. No, por favor. Eso no». Y acto seguido se preguntó cómo no se dio cuenta antes él, que todo lo sabía sobre el sexo débil. A Emperatriz le atraían las mujeres. Por esa razón lo había repudiado, de otra forma era inconcebible porque las mujeres nunca lo rechazaban. Es más, lo adoraban. Anticipó un futuro de preocupación e incertidumbre en el que no tendría que estar preocupado por los hombres que se le acercarían, sino por las mujeres a las que ella abordaría.

Pero ¿qué hacer si el deseo y el amor persistían? Decidió que dejaría agonizar su amor hasta que se extinguiera solito, pero hoy iría hasta su casa y la haría cumplir su palabra de mujer, de la mujer que fuera.

Pobre Bruno, enamorarse de Emperatriz le estaba corroyendo no solo el alma, también el cuerpo. Las prostitutas del bar habían comentado en el baño que Bruno se estaba poniendo atractivo con esos kilos que Emperatriz le estaba haciendo perder «a puro sufrimiento, ¡ja, ja, ja!». La gente comenzaba a hacer mofa de él.

CUARTA PARTE

La Entrega

Capítulo 1

Emperatriz contuvo la respiración mientras abría la puerta para que Bruno entrara. Llevaba un *deshabillé* de seda floreado y tenía un cigarrillo encendido en la mano. «Es cierto que fuma», pensó él.

Bruno lucía impecable con el cabello engominado, bien trajeado, pero apestando al dejo avainillado de Caron que a Simón le repugnaba, también porque anulaba sus propios perfumes.

Sin preámbulos se abalanzó sobre ella y la quiso abrazar. Ella lo apartó con indisimulada energía.

—¿Le gustaría tomar un Martini? —dijo presurosa.

—Sí —respondió Bruno, e instintivamente se arregló los bigotes.

De una ojeada examinó la nueva vivienda. Una ampolleta desnuda pegada al techo iluminaba la pequeña sala. No colgaba un solo cuadro de las murallas, ni una fotografía que señalara sus afectos, su familia o su pasado. Solo espejos. «Ególatra», pensó. Sobre la mesa, sin mantel, había un par de zapatos rojos de charol con terraplén, como si fueran un adorno, en lugar de unas flores que regaladamente vendían en las calles del puerto. El orden no parecía ser una de las virtudes de su amada; y aunque se notaba que se había esmerado en ordenar, las ropas colgaban de donde podían. Reconoció abandonado encima de una banqueta el vestido de seda rojo que había usado esa noche, que tan bien le quedaba. Qué osadía la de su reina atreverse a salir a la calle vestida como un diablillo. A través de la puerta entreabierta del dormitorio se divisaba una lámpara de velador cubierta con un paño de algodón amarillo, que apenas dejaba pasar la luz. Un tocador hechizo y una repisa colmada de perfumes y afeites, era el único toque femenino que había en la pequeña casa. Por lo demás, bastante mejor que la anterior. «Qué tonta Emperatriz, pensar que podría tenerlo todo. La colmaría de sirvientes, flores, espejos venecianos, figuras de porcelana, joyas, tapices bordados en seda y oro...».

Ella le pasó la copa con el licor a la cual había agregado un barbitúrico. Hicieron un brindis parco y lo bebieron al seco. Emperatriz fumaba y bebía de manera compulsiva. En realidad, ambos estaban nerviosos, aunque por motivos diferentes. Apuraron dos tragos más, uno tras el otro. Bruno se sintió algo atontado. Temeroso de que ella pretendiera emborracharlo, le dijo:

—Basta, Emperatriz. Vamos a los hechos que ya he esperado demasiado.

Bruno dejó la copa sobre la mesa y, sin darle tiempo para reaccionar, lo alzó como si fuera una pluma y lo llevó al dormitorio. Lo depositó sobre la cama y se lanzó encima como un ave famélica. Simón sintió que lo aplastaba con su cuerpo monumental (pesaba muchísimo más que en el sueño), pero esta vez no lo excitó. Bruno intentó desesperadamente besarla, pero Simón lo esquivó culebreando, escurriéndose, hasta que logró persuadirlo de que necesitaba ir al baño. Bruno accedió de mala gana.

Al salir, Simón apagó la luz y le sugirió que se metiera en la cama porque hacía frío.

Bruno se sentía algo mareado; pero obedeció, aunque debió luchar contra un sueño inesperado.

—¿Dónde está? —preguntó ella al regresar.

—En la cama. ¿Prendo la luz?

—No, no, pero hábleme.

—Te deseo, mujer, te deseo. Te amo... —repetía incansablemente, con la lengua algo traposa.

Bruno la sintió palpar los muebles, como si no conociera la habitación. De pronto se oyó un golpe escandaloso, pero apenas se escuchó un «ay» controlado (cuando hubiera berreado, porque el dedo chico del pie se le había ido dolorosamente hacia atrás). Tras un silencio prolongado, ella se percató que Bruno intentaba encender la luz.

—No es nada, mi amor, no es nada. Prefiero a oscuras —susurró.

Se arrastró a tientas hasta llegar a la cama y se deslizó entre las sábanas como una sierpe. Cuando Bruno la abrazó contra su pecho, el dolor del pie desapareció milagrosamente.

—Déjeme calentarla que está muy heladita.

Entonces ella lo rodeó con sus brazos como si fueran tenazas candentes. Se besaron apasionadamente e hicieron tres veces seguidas el amor, sin siquiera separarse el uno del otro. En el sexo resultaban ser una unidad, un todo. El sonido de los besos, el calor del abrazo y la húmeda pasión hicieron pensar a Bruno que era noche de carnaval, y que aquella era la sesión de amor más grandiosa que jamás en su vida imaginó tener.

Y como si todo este prodigio fuera poco, su Emperatriz era virgen, su diosa era virgen. ¡Inmaculada!

—Diosa del amor, diosa de mi amor —le dijo, mientras recorría sus formas—. Usted es mucho más delgada de lo que parecía, pero tiene un cuerpo maravilloso, curvilíneo. Entre mis manos ni siquiera es tan alta, sus medidas son perfectas. Si bien está un poquito delgaducha, eh. Ay, y sus piececitos son pequeños y no de mastodonte, como dice la muy deslenguada de Julia. —Ella carraspeó—. Perdóneme, mi amor, no quise nombrarla. Solo la amo a usted, ahora la amo más que antes. ¿Me ama?

Se oyó un «sí» entrecortado y breve.

—No me ama, ya lo sabía —se lamentó.

—No. No diga eso, lo amo con locura. Siempre lo he amado —dijo susurrante, para disimular el tono de su voz.

—Me ha hecho el hombre más feliz del mundo. Nunca imaginé sentir lo que esta noche con usted.

—¿Se disiparon sus dudas? —su tono al hablar era muy bajo.

—¿Cómo?

—Qué si se disiparon sus dudas —le susurró al oído.

—El Martini la dejó afónica, Emperatriz.

—Siempre me pasa. Contésteme, por favor.

—Aquí, en su habitación y dentro de su cama, no tengo ni la menor duda de que usted es la mujer más mujer que he conocido en mi vida, y usted sabe que han sido muchas. Cásese conmigo, Emperatriz.

—De eso hablaremos luego.

—¿Por qué no, si dice que me ama? ¿Un cigarrillo?
—No fumo.
—Pero cómo, si cuando llegué estaba fumando la muy caprichosita.
—Rara vez.
—La amo aunque sea voluble.
—Yo también lo amo.

Y cuando nuevamente hizo el amor con ella, por esas conexiones misteriosas de la pasión, o producto de la crisis emocional que vivía, o simplemente porque era Julia y no Emperatriz la que estaba con él en la cama, tuvo la sensación de que de alguna forma inexplicable, Julia se inmiscuía en su acto de amor con un resultado impresionante. De todas maneras, batalló para sacársela de la cabeza, pero el esfuerzo lo desconcentró. Entonces ella le preguntó:

—¿Ya no me ama?

Herido en su hombría se desvivió en explicaciones. Para dejarla tranquila le declaró nuevamente su amor, pero entremedio tuvo un lapsus.

—Julia —dijo.
—¿Sí? —respondió ella.
—¡Qué! —exclamó Bruno.
—Estoy completamente loca —dijo ella de vuelta, y rió.

El asunto llegó al extremo que, creyendo hacer el amor con Julia el resultado fue tan excitante, resolvió dar rienda suelta a su fantasía.

Bruno cedió al sueño en el preciso momento en que debía marcharse. Julia se desesperó porque no había como de despertarlo. Qué no hizo: le salpicó agua fría, lo remeció, le sopló aire en la oreja, pero fue cuando le hizo cosquillas que él abrió los ojos. Y aunque le imploró que le permitiera dar una pestañita más porque moría de sueño, ella fue inflexible:

—Váyase, mire que amanece y lo pueden ver.

En el exterior la noche estaba húmeda y fría. Simón debió esperar hasta el amanecer acurrucado bajo el alero envuelto en una manta. Tenía frío, estaba cansado y quería dormir en su cama.

Cuando al fin pudo entrar, Julia lo abrazó, lo besó. Lo adoraba. Ya no tenía celos, estaba dichosa.

—Soy feliz, Simón, soy demasiado feliz. Bruno dijo que ninguna mujer lo había hecho sentir lo que yo. Tú sabes que lo amo, que me estaba secando, que mi vida perdía todo sentido. Es maravilloso lo que me está ocurriendo. Gracias, hermano. Gracias.

Era reconfortante oír a Julia hablar sin reproches ni amarguras. «Ojalá le dure, pues con ella nunca se sabe», pensó.

Recién al marcharse Julia, Simón tomó conciencia de su censurable conducta. Había actuado como un auténtico cabrón, al servirle en bandeja de plata su hermana a Bruno. Era censurable lo que había hecho. Pero si dejaba de lado los prejuicios y pensaba que Julia amaba a Bruno, que los años pasaban y que tal vez esta era su última oportunidad, no sería él quien decidiera preservarla virgen. ¿Para qué? ¿Para quién?

* * *

Aída llegó cuando él aún dormía. Se disculpó por su ausencia de varios días y se metió dentro de la cama: quería constatar si Simón era el hombre que ella creía. No obstante, después de hacer el amor debió reconocer que el sexo no tuvo la misma intensidad de antes para ella. Para colmo, la almohada olía a la colonia Caron que usaba Rupert. Simón no acostumbraba a usar perfumes de hombre, lo comprobó al rato revisando la repisa de los perfumes. Debió controlar el impacto.

—Si diez años no fueron capaces de hacer que te olvidara, menos podría serlo el hecho de que andes vestido de mujer —dijo, y prosiguió en un tono de aparente despreocupación—: ¿Has oído hablar del mito de Hermafrodito y la fuente de Salmacis?

—No, pienso que no —respondió Simón, evasivo, porque la palabra hermafrodito de inmediato le sonó a reproche.

—¿No? ¿Sí o no? No importa. Según el mito griego, Hermafrodito se metió desnudo en un estanque de agua cristalina. Al verlo, Salmacis, la ninfa del agua, se enamoró perdidamente de él. Pero como él no quiso poseerla, ella les pidió a los dioses que la fundiesen con él. Fue así como quedaron reducidos a una sola persona de gran belleza, con una sola cara, entre femenina y viril, y un único torso de pechos perfectos. A partir de entonces, la fuente tendría la virtud de cambiar de sexo a los que se bañasen en sus aguas. Me acordé de ti, porque en este mito se funde lo masculino con lo femenino.

—¿A dónde quiere llegar, señora Spencer? —preguntó molesto.

—¡No me digas señora Spencer! Es que cuando «andas» de Emperatriz —gimoteó—, pareces una verdadera mujer. —Y como si hubiera estado esperando la ocasión, dijo con prontitud—: «No vestirá la mujer hábito de hombre, ni el hombre vestirá ropa de mujer». Dios abomina de eso porque es antinatural. ¿Cómo no lo entiendes, Simón?, lo dice la Biblia.

—«¡Ay de ustedes, maestros de la ley y fariseos hipócritas!», también lo dice la Biblia. —Ella se ofendió—. Entiende Aída, esto es una emergencia.

—Entiendo, pero no estoy segura de que seas el mismo de antes —protestó, herida por los celos más destructores de todos los celos: el interés del amado por personas del propio sexo.

—Es ahí donde te equivocas. Puedo parecer, pero no soy.

Deseó que Aída se marchara. Lo tenía harto con sus recriminaciones, sus palabras ácidas, sus suspicacias, su insidia. Entendía que esto era demasiado para cualquier mujer, y con mayor razón si esa mujer era Aída.

—¡Perdóname, mi amor, perdóname! —imploró—, pero estoy tan desconcertada.

Esa mañana ella se fue sin que él la hubiera perdonado.

¿Cómo pedirle a Aída que entendiera, si hasta él admitía que la feminización de su apariencia de alguna forma había traspasado su psique? Buscando lograr una transformación perfecta, se le había despertado un interés desmedido por el acicalamiento. Le preocupaba, sin embargo, que el goce que le producía el vestido y el adorno no tuvieran una base estética, como él creía, sino fetichista. Por experiencia propia sabía que la vestimenta no influía en su estimulación sexual, ya que en el sexo se despojaba totalmente de lo femenino. Era como si se desdoblara. Resultaba extraño verlo así.

Reconocía que le gustaba actuar travestido. Y aunque prefería interpretarlo como una apetencia de su lado femenino, con resistencia reconocía que también era suya.

Esto lo complicaba, y bastante, porque quería decir que su travestismo no era solo un asunto artístico. El travestismo en un heterosexual era algo inédito, y si existiese era fácil imaginar que bajo la vestimenta se escondía algo más.

Como quiera que fuese, ¿para qué taparse los ojos frente a la embriaguez que le producía verse disfrazado representando su propio espectáculo?

* * *

Moderación en el comportamiento, circunspección, vestimenta pulcra, pulcro él: el cuello de la camisa almidonado, las uñas cortas escrupulosamente limpias y el cabello doblegado con gomina, mostraban a un Zorro reformado gracias a los prodigios del amor.

Nadie se interesó en saber a qué se debía tan notable cambio. Ni siquiera Simón, su único amigo, su hermano. El comentario sarcástico de Marla fue: «¿Te *vai* a postular al Parlamento?». Acostumbrado a la indiferencia hacia su opaca persona, no le importó mayormente. Porque así como la procesión iba por dentro, también iba la felicidad que le daba el amor de una linda morenita del cerro Las Cañas.

El Zorro, en cambio, el amigo fiel, se había movilizado en el mundo del hampa y le traía un dato interesante a Simón.

—Están en el contrabando de oro. Los Chavarri tienen negocios en Andacollo.

Era obvio, los peces gordos siempre están donde hay que estar.

Moderación en el comportamiento, circunspección, vestimenta pulcra, pulcro él: el cuello de la camisa almidonado, las uñas cortas escrupulosamente limpias y el cabello doblegado con gomina, mostraban a un Zorro reformado gracias a los prodigios del amor.

Nadie se interesó en saber a qué se debía tan notable cambio. Ni siquiera Simón, su único amigo, su hermano. El comentario sarcástico de Marla fue: «¿Te *vai* a postular al Parlamento?». Acostumbrado a la indiferencia hacia su opaca persona, no le importó mayormente. Porque así como la procesión iba por dentro, también iba la felicidad que le daba el amor de una linda morenita del cerro Las Cañas.

El Zorro, en cambio, el amigo fiel, se había movilizado en el mundo del hampa y le traía un dato interesante a Simón.

—Están en el contrabando de oro. Los Chavarri tienen negocios en Andacollo.

Era obvio, los peces gordos siempre están donde hay que estar.

* * *

Bruno dejó de sentir celos de monsieur Valois después de una tensa conversación, en la cual el francés le explicó que la voz de Emperatriz le había hecho perder la razón. Ahora, a pesar de que reservaba la mesa más cercana al escenario, no la miraba embobado. Más aún, parecía evitarla, pues mientras ella cantaba él fijaba la vista en su copa de champagne. Y si no había vuelto a cortejarla, ¿por qué rechazarlo si era un buen cliente?

La noche siguiente a estar con Emperatriz, el bachicha llegó exultante al Ulises Bar. Ella le había dicho que lo amaba, ¿qué más podía desear?

Aunque los ojos encapotados delataban un descanso breve, estaba de un buen genio inusitado. Sociable y dicharachero como antes, conversó con todo el mundo. La gente había empezado a comentar que se había convertido en el típico dueño de bar gruñón, y que si no fuera por la cantante no pisarían el bar.

Todo fue bien hasta que se dio cuenta que Emperatriz no daba la más mínima señal de complicidad. Se desconcertó. No era posible un retroceso cuando él mantenía viviente a su Emperatriz nocturna, sus manos recorriendo incansables sus contornos. Extraña mujer, glacial e inexorable. Nada en ella decía que la noche anterior fue suya y que lo había amado. Definitivamente, pensó Bruno, una reacción así en el día después, no era la de una mujer-mujer. Eso podría esperarse si hubiera sido mal complicada, pero no era el caso de su Emperatriz que había sido plenamente satisfecha. Demasiado, tal vez. Si luego de hacerles el amor las mujeres se volvían locas por él, ¿por qué querría ella ocultar una relación que si de él dependiera hubiera hecho pública? ¿Por qué esa tozudez?

Por algún milagro inexplicable, de la noche a la mañana Julia dejó de ser un monstruo recriminador y se transformó en una persona dulce, agradable; inclusive, bonita. Hasta se contoneaba al andar. Maquillada estaba irreconocible. Sonreía, se mostraba paciente con los borrachos y les daba unos golpecitos en la espalda en señal de afecto. Algunos se volvían sorprendidos a mirarla.

A Bruno le sorprendió el parecido extraordinario que había entre esta renovada Julia y Emperatriz. Obviamente, Julia la imitaba. No entendía cómo el maquillaje podía influir hasta en su modo de reír, en sus gestos y ademanes, también miméticos. ¿Acaso pretendía conquistar su corazón igualándose a su rival? Admiró su delirante empeño. Pensó que si no estuviera tan enamorado de su Emperatriz, le habría gustado una Julia como esta: bien dispuesta, animosa, sonriente: «Pensar que Julia sería la mujer que mi madre elegiría para mí, y no el témpano de hielo que me tiene atrapado».

Estudió a Emperatriz mientras cantaba. Era enigmática y atrayente, pero saltaba a la vista algo que se le hizo patente la noche anterior. No, no mientras hacían el amor, entonces fue una auténtica hembra. Más que una mujer, Emperatriz era un estereotipo de lo femenino. Este pensamiento le dolió porque la había idealizado, pero vista con los ojos de la duda emergía una Emperatriz diferente, fría. No, no. Eso no. Para rematar, ahora intercambiaba miradas gentiles con Julia y no le quitaba los ojos de encima a Marla. A él, en cambio, a su hombre, no lo miró ni una sola vez, como si no estuviera o fuera transparente. Después de todo, era extraño que perteneciendo al mundo del espectáculo y siendo una mujer adulta fuera virgen. «¿Perderán ellas la virginidad cuando hacen *eso*?», se preguntó con dolorosa picardía.

Bruno estaba al borde del colapso. En un intento desesperado por separar a Emperatriz de las mujeres que la rodeaban, aprovechó que el capitán Campbell dio una vuelta esa noche por el bar, para contarle que Emperatriz era amiga de su hija.

—¿Cómo? ¿Mi hija amiga de la cabaretera, eso se comenta? —dijo, y se quedó en silencio—. Uhm, no me sorprende demasiado, porque el otro día las vieron vitrineando juntas en el centro.

Distrajo al capitán una risotada de las prostitutas, pues un parroquiano borracho se había caído de la silla y dormía roncando en el piso.

A Bruno le dolió que el capitán se refiriera a ella como la *cabaretera*, porque así se referirían a su futura mujer: la cabaretera mujer de Bruno, la excabaretera mujer de Bruno. Se lo tuvo que tragar, pero lo que definitivamente lo mató fue que las hubieran visto en el centro.

—Juntas —repitió para sí mismo.

—El mentecato de Rupert —siguió Campbell— cree que las mujeres tienen discernimiento. Debo hacer algo, es urgente —dijo, guardando nuevamente silencio—. Una agregaduría naval... ¿Buenos Aires, por ejemplo?

—Por ejemplo —confirmó Bruno.

Más tarde, cuando compartía la mesa con Emperatriz, Bruno no podía apartar su mirada de Julia cada vez que esta pasaba moviendo exageradamente las caderas. Pero como además cojeaba, le recordó el episodio de la noche anterior, cuando la estoica emitió un «ay» contenido para no preocuparlo.

—*Amore* —dijo Bruno, en tono bajo y cómplice, a pesar del bullicio y la mirada hostil de Emperatriz—, ¿cómo va ese pie?

Y si bien era imposible que el Tano relacionara la cojera de Julia con el supuesto accidente de Emperatriz, Simón prefirió hacer como que no lo había oído. Bruno continuó:

—Gracioso, usted se golpea y Julia cojea.

—Me voy. Me siento resfriada y tengo sueño, buenas noches —dijo Emperatriz.

Bruno se sintió pasado a llevar. No le había pedido permiso y se marchaba antes del cierre sin dar explicaciones. «Cuidado conmigo, Emperatriz», se dijo, sabiendo que eran fanfarronadas, porque luego de la sesión nocturna nada podría ocurrir que fuera capaz de deshacer esta pasión.

Consciente de que era necesario un intermedio para esta atormentada relación, a los pocos días Bruno decidió aceptar la proposición que le había hecho el dueño de la *boîte* África de Santiago, en cuanto a que le facilitara a Emperatriz los días previos a Navidad. No había querido aceptar para no alejarse de ella, pero así como estaban las cosas... Además, le pagarían el doble de lo que habitualmente sacaba con ella en el bar. «Total, dos días no es nada», pensó.

—Espere, *signorina* —dijo molesto una noche Bruno, porque últimamente Emperatriz se marchaba antes de la hora sin apenas despedirse—. Se acuerda que días atrás le hablé de ir a Santiago... la *boîte* África. —Emperatriz asintió—. Mañana se irá en el tren, porque va a actuar ahí el fin de semana.

—Pero es Navidad.

—El próximo lunes es Navidad, Emperatriz, no el viernes y sábado. Puede estar de regreso el domingo veinticuatro, si quiere —la trataba despectivamente.

—Veo que usted dispone de mi persona como si yo fuera un objeto. Usted tiene que consultarme primero si deseo ir o no. ¿Y si no quisiera...?

—No empiece, Emperatriz. No empiece. Mire que ya he tenido bastante con usted.

Simón le encontró razón. Además, la posibilidad de conocer Santiago le provocaba una curiosidad enorme. Actuar para un público elegante sería un desafío muy grande, así como una forma de constatar si la calidad de su show era verdadera, o si su éxito simplemente se debía a que el gusto de los porteños rayaba en el absurdo, y que por eso les gustaba todo lo diferente o extraño.

Bruno se acercó a la hoy encantadora Julia, que estaba detrás de la barra preparando unos tragos.

—¿Quiere tomar algo? —le preguntó con una sonrisa inusual, preciosa.

—No, gracias. Dígame una cosa, Julia —no sabía cómo preguntar sin enojarla—. La vi conversando con Emperatriz, ¿de cuándo acá usted es amiga de la cantante?

Y a sabiendas de que hería su amor propio, le respondió:

—Bueno, ehm, es que ahora ella es más amable conmigo y no parece andar detrás suyo.

Bruno bajó la cabeza. Efectivamente no andaba tras él en el bar, pero la noche anterior… «A Julia le daría una pataleta si supiera lo que es Emperatriz en la intimidad», pensó.

—Es cierto —confirmó, en un inusitado arranque de modestia.

—Perdón, pero tengo que llevar estos tragos —dijo Julia, y se alejó cojeando y riéndose por dentro.

—¿Qué le pasó en el pie?

Ella se volvió, y, mirándolo coquetamente, dijo:

—Me golpeé contra un mueble en la pieza obscura.

* * *

Mejor no se hubiera ido. Y aunque no encontró taxi, Simón se opuso a que el Zorro lo acompañara.

Caminó deprisa por las calles mal iluminadas del puerto. Los personajes de la noche se movían como fantasmas en medio de la oscuridad. Aquí o allá, algún borracho sostenido por una botella le decía un piropo.

Con frecuencia, cuando regresaba a altas horas de la noche y las calles estaban vacías, sentía una sensación extraña de indefensión. Nadie podría decir que era un cobarde, jamás evitó una situación de peligro ni abusó de alguien en desigualdad de fuerzas. Tampoco había dejado de actuar cuando fue necesario. Pero ahí se detuvo, porque no fue en socorro de Marla cuando ella lo necesitó.

Así cavilaba, cuando decidió acortar camino por el pasaje Ulises —mero alcance de nombre—, para evitar la empinada subida desde la plazuela Santo Domingo, cuando fue violentamente interceptado por el Chilo Quillota. En segundos lo tenía agarrado por el pescuezo, con una navaja filuda encajada en la espalda.

—Por fin te encuentro, Simón Rocco, ¿o Juana la Loca? Ja, ja, ja —dijo, con su risa perversa—. *Güendar* que me *habís* costado, mujer. Pero como nadie sabe que *andai* disfrazado, la recompensa será toda mía. Así que camina derechito y no intentes zafarte.

Retrocedieron hacia el Ulises Bar. Simón temió que a causa del declive y de los adoquines irregulares, los tacos altos le pudieran jugar una mala pasada y caer acuchillado por culpa de un traspié.

De pronto el ruido de un motor. Un descapotable Panhard-Levassor de 1924, un clásico que alguna vez había visto en el centro, se detuvo de un frenazo a corta distancia. De inmediato se oyó un griterío y risotadas que detuvieron a Quillota.

Seis o más mujeres alborotadas y parlanchinas salieron del convertible, como conejos del sombrero de un mago. Se dirigieron hacia ellos. Simón pensó que se trataba de una despedida de soltera y que iban a un boliche que había en la esquina. Cuando se acercaban, con un movimiento enérgico el Chilo lo giró y lo puso contra la pared, el cuchillo en el estómago y él encima, como si se enamoraran.

Cuando las mujeres pasaban frente a ellos en medio de una gran algarabía, repentinamente tomaron a Quillota —con la rapidez y precisión de un águila y con una fuerza nada frecuente en el sexo débil— y lo lanzaron por los aires; el cuchillo destelló en el vuelo. El cuerpo del hombre sonó seco al caer; se quejó dolorosamente. Resueltas se precipitaron sobre él y le dieron una paliza memorable. Corrieron todo tipo de armas femeninas acompañadas de gritos nerviosos, pero también de obscenidades gruesas y amenazas. A Simón le impresionó la violencia. No se detuvieron hasta que lo dejaron tumbado en el cemento en un charco de sangre y fuera de combate por un mes, a causa de una pierna fracturada al caer. Salvo eso, no hubo ojo derramado, diente caído, ni nariz quebrada. Aunque su cuerpo, dijeron los médicos, mostraba rasguños como de garras; dentaduras completas estampadas en su hombro derecho y espalda (alguna lo tomó por ese lado); unas tapillas de cuero incrustadas en sus nalgas; pelones en su cabeza, y las orejas amoratadas por las torceduras.

Simón no salía aún de su extrañeza cuando de entre las mujeres, la mayoría de ellas altas y corpulentas, emergió Mayito vestida y maquillada para una noche de gala.

—Íbamos a una fiesta, cuando divisé a Quillota que te llevaba bien atrincado.

—¿Quiénes son tus amigas? —preguntó Simón con curiosidad.

—Son *chiquillas* de la *high* viñamarina. *Todas* padres de familia. No. No las mires —no era necesario, ya que el grupo se encubría sobre sí mismo—. Vienen a divertirse a Valparaíso donde nadie las conoce. *Ellas* no son *homo*, como tú o yo, ellas son *hetero*, pero les gusta vestirse de mujer. Son travestis solamente.

—Dile a las *chiquillas* que soy su eterno agradecido.

Mayito se sorprendió, ahora hablaba con voz de hombre y no se refería a sí mismo como mujer. «¿Será que el susto lo volvió hombre?, se preguntó».

Simón vio alejarse a las caricaturescas mujeres, gigantas mitológicas salidas de un espectáculo circense, que corrieron excitadas como adolescentes que no quieren perderse ni un instante de la fiesta juvenil, y atolondradas se montaron unas sobre otras en el lujoso automóvil.

En agradecimiento hubiera preferido no adjetivarlas, pero era inevitable no discurrir acerca del estrafalario grupo. *Algunas* le recordaron a sí mismo en sus primeros tiempos, pues se habían subido en unos tacos demasiado altos y se contoneaban exageradamente, con lo cual revelaban su condición masculina afeminada.

Llegó a su cuarto más impresionado por el encuentro con las *amigas* de Mayito —hombres que no son homosexuales a los que les gusta vestirse de mujer—, que asustado por el incidente que podría haberle costado la vida.

Le sorprendió saber que su afición desmedida por el vestido y el arreglo, no eran exclusivamente suyas. También había otros hombres a los que les gustaba vestirse de mujer; quién sabe por qué recóndita emoción, apetencia o fantasía que no tendría una raíz homosexual.

Capítulo 2

Era una tarde de verano de aquellas en que el viento se divierte en Valparaíso bajando vertiginoso hacia el mar por sinuosas y empinadas calles, trepando ligero las escaleras en dirección Oeste-Este o doblando en los recodos de las callejuelas estrechas, para secar de paso la ropa tendida —que es como «clavel de aire», dijo luego el poeta— en las ventanas entreabiertas. También en días como estos, unas ráfagas locas juegan a volar sombreros, a arremolinar hojas secas y trozos de papel desechados. O se empeñan en arrancar un billete débilmente sostenido para que su poseedor corra tras él. También le divierte silbar fuerte para despertar a la gente de sus sueños sedentarios y recordarles que los puertos, por su naturaleza, llaman al movimiento incesante.

El episodio santiaguino pasó, pero quedó en la memoria de Simón como si fuera un sueño.
Cuando a su regreso bajó del tren en Valparaíso, se quedó de pie, pasmado, como solía sucederle a Emperatriz en momentos de fuerte emoción. El viento le agitaba el cabello y la pollera, pero no le importó. Y si no fuera que el bachicha llegó corriendo con las llaves del auto sonando como un cascabel y lo bombardeó a preguntas, aún no habría aterrizado. Emperatriz le respondió solo lo necesario. Pero si Bruno se hubiera enterado de la cantidad de ofertas que recibió, le habría dado un síncope.

Dejó sus cosas sobre el sofá. Aunque familiar, el espacio de su vivienda le pareció ajeno. Se sentía extraño, como si solo hubiera regresado su cuerpo y su alma estuviera aún en la capital, como si lo vivido fuera fruto de su imaginación y no una realidad. Asimismo, lo embargaba una extraña sensación de inmaterialidad, de estar y no estar al mismo tiempo, como si pisara en una dimensión que no reconocía. No podía desprenderse de las emociones que le produjeron el éxito, los aplausos y ese Santiago metropolitano, agitado, tórrido, seco y claustrofóbico con su cordillera encima, que lo había maravillado y se le había metido en la mente, perturbándolo. En respuesta, Emperatriz había llenado de emociones intensas a los santiaguinos, despertando en ellos el placer y la alegría que provoca lo bello. Los había deslumbrado. Ellos la admiraron, la amaron y en reconocimiento a su incomparable interpretación, le hicieron generosas proposiciones de trabajo. Y sin dar explicaciones él dijo que no a todo, porque las razones eran muchas.

* * *

Simón llegó temprano a trabajar. Debía probar unos micrófonos que le había encargado Bruno con el fin de satisfacer a un público de alto nivel que se estaba congregando en el bar. El escenario estaba iluminado. Y como siempre que el local estaba vacío, se podía sentir la mezcla de los efluvios de cigarrillo y alcohol de la noche anterior, que unidos a este verano particularmente tórrido y al hedor azumagado propiciado por la humedad marina, hacían irrespirable el ambiente.

Simón jamás imaginó que Julia saldría a su encuentro con noticias sorprendentes.

—La policía los está acorralando. Alguien le está pasando información y no saben quién es. Creen que eres tú. Cuídate, porque van a reaccionar mal si te descubren. ¿Qué le harán a Bruno? —preguntó, reconociendo así su participación.

—Si ha estado estafando al fisco deberá pagar con cárcel, porque eso es un delito mayor —Julia se puso pálida, debió sentarse—. ¿Qué te pasa?

Julia se cubrió el rostro con ambas manos.

—Estoy esperando un hijo suyo.

La noticia lo dejó helado, pero dudó. Julia estaba encaprichada y podía tratarse de un embarazo imaginario frecuente en las obsesiones. Aunque no debería sorprenderle, porque instigados por él habían hecho rechinar el pequeño cuarto de calle Cajilla.

—¿Cómo puedes saberlo tan pronto?

—Las mujeres lo sabemos.

Se sintió responsable por la tragedia que Julia y la criatura deberían cargar de por vida. El amor excesivo de su hermana, en la misma medida que sus celos, también tenían parte en esta caída. Fue un error pensar que por su edad o delgadez sería infértil. Consumados los hechos, no quedaba más remedio que ver el lado positivo: Julia sería madre. Esta condición en sí prodigiosa desmerecía frente a la circunstancia agravante de ser madre soltera en el reducido ámbito de Valparaíso.

—Así como van las cosas —dijo Simón—, al final tendré que ser yo quien proteja al bachicha.

—No lo llames así. Dime, ¿por qué te has demorado tanto?

—Todo se ha enredado —dijo, reservándose la lucha interna que irrumpía con un renovado conflicto: la satisfacción que le brindaba esta vida turbulenta, pero llena de emociones y compensaciones; así como la posibilidad de sacar a través de Emperatriz su pasión por la música.

Permanecieron en silencio. Julia lo escrutó sin entender qué quería decir.

—No se trata de una represión policial solamente —aclaró ella—. Son unos artífices en acosamiento. Se les están metiendo simultáneamente en la cabeza y en los bolsillos.

—¿Cómo?

—Muy simple. Les mandan anónimos y los llaman por teléfono. Saben al dedillo como operan. Imagínate, les hicieron detener dos envíos, luego les dejaron pasar uno y enseguida volvieron a arremeter, y así. Están a punto de reventar el negocio. Hasta lograron que los socios se tengan desconfianza entre ellos, y con razón.

—Huele a represalia.

—Podría ser, pero no han detenido a nadie. Los tienen con el alma en vilo. En el cuarto envío, aunque cambiaron todos los movimientos a último minuto: lugares de embarque, horarios, incluso destino de las mercancías, llegó un mensaje detallando los cambios con la advertencia de que no se confiaran. Es como si estuvieran dentro… Están desesperados. Ven soplones por todas partes, incluso dudan de Emperatriz y de mí.

—¿Sabes quién es? —preguntó Simón.

—No —replicó con un ligero sobresalto.

¿Por qué Julia había tomado la pregunta como si fuera una acusación? A cualquier hombre le habría pasado inadvertido el respingo. Pero luego del injerto de cerebro femenino él conocía mejor a las mujeres y los insondables motivos que las movilizan. Y no solo a las mujeres.

Los acontecimientos tomaban un curso vertiginoso. La sensación de peligro estaba en el aire, si bien era tenue comparada con los primeros días de libertad. Qué extraña le sonó la palabra libertad, siempre frágil e inasible.

Cada vez que Campbell aparecía en el bar, Simón se sentaba en la mesa contigua. Lo usual era que Jesús se les uniera y Bruno compartiera amistosamente con ellos, pero hoy los hombres discutían acalorados.

—¡No estarás insinuando que soy yo, ¿no?! —gritó Campbell, furioso.

—Por supuesto que no —replicó Jesús, bajando el tono—. Pero si no somos nosotros, ¿entonces quién?

—Le he dado mil vueltas al asunto y sospecho que hay una sola persona: Julia.

—¡Pongo mis manos al fuego por Julia! —exclamó Bruno, enfurecido—. Podría delatar a su hermano, pero no a mí. No acepto dudas sobre ella, como tampoco aceptaría que dudaran de mí.

Todos se sorprendieron por la defensa cerrada que hacía de Julia, como quien protege a la persona que más ama.

Simón apreció el descargo que hacía de su hermana, así como tuvo la certidumbre de que jamás haría una defensa así de él, es decir, de Emperatriz. Fue una lástima haber hecho de ella una persona poco confiable. Nuevamente estalló un vocerío en la mesa vecina.

—¡¿Quién, entonces?! —gritó Jesús, exasperado.

—Tú, yo, el capitán. Cualquiera, menos ella.

—¡Basta! —farfulló Campbell—. Está bien. Sé que esa mujer, a pesar de ser hermana del pelafustán, es fiel y decente… Y que te ama, eso es sabido. —Bruno se sonrojó—. Pero ¿y si lo hiciera por venganza porque andas como un cretino detrás de la cantante?

Bruno se molestó porque lo había llamado cretino, pero no pudo dejar de defenderla.

—Ustedes no conocen a Julia. Permiso —dijo, y se levantó porque ella le hacía señas acodada en la barra.

—Solo puede ser Julia ayudando a su hermano. Solo ella. Si no es ella, ¿quién? ¿Acaso es Bruno? —dijo Jesús

—¿Y por qué no Marla? Cuidado —le previno Campbell—. ¡Bien dijo Bruno que están sembrando la desconfianza entre nosotros, y eso jamás debería ocurrir!

Tan pronto ellos se marcharon, Bruno comenzó a protegerse escondiendo documentos, arreglando los libros, revisando facturas. Agradeció el orden con que Julia llevaba sus asuntos.

* * *

«¿Qué te pasa mi amor?», le preguntó Rupert, cuando a ella no le quedaba nadie más en la casa a quien gritar. Había mortificado a las empleadas con la limpieza, una de ellas aseguró que no aguantaba más a la señora y que se marcharía después de almuerzo; al jardinero, porque había mochado los rosales; a los niños, porque no se estaban quietos; al panadero, porque el pan estaba frío, y también lo había reprendido a él sin justificación real alguna. Solo se había salvado su padre, y no porque no quisiera cantarle unas cuantas, sino por esa mezcla de miedo y respeto que reglaba su relación.

Debió reconocer que el travestismo de Simón con sus modales afeminados, su discurso, su pintura facial, su ropa y su perfume de mujer, la habían superado.

Rupert resintió de inmediato el cambio. El mal genio y la inapetencia en el sexo únicamente podían tener una raíz: Simón Rocco, o quién quiera que fuese. Con la esperanza de que superara esa relación y al fin conquistarla, había cedido a todos sus caprichos y hecho uso de toda la paciencia que un hombre puede tener. Empero, todo lo avanzado parecía retroceder, irremediablemente.

La solución llegó como caída del cielo. Días antes de Navidad la familia cenaba. Aída comía en silencio con la cabeza hundida en el plato.

—Yerno —dijo Campbell—, me llegaron bajo cuerda unas noticias muy interesantes. Usted sabe, nada ocurre en la ciudad sin que yo lo sepa, ¿o no?

Rupert detestaba la pedantería de su suegro, pero reconocía que sus noticias, y también sus noticiones, siempre eran interesantes.

—Me soplaron que le ofrecerían una agregaduría naval en Buenos Aires.

—¡Buenos Aires! —exclamó Aída como para sí.

Los hombres se miraron.

—Muy interesante —admitió Rupert.

—No saben lo afortunados que son, porque aquí el ambiente está que apesta. Imagínate, Bruno se casará con Emperatriz, la cantante con la que tiene amores desde hace tiempo. Y conste que este no es un chisme, me lo contó él personalmente.

Aída se atoró estrepitosamente salpicando con sopa de avena el mantel y la chaqueta azul de su padre. Se cubrió la boca con la servilleta blanca, menos blanca que su rostro. Temblaba. Se levantó y se fue a su cuarto sintiéndose mortalmente burlada.

—¿Por qué este escándalo? ¿Qué le importa que Bruno se case con su abuela? —protestó Campbell, mientras se limpiaba con esmero la chaqueta.

Contrariamente a lo que se podría pensar, Aída apreció el viaje a Buenos Aires como una bendición. Sintió lástima por su padre que era el único que saldría perdiendo. La casa quedaría desierta sin sus nietos, hasta le faltaría Rupert para una buena discusión. Valoró su abnegación y lo amó.

* * *

La mañana era calurosa. Marla subía en el funicular camino a su casa después de una apasionada noche con Jesús, cuando los hombres de gris le hicieron una encerrona.

Ella pudo sentir los apetitos que emanaban de sus viles cerebros, cuando se pararon frente a ella y le cortaron el paso. Sintió mucho miedo, porque de inmediato notó que los miserables actuaban concertados. Bien sabía Marla que no es lo mismo venderse que ser violada. Ellos, que estaban solo un peldaño más alto que ella en la escala social, se sentían superiores pero eran seres despreciables. Y Marla, que era bella y provocadora, les despertaba apetitos que se negaba a saciar. No lo hacía por mero capricho. Nunca le gustó la idea de encontrarse con sus clientes en el lugar donde vivía. Básicamente, porque no quería sentir lástima de sí misma al verlos pasar felices del brazo de su mujer, con sus hijos correteando alrededor.

De pronto, el funicular se detuvo justo bajo el puente de avenida Baquedano, en la parte oscura del recorrido. Las ruedas dejaron de chirriar y el silencio fue total y expectante. Ella se sobresaltó. Los hombres se miraron, esbozaron una mueca de lujuria y maquinalmente se quitaron las chaquetas.

—¡Sácate los calzones, pichona, mira que tenemos que llegar a la oficina! —le gritó uno.

Aterrada, Marla se refugió en el fondo del carro. Se abalanzaron sobre ella, que comenzó a lanzar patadas que los hombres esquivaban. Parecían disfrutar, como si los excitara. Uno de los desalmados le agarró la pierna izquierda por el tobillo y la hizo rebotar en un solo pie a través del carro. Le costaba mantener el equilibrio. Lagrimaba. Pero las bestias reían dominadas por los apetitos que se aprestaban a saciar. Uno de los salvajes se agachó para mirarle los calzones y carcajeó soezmente. Los otros lo imitaron. Marla se recuerda clamando y defendiéndose con los puños y la cartera, que ellos sorteaban con movimientos pícaros. Reían. Hasta que el más pequeño pero robusto de los tres, le dio un puntapié en la corva, la pierna cedió y cayó de espaldas al suelo. Ay, qué dolor la espalda, la pierna doblada y la cabeza que rebotó contra el piso.

Arremetieron contra ella chivateando mientras le desgarraban la ropa. Marla intentaba defenderse, pero los despiadados la disfrutaban y abusaban vociferando inmundicias.

También la golpearon en venganza por todas aquellas mañanas que ella hizo burla de sus carnales deseos.

Perdió la conciencia en medio del atropello. Y como si agonizara, o tal vez porque agonizaba, su espíritu se elevó y entró en un estado de plácido sopor. Visualizó el mar cerúleo de aquellas mañanas apacibles cuando subía en el ascensor: los dedales de oro refulgiendo entre los rieles entremezclados con el pasto salvaje, y en los costados los racimos de glicinas —del mismo tono violáceo del vestido que llevaba esa mañana— se descolgaban pesados de las ramas, como desmayados, de la misma forma en que ella se encontraba caída por el peso de la violencia.

Fue hallada semidesnuda en el ascensor, malherida e inconsciente.

Cuando Marla se atrasaba en llegar, era común ver a Jesús ir entre las mesas preguntando si sabían algo de ella. Más de una vez se le vio sacar fajos de billetes de los bolsillos para comprar alguna información. Una inseguridad insoportable se había apoderado de él desde el episodio del escandinavo.

Al enterarse del incidente de Marla, Jesús salió como un enloquecido en su socorro. ¿Tendría Emperatriz el mismo poder de sanación para Marla que Jesús? Indudablemente que no, porque él era su hombre. Y así se lo hizo notar Julia, cuando Simón quiso ir a verla esa misma noche al hospital.

Los parroquianos se preguntaban si no era un contrasentido que violaran a una mujer a la que podrían tener por poco dinero. Aunque también se comentaba que a causa de su belleza y su carácter rebelde, la muchacha despertaba pasiones violentas.

Ese día, Simón comprendió que así como había ocurrido con él, Marla había conquistado el corazón de Jesús; si bien el muchacho la quería de esa manera primitiva y bruta, tan suya.

«¡Bestias humanas!», vociferó Jesús, olvidando la paliza que le hizo dar al vikingo al descubrir el engaño. Empeñado en castigar a los malvados, Jesús mandó a sus sicarios a rastrearlos.

* * *

Después de lo sucedido a Marla, Simón decidió que por muy gratificante que fuera el éxito que estaba teniendo como cantante-mujer, no debería seguir dilatando la situación.

—Si no soy yo, ¿quién crees tú que le ha estado pasando información a la policía? —le preguntó a Julia al día siguiente.

Julia, que se había agachado para guardar unas botellas bajo el mesón, se levantó de golpe.

—Sssht, que las murallas tienen oídos —dijo, y agregó—: Nadie de aquí que yo sepa.

—Podrían pensar que eres tú la que…

Julia replicó con la misma certeza con que Bruno la había defendido.

—Bruno jamás dejaría que pensaran algo así. ¿Por qué te has demorado tanto, Simón? —inquirió, desviando el tema.

—Se te olvida que me persiguen para matarme.

—Y Emperatriz, ¿cuándo la vas a hacer desaparecer?

—No es fácil —dijo, y de su cartera sacó un cigarrillo.

Julia tenía terror de que las cosas se destaparan por otro lado y no poder salvar a Bruno. Además, ansiaba poder confesarle su embarazo y decirle que era ella, y no Emperatriz con quien estuvo aquella noche memorable.

Para Simón eliminar a Emperatriz significaría el suicidio de una porción de su persona, y no creía tener agallas como para suicidarse. A menudo se confundía y creía que ella existía materialmente. Era tan extraño todo lo que le tocaba vivir en esta forma peculiar de vida. Pero sin lugar a dudas, lo que mayormente lo frenaba a tomar una decisión de ese estilo era el temor a perder la música, que era lo único que le daba verdadero sentido a su existencia. ¿Cómo la expresaría sin Emperatriz? Sería su fin.

Veía con horror acercarse el trágico momento. Y si se viera forzado a hacerla desaparecer, ¿cómo lo haría? A todas luces sería un asesinato que tendría repercusiones. Podría vaticinar que sus admiradores no aceptarían que se esfumara así como así. La buscarían, se amotinarían y exigirían su cuerpo muerto para rendirle un sentido homenaje, como era su costumbre: con un buen gloriado. Siendo este el contexto, era absurdo que Julia pretendiera resolver el problema sacando a Emperatriz de en medio.

Cansado de sus elucubraciones llevó sus pensamientos hacia otro derrotero, también intrincado, como todo lo suyo.

El negocio del contrabando tenía que funcionar bajo cierta legalidad, porque algunas utilidades necesariamente debían demostrarse. Lo más usual, y por lo que varios personajes encumbrados pasaron por la penitenciaría, fue practicando la sobrefacturación. Esta forma permitía que la diferencia entre el valor real de la mercadería y lo sobrevaluado, se pudiera ajustar como ganancia. En otras palabras, blanquearlo, de manera tal que pareciera provenir de actividades legales.

Simón le preguntó a Julia si sabía de las facturas sobrevaloradas. Al principio dijo no saber; mas luego comprendió que era mejor entregárselas, pero con la condición de que no incriminara a Bruno. De cualquier forma, si el embarazo de su hermana fuera efectivo y de él dependiera, le había atado las manos.

Lo primero que intrigó a Simón fue que la Sociedad Vasco-Chilena de Importaciones y Exportaciones Ltda. había despachado con destino a Alemania, justo antes del comienzo de la guerra, grandes cantidades de alimentos y minerales, entre otros. Y si bien los precios que se pagaban eran muy altos, nada tenían que ver con los montos millonarios que aparecían en las facturas: dos mil por ciento más que el precio normal. Dada la generosidad con que estuvieron comerciando los alemanes antes del inicio de las hostilidades, sería difícil acusarlos de sobrefacturación. No obstante, facturas de productos enviados a otros países donde los precios eran conocidos, evidenciaban esta irregularidad.

Era fácil imaginar que tras estas discrepancias en los precios se escondía una enorme operación para blanquear dinero. Lamentablemente, la falta de fiscalización a las exportaciones permitía este abuso.

Simón se sintió contento, pues por fin había dado con algo. Pero ¿qué hacer con esta información?

A Simón no le llamó la atención que el diario *El Mercurio de Valparaíso* diera la noticia de que asumía un nuevo Prefecto Inspector de Investigaciones. Lo que realmente atrapó su mirada fue la fotografía de un regordete Rigoberto Orellana, idéntico como dos gotas de agua a su antiguo jefe de la oficina de Aduanas, tempranamente muerto. Cuando ocasionalmente lo frecuentó en el pasado, Orellana hijo era apenas un subcomisario de aspecto desnutrido.

De inmediato pensó acercarse a él, expresarle sus condolencias tardías y solicitarle ayuda desde el estratégico puesto que ocupaba, pero prefirió esperar.

* * *

Un día jueves de fines de diciembre, en una salida apresurada, Aída y su familia partieron rumbo a Buenos Aires en el ferrocarril *Trasandino*. Simón se enteró por una nota que ella le dejó bajo la puerta: «…perdóname, pero para mí es menos doloroso despedirme de esta forma impersonal».

Se sintió herido porque la amaba y lo abandonaba con una displicencia rayana en la humillación. Hubiera preferido que le arrojara su desprecio y su partida en la cara; pero debió admitir que si ella había salido escapando el responsable era él. Tuvo la certeza de que otras mujeres lo desdeñarían por los mismos motivos que Aída se había alejado. Y si en muchos momentos valoró la existencia de Emperatriz por las satisfacciones que le brindaba, ahora descartaba sacrificar su lado masculino. Simón, el hombre, comenzaba a reclamar su derecho a ser, a desempeñarse como la gente normal: tener una mujer, hijos; una familia, a fin de cuentas. Si bien es cierto que expresarse artísticamente era vital para él, y que ser reconocido y apreciado era en extremo gratificante, ahora se preguntaba si podría llevar a su casa y a su cama los aplausos con que engañaba su soledad.

Así las cosas, resultaba impensable continuar con una doble vida en la que Simón y Emperatriz compartieran su esmirriado cuerpo. O uno u otro; los dos juntos, no. A fin de cuentas, él estaba en todo su derecho de decidir porque era el dueño del cuerpo. ¿Lo entendería Emperatriz? Quién sabe.

* * *

A pesar de que el Ulises Bar cerraba invariablemente los días domingo, la noche de Año Nuevo Bruno hizo una excepción y abrió las puertas al público. Ese día, Simón realizó su trabajo con profesionalismo, pese a que su estado anímico no podía ser peor: Aída lo había abandonado de una manera ofensiva y Marla estaba malherida en el hospital.

Con frecuencia había visto a Juan Cortés actuar sin un ápice de emoción, como deseando que la noche terminara pronto. A veces, cuando se podía palpar su tedio, el público lo abucheaba. Simón no entendía que un artista pudiera actuar de una forma desapasionada, casi mecánica. Aunque comprendía que su caso era diferente gracias a la adrenalina extra que entrañaba el riesgo de ser descubierto. A eso, había que agregar el estímulo que significaba la presencia de Marla en el bar. Esa noche, en que el desánimo lo acompañaba, comprendió que el trabajo de cantante podía ser como cualquier otra ocupación. Y que a pesar de los aplausos, del ambiente festivo, del empeño de la gente por divertirse y del artista por complacerlos, era posible no tener entusiasmo ni deseos de cantar.

Un desaliento abismal. Tal vez acentuado por el mismo hecho de la fiesta, lo consumía; tanto que ni los fuegos artificiales ni la deliciosa cena que ordenó preparar Bruno para los empleados lo animaron. Indiferente a las súplicas del Tano, Emperatriz se negó a ir al muelle a ver amanecer después de que cerraron.

Esa madrugada fresca de Año Nuevo, caminó a casa en compañía del Zorro. Las calles estaban atestadas de borrachos riendo, peleando o durmiendo en cualquier parte; los enamorados besándose. Pero él solo quería dormir para olvidar.

Al día subsiguiente, la prensa publicó con grandes titulares: «Terror en el cerro Mariposas», y a continuación: «Los hombres de trabajo del sector están aterrados a causa de la golpiza que tiene al borde de la muerte a tres oficinistas, honrados esposos y padres de familia, devotos cristianos y cumplidos trabajadores».

Una vez recuperada la conciencia los hombres se negaron rotundamente a hablar. Y a pesar de la vigilancia desplegada por la policía, a los pocos días apareció muerto el maquinista que había accionado la palanca de freno. Fue este hecho el que dio pistas a la policía para relacionar la violación de la mesalina con el desventurado occiso.

* * *

En el mismo momento en que Simón se preguntaba qué hacer con la información que le había entregado Julia, además de sus propios descubrimientos, el Zorro lo detuvo en la entrada del bar.

—El prefecto Orellana me estuvo preguntando por ti. Le dije que no tenía idea donde estabas.

—La próxima vez que lo veas, dile que deseo hablar con él.

—¡Estás loco!

—Zorrito, no estoy arrancando de la policía, aunque también tengo que protegerme de ella.

Era día claro cuando el prefecto Orellana esperaba a Simón en la plaza Victoria. Disfrutaba el primer cigarrillo de la mañana escuchando el canto animado de los pájaros que revoloteaban y bebían de la fuente. No le sorprendió la inusitada hora que había fijado Simón para el encuentro, pues probablemente lo perseguía la misma gente que él buscaba.

Desde Condell con Edwards sintió acercarse unos pasos cargados de recelo y agitación, sexualmente imprecisos. Como los animales, Orellana reconocía en las pisadas las emociones humanas. No en vano ostentaba el cargo de prefecto siendo tan joven.

—Hola, Simón —dijo sin volverse. Simón se sorprendió, pues lo había reconocido sin verlo, cuando él creía que solo la Vieja poseía esa facultad—: ¡Qué gusto verte, hombre!

Lo había llamado hombre. Es cierto que andaba vestido con terno, pero hacía tanto tiempo que le decían señora, señorita o el malsonante dama, qué se sorprendió.

Fueron de inmediato al grano, porque dentro de poco la plaza estaría atiborrada de gente. En primer lugar, Simón se refirió al sistema de control de la Aduana que estaba enfocado principalmente en las importaciones, sin ocuparse de la sobrefacturación de exportaciones. Enseguida le habló de sus sospechas respecto a una red de contrabando que operaría desde el Ulises Bar, y la probabilidad de que esto ocurriera desde hacía años.

—¿Y Aída Campbell? ¿Estaban muy enamorados…? —preguntó el prefecto con perspicacia, cuando ya habían tratado los temas de interés.

—Yo estaba muy enamorado.

—Hasta donde se supo en aquel entonces, ella también.

—Es insoportable hablar con un policía —se quejó Simón.

—¿Cómo has logrado sobrevivir con tanto sabueso encima?

—No ha sido fácil —respondió, prefiriendo no revelar que se travestía. Aunque no supo si lo hizo por pudor o por protegerse.

La Vieja estiró su cuello tratando de averiguar quién había llegado que su infalible olfato no podía reconocer.

—¡Qué miras imbécil! —le dijo Simón, con una leve sonrisa.

Ante la amenaza el no vidente se ocultó tras el acordeón. Por su condición de discapacitado le temía a todo lo nuevo o extraño. A Simón, por ejemplo, que no olía a hombre ni a mujer.

«¿Por qué no me reconoce, será que mi olor también está alterado?», se preguntó. Si la Vieja no lo podía reconocer, quería decir que no quedaba nada de Simón el hombre en su persona; en tal caso, debería aceptar que Aída y Julia tenían razón.

No fue tanto el desaire de Aída como la violación de Marla, la hermosa golpeada sin misericordia por la vida, lo que terminó por detonar una crisis que hacía rato se venía gestando.

Se había dejado influir por Julia y actuado como un mariquita temeroso de sus perseguidores, dejando que Jesús la reconfortara.

No podía conciliar el sueño. Ayudaba al desvelo un ratón que corría en el entretecho. Porque si a Simón le gustaban poco, Emperatriz los detestaba.

Saltó temprano de la cama y se fue al kiosco de Mayito. El sol entibiaba la veraniega mañana porteña.

El estrecho kiosco olía a café y pan tostado. En cuanto a *ella*, se notaba que apenas se había mojado la punta de la nariz.

—Entra, mujer —dijo Mayito, al verlo indeciso en la puerta—. ¿Qué te pasa ahora?

Por fortuna alguien pidió un periódico, lo que le dio tiempo a Simón para enfrentar su confesión. Porque si bien era una suerte tener a Mayito en quien confiarse, era difícil abrirse totalmente con ella, ya que para Mayito, Emperatriz era un ídolo: el único travesti que había triunfado haciéndose pasar totalmente por mujer.

—Mayito, necesito que me ayudes. Hay personas que están convencidas de que soy…, de que a mí me gustan… los hombres.

—Y a ti qué te importa.

—Es que yo… Perdóname, Mayito, te lo debería haber confesado antes, pero, realmente, no soy homosexual.

—¡Qué! —exclamó, con agitación derramando el café caliente.

Simón sacó su pañuelo de batista y encaje y limpió con esmero.

—Perdóname, amiga, pero no soy homosexual. Me visto así para que no me maten y porque necesito ganar dinero para vivir. Lamento haberte engañado.

—¿Y la visita nocturna del dueño del Ulises? Lo vi irse de madrugada…

—Eso te lo explicaré después, pero no fue a mí a quien visitaba.

Mayito se desmoronó en la única silla. Entonces, ¿la feminidad que despedía Emperatriz se la debería atribuir ahora a su sensibilidad artística?

—¿No? —apuntó incrédula.

—No. ¿Qué es ser travesti, Mayito?

—Bueno, depende —arguyó, recuperándose lentamente—. Están las *chiquillas* que se visten de mujer, pero *ellas* en realidad no se travisten, *ellas* son mujeres, como yo. Los travestis, ¿te acuerdas de mis amigas de Viña?

—¡Cómo no, si me salvaron la vida!

—Es difícil saber lo que sienten los *hetero* que se visten de mujer. Yo no los entiendo. Pero mis *amigas* dicen que no lo hacen para atraer a los hombres, sino porque les gusta estar en público en ropas de mujer y hacerse pasar por mujer, porque les gusta lo femenino. Es todo lo que buscan, dicen. Entonces, digo yo, ¿para qué?

—Es extraño —dijo Simón.

—También dicen que cuando se visten de mujer se sienten más completas, más humanas, sensibles, hasta domésticas si se quiere. Y que además dejan de ser agresivas y autoritarias, porque en el fondo de su alma no lo son.

—Es probable que ellos, perdón, *ellas*, no mientan. *Las* entiendo. Y aunque jamás me travestí pensando en vivir como mujer, a veces me confundo. El problema, Mayito, es que aunque no deseo sacrificar a Emperatriz: mi lado artístico, mi otro yo, mi mejor lado, tendré que definirme.

—Te doy un consejo: opta por Emperatriz que es más entretenida. Y anda a dormir, mujer hombruna, mira que *tenís* la cabeza más *enredá* que moño de vieja.

* * *

Pasaban los días y Emperatriz no daba respuesta a los reiterados acosamientos de Bruno, ni a la presión de Julia para que la dejara estar con el Tano.

El supuesto amantazgo tenía harto a Simón, pues además de mantener a Bruno a raya, debía seguir el juego de la novia del celópata. ¡Ahora ni siquiera podía mirar a las mujeres!

No estaba dispuesto a someterse. No obstante, aprovechó que Bruno había salido —tampoco quería otra escena de celos— para sentarse junto a Marla mientras esperaba su turno.

Hacía un par de días que ella se había reinsertado a la rutina del bar. Simón no le encontraba mucho sentido a la estancia de Marla allí, considerando que poco y nada se sabía de Simón Rocco en Valparaíso. Blindada por la presencia salvaje de Jesús, se sentaba en una mesa, pedía un trago y leía o escuchaba a Emperatriz hasta que Jesús llegaba. O simplemente se marchaba antes.

A Simón le atraía la muchacha. Le gustaba esa indiferencia de quien no teme a nada, porque no tiene nada que perder. Había en ella esos asomos de intrepidez que con frecuencia veía en las mujeres de clase alta con mundo, no en las beatas a las que todo escandalizaba. Había, asimismo, algo distinguido en su naturaleza, un refinamiento particular que debía gestarse en su inteligencia. Pero también debía reconocer que formaban parte de su condición la frivolidad, el deseo de gustar y saberse deseada.

—¿Qué lee? —le preguntó Simón en tono bajo, mientras Cortés se esforzada en *Fumar es un placer.*

Marla le pasó el libro y se concentró en la canción: *«Fumar es un placer / genial, sensual. / Fumando espero / al hombre a quien yo quiero, / tras los cristales / de alegres ventanales».*

El Banquete, Platón, leyó Simón. Lo abrió al azar y lo primero que encontró fue el mito del andrógino: un ente sexualmente ambiguo, similar al del relato de Aída. Se preguntó por qué repentinamente aparecían estos temas.

—Me gustaría oír esta canción cantada por usted.

—Mañana se la dedico.

—Gracias —dijo Marla, y se quedó mirándolo—. Después de leer ese libro uno se da cuenta que en su esencia, el amor no ha cambiado a través del tiempo.

—¿Me lo puede prestar cuando lo termine?

—Por supuesto —dijo. Se volvió hacia Emperatriz y, mirándola fijo a los ojos, agregó—: Gané los *Juegos Florales*.

—¿Fue usted? La felicito, realmente. No lo sabía…

—Nadie lo sabe ni lo sabrá nunca porque lo envié con seudónimo. Y si no me presenté a recoger el premio, le aseguro que no lo hice para crear mayor expectación, como comentó la prensa. Usted comprenderá los motivos de mi reserva. A mí me interesa la obra y no la exaltación de mi persona. Imagínese cómo verían que una prostituta recibiera el galardón. Sería un chiste. Declararían nulo el concurso, o más de alguien lo impugnaría por improcedente. No olvide que salvo excepciones los jurados son unos mojigatos. No soy paranoica, o quizás lo sea. Sí, es probable que lo sea, y bastante. Pero con esta gente es igual que con los perros, nunca se sabe cómo van a reaccionar.

—Se supone que el premio es por lo que uno hace y no…

Se acercó Perupio en ese momento.

—Señoras, perdonen que las interrumpa. Marla, te prometo que este chiste es demasiado bueno. Te va a gustar, créeme.

—No te creo —dijo Marla, y le hizo un ademán de que se alejara.

—Escuchen. En un carro iba una pareja muy enojada; discutían furiosos. Al pasar frente a una casaquinta el hombre vio unos chanchitos y le preguntó a la mujer: ¿Familiares tuyos? Y ella le contestó: ¡Sí, mis suegros! —Reventaron en risas. Perupio regresó a su mesa riendo. Bruno, que acababa de llegar, observaba indignado.

—Volviendo al premio. Le ruego que no se equivoque —bebió un sorbo de Martini y se quedó meciendo el licor en la copa—. En un mundo tan pequeño como el de Valparaíso, ¿con cuántos de los honorables me habré metido en la cama? —Suspiró—. A veces la obra vale por su autor, a veces no vale a causa de él o de ella. Un anónimo no daña a la literatura, pero sí la falta de una obra. Soy una mujer marcada, Emperatriz.

A Simón le impresionó oír de su boca esa frase tajante. Pensar que a causa de su profesión, esta mujer maravillosa estaba condenada de por vida al ostracismo literario. Debido al ruido ensordecedor tuvieron que acercarse para oír.

—Usted… —alcanzó a decir Simón, pero ella lo interrumpió.

—No diga nada, por favor. El premio ha significado un estímulo muy grande para mí; de hecho, estoy escribiendo con mayor entusiasmo —meditó unos instantes—. Haciendo honor a la verdad, no puedo restarle méritos a Jesús Chavarri, porque mi vida ahora es más reposada gracias a su auspicio. Es curioso, Jesús no entiende nada de poesía, pero me estimula a que escriba. Sospecho que lo hace para que no me lance a la noche incierta. Él sabe que soy una mujer de la calle, que la calle me arrebata y que cada tanto necesito escaparme porque me atrae lo peligroso y enrarecido del bajo mundo. ¿Sabe por qué? —Simón movió la cabeza—. Porque lo reconozco como lo mío, porque ahí están mis raíces. Se da cuenta, soy una mujer vulgar sin remedio.

—Deje que la gente juzgue por usted.

—A veces exagero —hablaba compulsivamente—. Disculpe mi odiosidad; pero quiero decir en mi descargo que reconozco en mí una dimensión espiritual que le da sentido a mi vida, que hace que esta no solo sea sexo, sexo por el sexo o sexo por el dinero. Para que no se equivoque respecto a mí, escuche bien lo que le voy a decir: yo estuve jugando con esos hombres, aguijoneándolos para que se fueran a trabajar deseándome; porque me gustaba saber, tal vez me guste siempre, que por lo menos hay un hombre en este maldito planeta que me desea y no podrá tenerme. Pero hay algo más, no me gusta que las personas con las que me topo a diario conozcan mi intimidad. No es por capricho, es mi forma de hacerlo en esta profesión. Le confieso que yo, que conozco lo peor de lo que los hombres son capaces, no puedo comprender la bestialidad de la violación.

—Es algo infame —dijo Simón, cuando sintió que lo anunciaban por el micrófono.

Miró su reloj; habían adelantado su turno. Dio una ojeada a la mesa de Bruno: estaba a medio levantarse, con la mirada encendida y los puños sobre la mesa, listo para salir a matar.

—Su celador está molesto —lo dijo con un dejo de dolor.

—Me importa un bledo lo que piense Bruno.

—Perdón, pero ¿sabe usted algo de Simón Rocco? —le preguntó con timidez, mientras él se levantaba.

No debió sorprenderle la pregunta, pero no supo qué responder, porque él era Simón. El que estaba con ella, el que se solazaba con su compañía y palpaba su estado de ánimo, el que la admiraba era él, Simón, y ella no se percataba.

—Está bien. Está tratando de salir de la situación en que se encuentra.

—Tal vez algún día me busque.

—Tal vez ya lo hizo —dijo Simón. Marla lo miró expectante.

—Tengo tantas cosas que decirle. Ah, es absurdo lo que digo, porque no tengo nada que ofrecerle.

Simón tuvo celos de Emperatriz que podía estar abiertamente con ella. Subió al escenario e interpretó *Así* para Marla, una canción que había aprendido al poco tiempo de entrar en prisión: «*¿Por qué al mirarme en tus ojos / sueños tan bellos me forjaría? / Mira, mírame mil veces más. / Después de probar tus labios / vivir sin ellos ya no podría. / Besa, bésame a mí nada más*».

Bruno pasaba por uno de los peores momentos de su vida. Creyó desfallecer al ver que Emperatriz le dedicaba la canción a Marla. La amaba con pasión, pero con la misma intensidad odiaba su afición por las mujeres y la indiferencia con que lo trataba delante de los demás.

Se rumoreaba que había perdido autoridad frente a la cantante, que ahora ella llegaba tarde y daba órdenes como si fuera la dueña. Pero lo dejó pasar. Al principio se rió de los comentarios, pues ellos no conocían *la nuda verità*. Además, siendo él un hombre era imposible que perdiera. «Siempre son ellas las que pierden, especialmente si se meten a la cama conmigo, ja, ja, ja», solía jactarse. Pero ¿qué podía hacer si Emperatriz lo había amenazado con marcharse si hacía pública su relación?

Casi a diario aparecía Campbell con aspecto preocupado llevando malas noticias: que lo estaban investigando, que lo seguían, que no tardarían en fastidiar al resto y que sería conveniente que se prepararan. Lo último con que había llegado, era que el descerebrado de Jesús tenía que ver con la muerte del maquinista y la agresión a unos honorables ciudadanos que fueron «tentados por Marla, la prostituta, en el cerro Mariposas».

Después que se iba el capitán, Bruno quedaba con los nervios hechos trizas y debía tomarse un trago, o dos, para relajarse.

Las risotadas estridentes de los borrachos, las voces excitadas y el entrechocar de las copas herían sus oídos ahora sensibles. Odió la voz gangosa de Cortés que parecía contribuir a ese ambiente húmedo, caliente y denso por el humo y las emanaciones de los cuerpos, que hoy lo agobiaban especialmente. Hubiera echado a todo el mundo, apagado las luces, cerrado el local y se hubiera quedado absolutamente solo en la negrura, aunque perdiera de ganar.

Bruno sentía tanta necesidad de desahogarse que, a falta de alguien más adecuado, le confió sus penas de amor a Campbell. Porque lo otro, su relación íntima con Emperatriz, muy en secreto, se la había contado en detalle tiempo atrás.

Sin guardar la reserva del caso, Campbell le comentó a Jesús que Emperatriz tenía a Bruno por las cuerdas después de haberse acostado con él.

Jesús corrió a contárselo a su madre; Carmiña a Fabio; este a Cortés; Cortés a Marla, y esta a su hermano, que se desternilló de la risa sin que ella entendiera por qué. Cuando el Zorro se lo dijo a la Vieja, este comentó:

—Entonces, Bruno es marica.

El Zorro le dio un empujón y le gritó que ser ciego no le impedía tener mente de alcantarilla. La Vieja no se pudo contener y le comentó entre risas a Marla que Bruno era «*raro*, ja, ja». Marla a su vez se lo trasmitió a Juan Cortés, agregando:

—Es imposible que Emperatriz se acueste con ese chancho, porque dicen que es marica. ¡Ja, ja, ja!

Y puesto que cada uno tenía algo contra Bruno, el cuento volvió hacia arriba.

Cortés le aseguró a Luna que el italiano era maricón «y no solo del alma…». Carmiña se llevó las manos a su boca cizañera y, regocijándose, fue con el cuento a Jesús. Este le sugirió a Campbell que no se juntara con Falcone en privado porque lo podrían tildar de «*raro*». Campbell fue el único que no dio crédito al cuento: «Primero, dígame con qué hombre se acuesta y después hablamos».

Nadie entendió por qué Julia se rió toda la noche.

Contrariamente a lo que se pudiera pensar, la reputación de donjuán de Bruno no salió dañada gracias a que la historia no trascendió. En el fondo, todos conocían a Bruno y sabían que era fácil echar a correr que alguien era homosexual. Y también, porque un hombre así de enamorado de una mujer no podía ser homosexual.

Tantas presiones terminaron por afectar al Tano. Cruzaba la pista bajo los haces de luz deformados por el calor y el humo, cuando sintió un dolor punzante en el pecho. Cayó de rodillas, la cabeza tocando el piso. Pensó que hasta ahí no más llegaba y que un ataque al corazón lo abatiría.

Los parroquianos, que estaban ebrios, sumado al considerable peso de Bruno, debieron llevarlo a rastras hasta su mesa. El dolor cesó levemente, no así la pena. El momento de aceptar las rarezas de Emperatriz había llegado: no se le conocía un novio anterior a él; no se había casado; no tenía hijos; no tenía un pasado lógico o un pasado siquiera que relatar, y, encima, a él lo trataba con displicencia. Sintió que se ahogaba.

—¡¿Qué le pasa?! —gritó Julia, horrorizada al encontrarlo con aspecto cadavérico.

—Acompáñeme afuera, por favor.

Salieron a la calle. Bruno se apoyó en un poste con la cabeza caída, como si quisiera vomitar el desengaño que lo envenenaba.

—Venga —le ordenó de pronto. Subieron al auto.

Por un minuto eterno permaneció con ambas manos en el volante, tieso como muerto, hasta que habló:

—Usted es la única persona en que puedo confiar. Solo la tengo a usted, Julia. Perdóneme que se lo diga…, no debería, pero… debo confesarle con dolor que… que… —no le salían las palabras—, que Emperatriz es lesbiana.

—¡¿Qué?! —gritó Julia, tan fuerte que Bruno se sobresaltó.

—No lo comente, por favor. Pero si no se lo digo a alguien voy a reventar —dijo, recostándose sobre el manubrio—. Le gustan las mujeres más que los hombres —se lamentó—. Me ha hecho sufrir tanto, pero en la intimidad nadie me ha dado lo que ella. Perdóneme que se lo diga, pero es así. Me hizo conocer el cielo y el infierno, todo junto.

Julia sintió pudor ante esa confesión. Pero se alegró de oír de boca del mismo Bruno, que la sesión de amor con ella había sido maravillosa y que a Simón no le gustaban los hombres.

—Pobrecito —dijo.

Con delicadeza, Julia acercó la cabeza de Bruno a su pecho para aplacar su pena proporcional a su porte. El Tano tuvo un estremecimiento nervioso, y se incorporó ligeramente al reconocer en Julia los mismos pechos que su amada/odiada Emperatriz. Al ver su tristeza absurda, Julia lo apretó más. Lo acunó. Él se dejó. Ella le besó el cuello, le mordisqueó la oreja. Él vibró. Con cuidado le desanudó la corbata, luego el cinturón y le desabrochó el pantalón. Reconcentrado en su sufrimiento, el Tano no tenía mucha conciencia de lo que estaba ocurriendo y la dejaba hacer.

Julia no quería dejar pasar la oportunidad de ser ella. Se subió la pollera y se acomodó lo mejor que pudo encima de Bruno, para hacer sexo de la misma forma que lo habían hecho en el cuarto de Simón. Pero ahora con la satisfacción de ser ella la poseída hasta las entrañas.

A fuerza de placer, Bruno fue despojándose de la tristeza. Y puesto que conocía esa erótica, sin darse cuenta siquiera terminó por entregarse con pasión al amor de Julia.

Una vez concluido el acto se sintió confundido. «¿Me estaré volviendo loco?», se preguntó, pero era la misma sensación, movimiento, olor, espasmo, quejido y estremecimiento de Emperatriz. Y por si todo eso fuera poco, Julia le imprimía la mismísima magia al sagrado momento. Súbitamente dejó de sentir pena. Miró a Julia iluminada por la luz mortecina del farol y, en un arrebato, le dijo:

—*Ti amo, Giulia. Ti amo.*

Julia lloró.

De inmediato Bruno sopesó el lío en que se estaba metiendo. Julia era mujer para casarse y él un soltero recalcitrante. Pero había sentido un placer tan sublime, tan parecido, *oh Dio*, al que había experimentado con la mala pécora, que la declaración había brotado sola. Temió haber actuado dominado por el despecho.

—No llore, Julia. ¿Quiere acompañarme a mi casa?

Ella asintió. Bruno se sorprendió. ¿Desde cuándo tanta audacia en una solterona melindrosa? ¿Julia, melindrosa? Definitivamente esa imagen no tenía nada que ver con esta auténtica diosa del sexo, tan ardiente y prodigiosa como la propia Emperatriz.

Condujo camino a casa. Ella iba recostada en su hombro. Él tarareaba una canción italiana, cuando ella con toda naturalidad posó su mano izquierda en su sexo ahora falto de vigor. Qué coincidencia, pensó Bruno, con asombro, Emperatriz también había puesto su mano cálida sobre sus genitales antes que se durmiera por unos instantes aquella noche.

Si con Julia se sentía en el firmamento, quería decir que Emperatriz no era la única que podía llevarlo a las estrellas, y también a la luna y al sol.

En casa de Bruno pasaron directamente al dormitorio. Estuvieron retozando hasta las siete de la mañana, hora en que él la fue a dejar a su casa.

—Aún la sigo amando —le dijo, antes de que ella bajara del auto—, pero no sé qué ocurrirá más tarde.

Ella bajó del auto con toda calma, mirándolo; cerró la puerta y, sin quitarle la vista, dio la vuelta al automóvil por delante. Bruno la seguía embobado con la mirada, a pesar de las muestras visibles de cansancio en el rostro ya no tan joven de Julia, después de esa apasionada noche. Ella se acercó a la puerta y con un gesto de la mano le pidió que bajara el vidrio.

—No se preocupe, yo me encargaré de que usted me ame. Es más, usted no lo sabe, pero me ama —dijo, y guiñándole un ojo con picardía, se alejó.

Cuando estaba haciendo girar la llave, Julia volvió la cabeza y lo miró; sonreía.

Bruno se preguntó de dónde sacó Julia tanta pericia en el sexo. Repentinamente lo escocieron los celos.

Echó a andar el motor y volvió a su cama solitaria.

QUINTA PARTE

Rito de Pasaje

Capítulo 1

Era mediodía. El sol pegaba desde su punto más alto, pero la brisa era fresca. Carmiña descansaba en la terraza de su casa frente al mar con los ojos cerrados. Vestía una blusa a rayas azul y blanco y pantalón marinero, prenda que pocas mujeres se atrevían a usar. El mozo puso sobre la mesita una copa colmada de vino rojizo, frutas, hielo y una rodaja de naranja ensartada en el cristal.

—Señora —dijo. Ella asintió apenas con la cabeza.

Había pasado con Fabio los mejores momentos de los últimos años. Lo había hecho caer en sus redes para su entretención y él lo había consentido, a pesar de que sabía, ambos sabían, que cuando a ella se le pasara el interés lo sacaría de su vida sin consideraciones.

El recuerdo vívido del profesor hizo que Carmiña casi volcara la copa, porque el fuego del deseo no había desaparecido y extrañaba su sexo apetecible.

Estaba prácticamente derrumbada en la reposera sufriendo un abandono en el cual no mediaron explicaciones, cuando llegó Jesús dando unas zancadas nerviosas que hicieron vibrar la terraza. Carmiña dejó desvanecerse los ardientes recuerdos del profesor, para prestar atención a su hijo.

—Madre, toma con calma lo que te voy a decir: me están buscando por la golpiza de los tres oficinistas del cerro Mariposas y la muerte del maquinista. Te quiero prevenir que me van a detener en cualquier momento —dijo, y de un trago se bebió la sangría trasparente que su madre apenas había probado.

—¡No, Dios mío! ¡No! —explotó Carmiña, asaz sensible. Se levantó horrorizada—. Por favor, no digas eso que me vas a matar.

—Lo siento, pero tenía que advertirte.

—¿Tú no lo mataste, no?

—Directamente, no.

—¡¿Qué quieres decir?! —preguntó, a punto de desfallecer.

—Quiero decir que yo di la orden, pero no de asesinato. Se les pasó la mano.

—¡Se les pasó la mano! ¡Estás loco, Jesús, estás rematadamente loco! ¡Y todo por una puta…!

—Ella no tiene nada que ver. Será mejor que vaya a preparar un maletín con algo de ropa.

Jesús entró a toda prisa en la casa. Carmiña lo siguió gritando fuera de sí al ver que su mundo se derrumbaba.

* * *

Luego que Simón le diera las señales, el inspector Orellana se puso de lleno sobre la pista de corrupción en el tema de las sobrefacturaciones. Pero fue Jesús el que hizo irrumpir a la policía esa noche en casa de Carmiña con una orden de allanamiento.

Carmiña no pudo disimular sus miedos frente al prefecto Orellana, cuando él le explicó que buscaban a su hijo por los hechos de violencia del cerro Mariposas. De solo imaginarlo recluido a perpetuidad le flaquearon las piernas. Debió sentarse. Se supo culpable. Ella había introducido la violencia y la venganza en su alma juvenil. «¡Qué he hecho de ti, pobre chaval!», se lamentó. Tuvo conciencia de que era ella la responsable. ¿Cómo explicarlo? ¿Quién lo entendería?

Era un muchachito apenas al morir su padre, cariñoso, dulce, bueno. Ella, en cambio, había sido una necia al incentivar en su niño, un inocente, una responsabilidad que no le correspondía.

Tan pronto se fue Orellana, Carmiña llamó a Campbell y lo obligó a venir a su casa esa misma noche.

—Haz algo para sacar ahora mismo a Jesús del país.

—No puedo hacerlo, Carmiña. Me están vigilando las veinticuatro horas del día. Además, por la huelga del canal de Panamá no hay barco hasta la próxima semana.

—No me importa que te estén vigilando, no me importa que no haya barco: ¡sácalo esta misma noche de Valparaíso!

—Carmiña, me estás pidiendo un imposible. Te olvidas que en este mismo momento afuera de tu casa hay un par de policías acechándome. A mí, que soy el jefe de la policía marítima. Yo, estoy siendo perseguido, ¿te das cuenta de la gravedad, o no?

—Tendré que arriesgarme sola, entonces —dijo amenazadora.

—Carmiña, lo ocurrido en el cerro Mariposas es un problema de Jesús, que nada tiene que ver con nuestro negocio. No podemos dejar que un hecho secundario nos hunda.

—¡¿Secundario?! ¿O sea que es secundario que mi hijo vaya preso de por vida? Cuando se trató de tu hija, no trepidaste en encerrar a Simón Rocco sin haber comprobado su culpabilidad, y yo te apoyé absolutamente. Tú que lo arriesgaste todo por Aída, ¿esperas que yo sea una madre que se preocupa más por el «negocio»?

—No te conocía esa faceta de madre abnegada.

—Pues te equivocas. Si te interesa el negocio, primero preocúpate de Jesús —dijo, dolida por el comentario.

—Entiende, Carmiña, no puedo arriesgar mi prestigio en un asunto contrario a la moral pública.

—Tienes una moral acomodaticia, Walter Campbell. Cuando se te pide ayuda eres incorruptible, pero para contrabandear, asesinar o defraudar al fisco no rige tu moral. —Campbell bajó la vista—. No tienes sentimientos. Dime, ¿tuviste que ver con la muerte de Vasco, no es así? Creo que me debes una…, y una muy grande ¡Sal de mi casa ahora mismo, no quiero volver a verte! —chilló.

—Carmiña, no seas arrebatada —dijo él, mientras ella lo empujaba hacia la puerta, clavándole sus uñas filudas en la espalda—, tenemos compromisos de por medio...

—Los veremos a través de Bruno —lo interrumpió ella, y cerró la puerta de un portazo.

En un primer momento el capitán se preocupó por lo que pudiera hacer Carmiña, pero no estaba dispuesto a dejarse atrapar por culpa de ese cretino de hijo suyo. Por otro lado, hasta donde la conocía, jamás se dejaría llevar por el celo de la maternidad.

Carmiña subió a su dormitorio. Abrió el ventanal; necesitaba respirar aire fresco. Se había negado reiteradamente a aceptar la participación de Campbell en la muerte de Vasco, pero al verlo tan inhumano, tan frío, resurgió la duda.

Es cierto que durante el juicio no se conocieron los motivos que tuvo Rocco para asesinar a Vasco. ¿Por qué se aceptó su culpa sin mayores cuestionamientos? Campbell nunca se refería a lo que había ocurrido aquel día, y ella jamás le preguntaba. Pero ahora dudaba seriamente. Se llevó una mano a la boca: «¡Oh, no, qué horror!».

Se había negado a aceptar una verdad evidente para proteger su imagen y resguardarse económicamente. Pero ahora quería saber qué había ocurrido realmente.

Desde hacía algún tiempo, la duda respecto a quién había asesinado a Vasco rondaba en el ambiente. Se lo había insinuado Emperatriz, y Fabio lo había confirmado:

«—Dicen que no fue Rocco, sino Campbell.

«—¿Quién lo dice? —dijo, enfrentándolo.

«—Se comenta.

«—No lo creo —replicó categórica».

Lo que en el fondo no podía aceptar era que había protegido a Campbell a toda costa, arriesgando incluso el bienestar emocional de su hijo. «Qué falta de criterio», pensó. Lloró estrepitosa pero brevemente, porque acto seguido se secó las lágrimas de un manotazo, tomó su cartera y salió.

El capitán se había equivocado.

El show aún no comenzaba, pero el Ulises Bar estaba lleno a tope. El Tano se sobresaltó al ver a Carmiña cruzar la pista entre la gente con paso decidido.

—Bruno —dijo ella con el rostro desencajado—, necesito saber qué ocurrió exactamente aquella noche de 1929.

Bruno se levantó sin responder, fue a la barra y sirvió dos coñacs. Se sentaron frente a frente.

—*Non è facile, è pericoloso* —dijo Bruno, y se zampó la copa.

—Bruno, mi hijo es joven, ha cometido graves errores y no quiero que siga en lo mismo. Necesito saber quién mató a Vasco. Te prometo que jamás diré cómo lo supe. Había tres personas más que Campbell esa madrugada, pudo ser cualquiera de los cuatro.

—No fui yo, no fue Rocco, tampoco fue Martínez, el policía que también estuvo involucrado. Es todo lo que te puedo decir.

—Gracias Bruno. Eres una gran persona, un valiente. Cuenta conmigo para lo que necesites.

Tiempo atrás, bajo el sol abrasador de este verano inestable, Rigoberto Orellana había abordado a Julia camino a su trabajo. Eran amigos de toda la vida, pero se habían dejado de ver cuando él se casó y se fue a trabajar a Santiago. Ella se alegró de reencontrarlo, pero cuando le contó que ahora era Prefecto en Jefe de Investigaciones de Valparaíso y que necesitaba conversar con ella, Julia comprendió que no se trataba de un encuentro casual: Bruno estaba siendo acorralado y Simón vivía en la clandestinidad, ¿tras cuál de los dos andaba?

«—No sé nada de Simón —se apresuró a decir, y sintió que el rubor le quemaba el rostro.

«—No es Simón quien me interesa, aunque podría ayudar... —dijo, para despistar.

«—No sé a qué te refieres…

«—Al Ulises Bar, a la gente que merodea por ahí. Tu jefe, el jefe de tu jefe, el jefe del jefe de tu jefe, más o menos eso.

«—Soy una simple empleada, Rigo, y mi jefe no tiene jefes.

«—No lo tomes a mal. Soy tu amigo y no te voy a presionar».

* * *

Desde que Aída lo dejara de esa manera tan violenta, Simón comenzó a cuestionarse seriamente respecto a qué era él como individuo. No obstante, su comprensión de lo diverso como algo pecaminoso se había relativizado, o había cambiado definitivamente.

Asimismo, había llegado a la conclusión de que ciertas características atribuidas como naturales o absolutas de cada sexo (afectivas, emocionales, comportamientos), entraban en el campo de los prejuicios y las construcciones sociales, más que de las certezas. A partir de sus propias vivencias había constatado que tanto los roles como su expresión (lo definido como típicamente femenino o masculino) correspondían a estereotipos. Cuando él era niño, por ejemplo, su madre no lo dejaba jugar con muñecas o usar vestidos de niñita (para jugar) por temor a que se identificara con el otro sexo. Craso error, porque la prohibición en nada cambió su naturaleza, puesto que de grande no solo le gustó maquillarse y vestirse con ropas de mujer, sino que efectivamente lo hacía y, a pesar de ello, no tenía apetencias sexuales por los hombres. Considerar que solo las mujeres debían ser sensibles, pasivas o bondadosas, era otro gran error. Su madre, que era mujer, había sido brutal en el trato con él. Los rasgos de cada sexo, a su modo de ver, estaban presentes en todas las personas y eso no implicaba necesariamente ambigüedad sexual. A veces, sin embargo, cuando los papeles no estaban bien equilibrados la persona podía confundirse, como le había ocurrido a él. Pero el suyo era un caso excepcional.

La situación pareció aclararse bastante para Simón, cuando entendió que su sexualidad se diferenciaba completamente de su pasión por el arte, que reconocía como su parte sensible. Era ahí, en su emocionalidad, donde radicaba esa capacidad suya para experimentar la belleza, los sentimientos y otras manifestaciones del espíritu como, por ejemplo, su sensibilidad artística. También era ahí, donde secundariamente entraba toda la parafernalia del vestido y el arreglo que lo hacía creer que era otra cosa, cuando en realidad era la expresión de su faceta artística.

Era lamentable no tener con quien conversar. Solo contaba con el Zorro, cuya capacidad para comprender un asunto tan espinudo era limitada. Se acordó de Pièrre Valois. Pensó que siendo un hombre de mundo, culto, un *gentleman*, tal vez podría ayudarlo.

Entró en la tienda del anticuario en plaza Victoria. El francés se sintió incómodo, hasta amenazado, cuando la vio cruzar el umbral. «¿Qué desea de mí?», se preguntó, y se alegró de que nadie supiera que la cantante era hombre.

Encontrarla fuera del bar después de haberse sentido atraído por ella —por él—, le causó una profunda contrariedad. Más aún, le pareció chocante con ese vestido a lunares magenta y limón. Y conste que él creía estar por encima de esos prejuicios. Lo cierto es que desde que se había enterado de que era hombre, lo único que le interesaba de ella era su voz.

Demoró un tiempo antes de atenderlo. Daba instrucciones de donde poner un mueble de apoyo con un hermoso medallón en el centro de la puerta, al que llamaban Boulle. Si Emperatriz hubiera tenido dinero, o si por lo menos estuviera en una posición más estable, se habría encalillado.

La invitó a pasar a su oficina en la trastienda. Apagó la radio que en ese momento trasmitía noticias de la guerra.

—Es tremenda la guerra, la conocí de cerca… —dijo grave.

El lugar era una especie de bodega alta y larga. A Emperatriz le sorprendió la cantidad de muebles antiguos amontonados como si fueran trastos. Hermosos cuadros con paisajes y retratos de hombres y mujeres distinguidos, colgaban de las altas murallas. También había un Chesterfield de cuero color verde petróleo, donde lo invitó a sentarse.

—Discúlpeme, pero necesitaba conversar con alguien y pensé que usted...

—Lo escucho —dijo, con la amabilidad mínima necesaria.

Emperatriz sacó un cigarrillo de la cartera y se lo ofreció a Valois, que no aceptó, pero siguió con la mirada el movimiento estilizado de sus dedos de uñas pintadas mientras lo encendía.

—En estos meses de libertad, salí el mismo día que empezó la guerra, mi vida dio un giro de trescientos sesenta grados.

—Ciento ochenta querrá decir, Emp…, perdón, Simón, porque con trescientos sesenta grados habría quedado donde mismo —dijo Valois conteniendo la risa, y le acercó un cenicero. Luego se sentó detrás de su escritorio.

—Sí, claro. Alguna vez le conté que comencé travistiéndome para protegerme, pero sucedió que como Emperatriz, identidad en un inicio circunstancial, he logrado cosas que artísticamente jamás hubiera conseguido como Simón. Pero ocurrió que junto con travestirme cambió mi percepción del mundo, de la vida, de la gente, de los sexos, de todo... Yo mismo cambié, ya ni siquiera leo, solo pienso en ropa. —El francés levantó una ceja; Simón se notaba fuera de control—. Es como si se hubiera producido una mutación en mí y el resultado fuera una mezcla extraña de hombre/mujer —Valois tosió—. Supongo que no sabe si tratarme como Simón o Emperatriz, ¿no es así?

Simón se sentía incómodo con Valois en plan de juez.

—Lo trataré como ambos, como un andrógino, no se preocupe —dijo, pronunciando las *r* como *g*; ahora el francés sonreía.

—Un andrógino…, dice usted. Ese ser perfecto que tiene lo mejor de cada sexo… Le aseguro que es fácil entenderlo como modelo, pero muy difícil de materializar como forma de vida en una ciudad de moral estricta como esta.

—Lo he estudiado en el escenario, Simón. Sin entender que lo suyo es un arte, un arte de transformismo, es probable que quienes lo rodean malinterpreten lo que usted hace, y lo vean como una excusa para vestirse de mujer. En lo que a mí respecta, entiendo que esta forma de expresarse es una necesidad para usted.

—Transformismo, eso es… Usted acaba de dar en el clavo.

Valois tomó un sobre que había en el escritorio. Lo abrió, ojeó rápidamente el contenido, y se sonrió.

—El arte del transformismo es muy antiguo —dijo el francés, sosteniendo la carta en una mano—. Era común en la ópera china tradicional y en el teatro japonés Kabuki. Supongo que a estas alturas usted tiene claro que Emperatriz y Simón no son nada el uno sin el otro. Observándolo, he llegado a la conclusión de que usted solo podría realizarse si reconoce que hay dos personalidades en usted, dos espíritus, dos seres que se complementan a la perfección en un mismo ser. En especial Simón, pues la emoción del escenario, los aplausos y el éxito le pertenecen en su totalidad a Emperatriz. Y si ella que es la esencia de la historia desaparece, se llevará todo el talento y la gloria, lo que confirmará sus temores —dijo, con ese acento que parecía una caricatura.

De pie, gravemente sumido en su drama, Simón dijo de pronto:

—No es fácil aceptar ese escenario aterrante como de vacío cósmico. La necesidad del arte, de cuya importancia he tomado conciencia recientemente, me resulta tan vital como el aire. Más aún, tengo la certeza de que si no me expreso a través de la música corro el riesgo de perderme. Una vez me vi forzado a dejarla, ¿acaso la maldición se repite?

—¿Me permite un momento? —dijo Valois, y leyó la carta. Luego dijo—: Qué coincidencia. Siéntese, por favor, que le tengo una noticia muy interesante.

—¿A mí? —dijo Simón, extrañado.

—Sí. Tengo un gran amigo, Andreas Lippi, casi un hermano. Vive en Buenos Aires y es un reconocido representante de artistas. Perdóneme, pero le hablé de manera tan convincente de usted, él confía mucho en mi criterio musical —le aclaró—, y me pide que se vaya de inmediato porque tiene preparado un espectáculo muy importante y necesitan algo excepcional.

—Pero allá hay de todo —dijo Simón.

—Sí, pero parece que no encuentra algo rupturista.

—¿Usted le explicó que soy hombre? —Valois asintió—. Le advierto que no me voy a desenmascarar, señor Valois.

—Lo intuí y se lo dije. Lo aceptó. Se deberá ausentar cuatro días solamente. Viajará en avión. Prepárese, que el calor en esta época es insoportable en Buenos Aires.

Mientras Valois hablaba con entusiasmo, Simón pensaba, para sus adentros, que no estaba anímicamente preparado. Y aunque siempre había soñado con viajar en avión, ahora le daba miedo debido, seguramente, a su sistema nervioso alterado.

—¿Qué le digo a Bruno? Podría despedirme y cuando vuelva encontrarme cesante.

—Usted parece no conocer a Bruno, jamás haría eso. No se preocupe, lo esperará.

—Tengo que pensarlo.

Simón le ofreció un cigarrillo. Le temblaban las manos. Esta vez el francés aceptó.

* * *

Desde el momento en que la situación se volvió peligrosa para Bruno, Julia no trepidó en contarle a su amigo Rigo Orellana, el prefecto, todo lo que sabía a cambio de que no tocara a Bruno. Pero Orellana fue claro respecto a Falcone: «Tendrá que enfrentar a la justicia, pero si coopera la condena será menor».

Abrumada por sus culpas, Carmiña decidió entregar su tranquilidad económica, su seguridad futura y hasta su propia libertad —o su vida, si fuese necesario— a cambio de la de su hijo. Jesús era buscado por los hechos del cerro Mariposas, y también por su participación en las operaciones de contrabando del grupo.

Siguiendo el estilo gansteril de «una por otra», Carmiña buscó el teléfono que le había dejado el inspector Orellana y le pidió que viniera a verla.

—Inspector —dijo Carmiña, mirándolo directo a los ojos—, tengo cosas importantes que declarar, pero antes usted debe sacar a mi hijo del país: sin cargos, sin persecuciones, sin policía internacional. Limpio, completamente limpio.

—Lo que me pide es imposible. Pero veamos qué me tiene que contar.

—No. No veamos nada. Acordamos ahora, o esta conversación se termina aquí.

—Usted tiene que entender que no puedo dejar impune el homicidio de un inocente. Es un asesinato —dijo él, alzando la mirada.

Carmiña permanecía de pie, impenetrable. Él, un experto lector de las emociones humanas, no pudo descifrar nada en ella. Solo una mujer sin la menor indiscreción gestual pudo haber continuado con los turbios negocios de su marido, multiplicado varias veces su fortuna y manejado un virtual imperio. Había que tener temple para tales afanes, y ella lo tenía.

—Y usted entienda —dijo ella—, que con esta información desbaratará un contrabando que daña enormemente nuestra alicaída economía nacional. El hombre está muerto, llorado y enterrado. El contrabando es una lacra social tan criminal como cualquier asesinato, y continuará ocurriendo si usted no hace algo.

—La impunidad es un mal camino porque no hay aprendizaje.

—El exilio, prefecto, también es un castigo.

—Pero insuficiente.

—El remordimiento y la culpa son más que suficientes.

—¿Y qué hará su hijo cuando se enfrente con sus culpas? ¿Sabe qué le va a ocurrir? Las va a sepultar en alcohol o drogas, o en ambas, y eso lo destruirá. La culpa, señora, es molesta, lastima. Estará ahí punzando, y en algún momento su propia conciencia lo confrontará y lo enjuiciará. Y es probable que el daño sobre él sea mayor que un castigo oportuno. La experiencia me dice que la agresividad que descargó en esos inocentes…

—Inocentes no —lo detuvo ella.

—…se revertirá —continuó—. Y no bastará el pedido silencioso de perdón. Porque el perdón no llega cuando la culpa actúa contra uno mismo. En ese momento se volverá víctima de su conciencia.

—Él no dio orden de asesinarlos. Si yo le dijera que él no tiene la culpa… No. No me mire así. No es que yo diga que no tiene *ninguna* culpa, pero si yo le contara de su trágica existencia de niño y de mi modo incalificable de ser madre, usted lo entendería. Finalmente, prefecto, culpe a los sicarios que enterraron los cuchillos y quédese ahí. Los asesinos efectivos son tan peligrosos como quien los manda, o más, porque matan sin motivos propios.

—Usted interpreta los hechos a su antojo. Para mí ambos son igualmente culpables.

A la postre, el prefecto debió ceder porque dadas las circunstancias y la inquebrantable resolución de Carmiña, le fue imposible negarse a su propuesta.

* * *

El mismo día que Simón regresó de Argentina visitó a Pièrre Valois en la tienda.

A Valois le impresionó notar a un Simón demasiado inquieto. Suspiraba angustiado, su mirada saltaba de un lugar a otro, se levantaba y se sentaba como si tuviera un resorte. Estaba fuera de control.

—¿Qué le ocurre, Simón? Dígame, ¿acaso le fue mal en Buenos Aires? —le preguntó preocupado.

—No, por el contrario, me fue fenómeno —Valois reparó que se le había pegado un adjetivo de uso común en el país vecino—. Pero creo que fue demasiado para una persona que vivió encerrada durante diez años. Ahora soy incapaz de ordenar mi cabeza.

El anticuario se echaba aire con el periódico; el calor en la trastienda era infernal. Pero también lo hacía para disimular la intranquilidad que le producía Simón vestido de mujer hablando con voz de hombre.

—Siéntese. Le voy a pedir una agüita de toronjil, eso lo relajará.

—No, gracias. Hace demasiado calor.

—Cuénteme, ¿cómo le fue? ¿Qué le pareció Lippi? Y a Lippi, ¿qué le pareció su show? ¿Cómo reaccionó la gente? ¿Qué sintió frente a un público más exigente que el de Valparaíso?

Simón se abrumó con el bombardeo de preguntas. Incapaz de responder, se puso las manos en los oídos y comenzó a pasearse dentro del pequeño cerco formado por los muebles de estilo.

El francés guardó silencio.

—Hoy es martes trece —dijo Simón. Él nunca había sido supersticioso, pero Emperatriz era temerosa. Detuvo su mirada en un paisaje de la cordillera de Los Andes que colgaba del muro blanco tapizado de cuadros. De pronto dijo—: Buenos Aires es espectacular. Esa sí que es una metrópoli. Si quiere saber cómo me fue artísticamente, le aseguro que fui todo un éxito. Me ovacionaron, me festejaron y me llovieron los contratos. Muchas gracias por lo que hizo por mí, monsieur Valois.

—Me alegro mucho. Cuénteme, ¿aceptó alguna oferta? —preguntó entusiasmado.

—No.

—¡¿Por qué no?!

—Todo se empañó.

—¡¿Por qué?!

—Creo que no fue una buena idea hacer ese viaje como Emperatriz exclusivamente, pues Simón con todo el derecho del mundo reclamaba su espacio. Muchas veces, aunque no siempre, es él quien toma las decisiones; en cambio, allá debió soportar a una Emperatriz terriblemente autoritaria. Se le subieron los humos a la cabeza. Las peleas, la rivalidad, la discusión, fueron permanentes. Al final ella venció, pero presiento que en el tironeo se me pelaron los cables. —*«Il est complètement fou»*, pensó Valois—. Usted debe pensar que estoy completamente loco, y quizá tenga razón. Usted sabe de mi afición por la ropa, digo, la de Emperatriz... No pudo contenerse y compró todo lo que se le puso por delante: vestidos, zapatos, carteras, echarpes, pero todo de mujer, señor Valois. Todo de mujer. No compró ni un solo traje de hombre, y me temo que muy pronto deberé asumirme como Simón. ¿Se da cuenta?

Extraño personaje, pensó Valois, reconociendo que era una de las personas más interesantes que había en el puerto. Lamentó que debido a su crisis —Simón estaba delirante—, no hubiera podido disfrutar de la gran ciudad. Pero lo que le pareció más preocupante fue que Simón parecía verse a sí mismo como dos personas.

Emperatriz levantó un abanico japonés antiguo que había sobre el escritorio, lo desplegó y se echó aire.

—¡Uf, qué calor! —dijo. Miró al francés y esbozó una sonrisa. Puso de vuelta el abanico sobre la mesa.

—Llévelo. Se lo regalo.

—¿Seguro? Gracias —dijo, dejándolo junto a su cartera—. El problema no es conciliar cuerpo y espíritu, que ya se han integrado de tal manera que mi parte femenina, Emperatriz, forma parte de mí tanto como el riñón o el pie.

—Lo verdaderamente complicado —lo interrumpió Valois, con su particular acento— es hacer viable que dos personalidades de distinto sexo compartan un solo cuerpo y se desenvuelvan por la vida como cualquier hijo de vecino. Una doble vida me parece muy difícil de llevar en el pequeño Valparaíso.

Simón se sentó, cruzó la pierna, tomó nuevamente el abanico y se echó aire.

—La salida más razonable sería aceptar mi destino de hombre de carne y hueso. En tanto que ella que posee la esencia, pero no la sustancia, deberá retirarse con toda la dignidad que la situación requiere.

Valois temió que con tanto desquiciamiento, en cualquier momento lo privaría de oír su voz.

—Simón no es nadie sin Emperatriz, y usted lo sabe. Podría dejar a Emperatriz para las actuaciones —le sugirió.

Al igual que Mayito, aunque por razones diferentes, Valois tampoco quería que Emperatriz desapareciera. Simón dejó el abanico.

—Eso es imposible. Para la sociedad porteña un hombre que actúa como mujer, solo puede ser homosexual. Lamentablemente, aquí no hay espacio para la diversidad. Si cantara como Simón con la voz de Emperatriz sería ridículo. Ella es el show. Esa voz es de ella, la he trabajado desde la época de la cárcel para ella y los laureles le pertenecen en su totalidad. Ni en el colmo de la desesperación llegaría tan bajo como para apropiarme del talento ajeno. ¡Oh!, ¿qué estoy diciendo? ¿Acaso me estoy volviendo loco? —dijo, llevándose una mano a la boca.

—Menudo melodrama está armando Emperatriz, perdón, Simón.

—Por lo demás, si dejara a Emperatriz como la personalidad dominante («es más entretenida», le había dicho Mayito) no sería fácil la convivencia —dijo Simón—, porque ella tiene un carácter voluntarioso que se acentuaría si fuese el ama. Ya lo viví en Buenos Aires. Le va a parecer una locura lo que voy a decir: Emperatriz y yo somos una unidad en la mayoría de los aspectos, pero ella es diferente a mí, tiene pensamientos y criterios propios. No, de ninguna manera me gustaría vivir sometido a su arbitrio, porque a pesar de que es una gran artista, no es una persona fácil.

—Cuidado Simón, usted está muy confundido, ella no existe: usted es ella.

—Lo único que tengo claro, monsieur Valois, es que terminar con mi lado artístico, el lado que más aprecio, el único que tendrá trascendencia, será irremediablemente mi fin.

—Para pena de todos y para desgracia suya, si ella desaparece se llevará su hermosa voz.

Cuando Simón clavó los ojos sin expresión, con la boca entreabierta, en el techo, el francés comprendió que había entrado en un estado peligroso de alucinación. «¡Oh, pobre Emperatriz que agoniza ante tanta indecisión!», pensó, contagiado con la esquizofrenia de Simón.

* * *

Los diarios de la tarde publicaron en grandes caracteres la noticia de que el capitán de marina Walter Campbell, Carmiña Chavarri y Bruno Falcone estaban involucrados en una red de estafas al fisco, contrabando de oro y otras artimañas mediante las cuales se enriquecían ilícitamente.

A pesar de la guerra y su acaparamiento de titulares, los medios llenaron páginas con las irregularidades que implicaban a estos conspicuos ciudadanos.

Con el ánimo de protegerse, los socios comenzaron a hablar. Campbell no lo hizo, pero debió tomarse un whisky para recuperar el pulso cardíaco. Sabiendo que la gente se regocija con la desgracia ajena, llamó de inmediato a su hija a Buenos Aires. Prefería ser él, y no la prensa o el cominillo diplomático, quien le diera la mala nueva.

—Prepárate —le dijo a gritos, debido a las dificultades habituales en la comunicación—. Vienen días de tormenta.

—¿Por qué?

—Nada, nada. Estoy en algunos problemas, pero quiero prevenirte para que no te tome por sorpresa.

—Adelántame algo, por favor —pidió Aída, angustiada.

El capitán no fue capaz de anticiparle lo que sucedía, y recurriendo al subterfugio de fallas en la línea, cortó.

El golpe no fue menor para Carmiña que corría por toda la casa agitando el periódico y maldiciendo al mundo, hasta que tomó el teléfono.

—Cálmese. Naturalmente que no fui yo —respondió Orellana, que consideraba que esto no podía haber ocurrido en un momento más inoportuno.

—Mi hijo, ¿en qué medida esto cambia la situación de mi hijo?

—En nada.

—¿Está seguro?

—Absolutamente.

Carmiña se calmó. Le importaba un bledo si Campbell, Bruno y ella misma eran sentenciados y encerrados.

—Por favor, no toque a Jesús —le rogó.

Capítulo 2

Luego de la conversación sostenida con Pièrre Valois, Emperatriz caminaba con la conciencia completamente alterada por calle Esmeralda.

El mundo, que ahora se abría para ella con ofrecimientos de soñados contratos, giraba informe y vertiginoso a su alrededor. Sorpresivamente tropezó con un kiosco tapizado con una edición especial de la tarde, donde anunciaba que Walter Campbell había sido detenido a última hora. Más abajo decía que la red de contrabando —incluido Jesús, a quién también buscaban por asesinato— había sido identificada y que estaban a punto de ponerles el guante encima.

Un escalofrío recorrió a Emperatriz de pies a cabeza. «Soy mujer muerta», se dijo, y sintió que había entrado en riesgo vital, pues al hacerse pública la culpabilidad de Campbell, Simón quedaba liberado y ya no necesitaría de ella para sobrevivir. Siempre había temido que ellos lo asesinarían a él y que ella desaparecería como consecuencia. Pero ahora sería él quien debería terminar con ella; creyó desmayar.

Atormentada por su fatídico destino, Emperatriz erró como ebria por las ruidosas calles atestadas de gente a esa hora. Los altos y pesados edificios parecían venírsele encima. Por costumbre elevó la mirada para ver la hora en el reloj Turri, pero no la registró. El viento marino viscoso hacía que la seda suave y ligera de su pollera se pegara a sus muslos a medida que avanzaba o retrocedía, indistintamente. Un sentimiento súbito de falta de control se apoderó de ella y echó a correr. Huía de la muerte. Sus piernas flacuchentas, no bien torneadas como las de Marla, adquirían una fuerza poderosa con la seda adherida, como la *Victoria de Samotracia*. La gente la miraba ir como loca con su pelo revoloteando al viento.

Deambuló por horas hasta que la venció el cansancio. Se sentó en las escalinatas de un edificio, despatarrada, la cabeza colgando como un ave muerta en la rama. Era aterrador aceptar la inevitabilidad de su destino, sentir la fatalidad encarnizarse en ella, en circunstancias de que se había aficionado a la vida. Sacó el abanico y se echó un poco de aire. Después de un rato se levantó con esfuerzo y se mezcló entre la muchedumbre. «Buenos días, Emperatriz», oyó decir. Se sobresaltó; miró al hombre con ojos desorbitados de miedo y extravío, y huyó. ¿Cómo no iba a estar trastornada si se encaminaba a su propio entierro?

Si no fuera que Simón había hecho suyos el mundo y los éxitos de la cantante, desde este momento podría fijar la fecha y hora de su deceso. Pese a las diferencias, Simón y Emperatriz habían terminado por compenetrarse tan profundamente en sus gustos, convicciones e incluso en sus obsesiones, que hasta el tema de la ropa pesaba al momento de tomar la trágica decisión. Genio y figura hasta el final, en estos momentos dramáticos de crucifixión, a la diva le dolía pensar qué haría Simón con sus vestidos de noche, la bisutería, los perfumes, el vestido de seda rojo, la boa que le regaló Bruno (a decir verdad, esa le pertenecía a Julia). Disculpó su ataque repentino de avaricia, porque era duro pensar en herencias; herencia era sinónimo de muerte y ella no quería morir. Está bien, se dijo a sí misma, le dejaría todo a Julia y a Marla. Pero la decisión la sintió como un desgarro, porque era en su faceta femenina donde mejor se hallaba.

«Señora, la ayudo», le dijo un joven grumete, al ver que ella daba pasos en zigzag y que iba a directo a golpearse contra la muralla. Emperatriz le hizo un ademán de que se alejara, y apoyó sus manos en el muro para no caer. Con lentitud y torpeza se giró y se recostó de espaldas contra la pared sólida de cemento.

De pronto comenzó a evocar el ambiente caliginoso y siempre animado del Ulises Bar. Las luces vibrantes, la resonancia de la música, los aplausos, la alegría, las voces, irrumpieron inusitadamente en su cabeza, no como una alucinación, sino como la vida misma de la que querían privarla. Tuvo la certeza de que eso era lo suyo y que, probablemente, este era el principio del fin del período más apasionante de su vida.

Y pensar que ahora era libre para recuperar su masculinidad. En otro momento habría recibido la noticia como un regalo, pues dejaría de ser el ilota, el travesti dentro del ropero, el desterrado en su propia patria. Pero la noticia no lo alegró. Se detuvo frente la vitrina de la Casa Rudolf. No pudo imaginarse llevando esa ropa masculina de matices anubarrados que no le decía nada, versus los coloridos vestidos de Emperatriz que le fascinaban. Por unos instantes se ilusionó pensando que Simón se estaba asumiendo como hombre/mujer, aunque era descabellado suponer que optaría por vivir como un ella, o a través de ella.

Súbitamente se encontró frente a una joyería de calle Prat. Un anuncio en la vitrina decía: «Aros de oro recién llegados», y en la puerta un pequeño letrero: «Se perforan las orejas».

Se detuvo. Simón consideraba que esta era una práctica primitiva. No obstante, Emperatriz pensó que una forma irreversible de aferrarse a la vida era dejando marcas indelebles en su persona, marcas físicas. Y aprovechando que ahora era ella quien dominaba la situación, daría el golpe de gracia.

En cada lóbulo atravesó un arete de oro con brillantes, como si fueran una espada. Frente al espejo giró la cabeza para un lado y luego para el otro, y nuevamente a un lado y a otro, para ver incansablemente como las hermosas placas centellaban con la luz.

En la calle se sintió aliviada, por fin se había librado del dolor lacerante de los clips.

Decidida a zafarse de todo aquello que la había mortificado, se arrancó la peluca que le oprimía la cabeza, dejando al descubierto su pelo natural sudoroso aplastado como paja. Agitó con los dedos el cabello que se disparó desordenadamente. La gente la miraba como si fuera loca. De hecho, el miedo a la muerte la había desquiciado. Caminaba balanceando con hastío la peluca en una mano, hasta que la dejó caer dentro de un enorme y maloliente basurero de lata.

Convencida de que la permanencia de Emperatriz en este mundo solo era posible en la medida que afianzara su condición de mujer, entró en la primera peluquería que encontró y se tiñó el cabello propio de un audaz rojo fuego.

Y en medio de la locura pareció hacerse la claridad, porque esta suerte de ritual iniciático que inconscientemente acababa de realizar, no era sino la transición de un estado, condición o papel, a otro. Mediante este proceso se hacía realidad la muerte simbólica de Simón y su renacimiento en una Emperatriz, que ahora era más mujer. No había vuelta atrás.

* * *

Desde que Jesús comenzó a ser perseguido por la justicia, Marla se encargó de ocultarlo. Para que la gente creyera que se había marchado —que la había abandonado—, Marla siguió yendo al bar.

Quienes la conocían notaban un cambio muy grande en su conducta. Estaba huraña y no aceptaba proposiciones de cualquiera. Los hombres se preguntaban para qué viene al bar, entonces. Algunos relacionaban esta transformación con la desaparición de Jesús.

A veces llegaba taciturna, bebía un Martini y al poco rato salía abrazada de algún hombrecillo maltrecho y sucio, y no de otros de mejor aspecto que le hacían buenas proposiciones.

Esta era la estrategia que habían diseñado para despistar.

Jesús se escondió en el departamento de calle Serrano, hasta que se enteraron que vendrían a allanarlo.

Cuando ella llegó esa tarde, él estaba sentado en una silla junto a la ventana abierta, la mirada perdida en el horizonte.

—¿Adónde me llevas, Marla?

—A un lugar seguro. Vamos —dijo ella, apurándolo.

Pero Jesús no tenía prisa, tampoco tenía miedo; era como si deseara pagar por sus errores.

Ella se acercó con dulzura y le acarició la cabeza, se sentó sobre sus piernas y lo besó. Él comenzó a desabrocharle los botones de la blusa. Nada le gustaba más que ella quisiera hacer el amor, porque siempre era mejor cuando ella tomaba la iniciativa.

—Dondequiera que esté contigo estaré feliz, Marla. Te amo, ¿me amas?

—No preguntes tonterías.

—¿Me amas?

—No.

—¿Nada?
—Poco, muy poco.
—Gracias Marla.

* * *

La medianoche de ese martes trece de locura, Simón se despertó en medio de una pesadilla. Era la primera vez que Emperatriz soñaba; hacía poco había sentido deseos de llorar. ¿Acaso se humanizaba?

Se quedó el resto de la noche pegado en un haz de luz que se reflejaba en el techo, hasta que comenzó a clarear. Superado por su situación emocional, no fue a trabajar al día siguiente, ni al subsiguiente, ni en tres o más días. No supo cuántos. No lograba ordenar la cronología de los hechos en su mente.

Pasó el tiempo encerrado en su casa rumiando la pérdida de su conciencia. Y si su aspecto era descuidado, su mente gravemente enferma se podía percibir en el desastre que había dejado en la salita. Ató las corbatas y las colgó del techo como guirnaldas. A las chaquetas de hombre les cortó las mangas; a los pantalones, las piernas, y los puso en perchas que colgó de las *guirnaldas*. Por nombrar solo una parte del siniestro, pues con sus afeites pintó el gran espejo con dibujos de bocas, ojos, pestañas, orejas y dientes. Garabateó las murallas y los otros espejos con palabras como travesti, pollera, hombre, cantar, locura, disfraz, Ulises Bar, éxtasis.

* * *

Mientras tanto, Bruno esperaba con horror que lo detuvieran en cualquier momento. No descansaba resolviendo traspasos, poderes y otros, todos a nombre de Julia. Y como si con esto no tuviera suficiente, debía distraerse con las crisis de *la voluble*, cuya repentina ausencia nadie le explicó con suficiente claridad. O fue que no entendió, ya que le dijeron cosas diferentes pero parecidas: como que tenía un pariente enfermo en Buenos Aires o que se había muerto o que se estaba por morir. Lo cierto es que con tanto problema ya no entendía prácticamente nada. «Entonces es cierto que vivió en Buenos Aires... Pero si fue a enterrar a alguien, seguro que era su amante», pensaba lleno de celos añejos.

«—¿Por qué no viene a trabajar? —le preguntaba intrigado a Julia.

«—Dicen que está de duelo —le mentía».

Aunque a veces se confundía, el motivo de real preocupación de Bruno era que su ausencia estaba llevando el bar a la quiebra. «Esta enfermita», la disculpaba con falsa compasión. Pero igualmente los parroquianos se marchaban amenazando que no volverían, hasta que Emperatriz regresara. La situación era de terror.

Al verlo tan angustiado, Julia le rogó que fuera a buscarla.

* * *

Las cosas se habían complicado bastante para Jesús, desde que los nombres de los defraudadores aparecieron en la prensa.

A Carmiña le importó un rábano la pocilga donde Marla había escondido a su hijo. Faltaba poco para que se embarcara y mientras más seguro estuviera, mejor. Había reconocido el gesto de la muchacha de protegerlo exponiéndose a sí misma.

—Me alegró mucho que me pidieras que viniera a verte, te extrañaba —le dijo Carmiña a Jesús, aunque hubiera deseado decirle que lo adoraba y abrazarlo largamente, ya que no lo vería por mucho tiempo.

Antes de iniciar la conversación, Jesús le previno:

—Madre, no me voy sin Marla.

Carmiña pensó que su hijo aún no tomaba conciencia de la situación en que estaba. No había sido fácil convencer al capitán de un carguero de la Grace Line con camarotes para pasajeros. Debió correr demasiado dinero, aunque eso no tenía importancia. Carmiña asintió. Entonces, Jesús agregó:

—Marla dice que Simón Rocco no asesinó a mi padre, ¿tú sabes quién fue?

Carmiña dio un respingo.

—Sí.

Jesús se quedó helado.

—¿Quién?

—Walter Campbell —dijo, como en un susurro.

—¡Qué! ¡No! ¡No lo puedo creer! —gritó Jesús, y salió como catapultado de la silla. Se aferró del catre con ambas manos y comenzó a remecerlo con violencia—. ¿Por qué lo hizo? —dijo finalmente, con los ojos empañados de dolor e incomprensión.

Carmiña debió tomar aire para responder.

—Tu padre amaba a la mujer de Campbell. Quería abandonarlo todo e irse con ella. Campbell no podía permitir esa humillación. Pero había algo más, y tú lo sabes: en este negocio cualquier cosa está permitida, menos ponerlo en riesgo. Porque no solo significa perderlo, sino que exponerse a ser descubierto. Y Campbell estaba interesado en mantenerlo a toda costa.

—¿Por eso mandaste a un inocente a la cárcel?

—Yo no lo mandé. No lo sabía, pero tampoco sospeché en ese momento. Y aunque después, en más de una ocasión me lo pregunté, lo dejé pasar. Tenía que haber un culpable, pero ese no podía ser Walter, ¿de qué viviríamos? ¿Sabes cuánto de lo que gastábamos para vivir se producía legalmente? Viuda, con un hijo y en la calle en un país extraño, ¿te parece un escenario razonable?

—¿Por qué mi padre no se fue con ella?

Carmiña debió apoyarse contra la ventana.

—Supongo que porque estaba enferma.

—Tú preferiste que mi padre muriera, ¿no es así?

—¡Qué dices! Jamás quise algo así.

—Te conozco, madre. Te conozco. Tu amor propio herido te desquició. Tú no empuñaste el arma, tampoco incitaste a Campbell, pero callaste.

Carmiña dejó caer la cabeza.

—Es cierto. No quería que se supiera que me engañaba, pero no tenía ninguna certeza de que hubiera sido Campbell; solo eran suposiciones.

—No te estoy culpando, solo trato de entender.

—No espero tu perdón, pero me alegra oírte hablar así, porque veo que has crecido mucho en este último tiempo. Estoy contenta porque tienes buena materia prima, eres como tu padre. Prefiero que seas como él, yo soy una mala persona, pero te amo. Esto es lo único en lo que soy medianamente humana.

—Debes darle las gracias a Marla por ese cambio. No has querido reconocer sus méritos. Has de saber que todo lo que estás diciendo a favor mío, es obra suya —dijo Jesús, sentándose en la cama—. ¿Campbell? No sé si estoy preparado para cumplir la promesa.

—No lo estás. Por favor, Jesús, olvídalo. Te lo ruego.

Carmiña se sentó junto a él.

—¿Todavía lo proteges?

—Solo te protejo a ti, Campbell me importa un bledo. Va a ser juzgado lo mismo que Bruno y que yo. No tiene escapatoria. No tenemos…

—¿Fuiste tú quien habló? ¿Fuiste tú? —Carmiña no asintió ni negó—. Lo hiciste por mí. Siempre pensé que no te importaba. No quiero que te sacrifiques. No podría soportarlo.

Carmiña lo abrazó. Él se dejó.

—Eres lo único que me importa —dijo ella.

* * *

El viernes a media tarde llegó Marla a casa de Emperatriz.

Dio unos golpes delicados con los nudillos. La puerta se entreabrió, chirrió, pero nadie acudió. Se asomó y, oh sorpresa, Simón estaba sentado en un piso de madera en medio de la habitación. Lucía diferente, como extraviado. Marla retrocedió por la impresión y juntó suavemente la puerta. Con las manos aún tomadas de la manilla, esperó hasta recuperar el aire y que las palpitaciones se normalizaran. Qué extraño. ¿Qué hacía Simón ahí? Volvió a golpear, pero como él no reaccionara, entró.

El cabello encendido de Simón lastimaba los ojos. Sus piernas extendidas cruzaban la habitación. La espalda encorvada, la mirada perdida y un tazón vacío de café encajado en su mano, formaban un cuadro patético que hacía pensar que estaba ebrio o dormía, cuando en realidad alucinaba.

El caos reinaba en la habitación. Un olor desagradable a pucho mal apagado la hizo toser. Simón tenía unas gotas de sudor en la frente. Faltaba el aire. El calor era sofocante a causa de un incendio en el cercano cerro San Francisco, que arrasaba con todo lo que allí había por arder. En una silla descansaba un plato atestado de colillas. Sobre la mesa había un zapato negro de hombre, un pote de betún —el cepillo chorreaba sobre el mantel escocés— y un maltratado abanico japonés. Del techo colgaban en perchas unos trajes de hombre recortados. En la otra habitación se divisaba una maleta abierta, desbordante de ropas que rodaban por el suelo. Collares, unas zapatillas de levantarse de raso negro, sostenes, una chaqueta de hombre —que parecía haberse salvado—, una boa; todo estaba tirado en los lugares más insólitos. El par de zapatos rojos de charol de Emperatriz estaban sobre la cama. ¿Dónde está Emperatriz?, se preguntó intrigada. ¿Qué podía haberle ocurrido a Simón, que parecía un alienado incapaz de reaccionar ante presencia humana?

Anonadada, Marla dio vueltas a su alrededor. Luego, se detuvo y lo observó con detención. Llevaba el cabello bastante largo pintado de un rojo furioso. Tenía restos de maquillaje en los ojos, y también en los labios. Unos aros de oro le perforaban las orejas. Su aspecto era equívoco, una combinación de hombre/mujer que no calzaba para nada con el Simón que ella conocía.

Y pensar que ella le traía buenas noticias.

Se puso en cuclillas frente a él. Con cuidado le sacó la taza y la dejó sobre el piso. Le tomó las manos entre las suyas pensando que reaccionaría, pero nada. Oh, las uñas también estaban pintadas. Se acercó para observarlo mejor. Le produjo gran turbación descubrir que Simón, con ese aspecto tan diferente, se veía igual a Emperatriz, solo que ese color de cabello… El parecido era sorprendente. Eran idénticos. Tal vez era su hermano o su gemelo, y por eso estaba ahí. Marla le tocó con suavidad los labios, los pómulos, las orejas. Todo era igual, pero al mismo tiempo diferente bajo ese aspecto insano.

Simón reaccionó al sentir la mano de Marla que lo palpaba. Levantó la cabeza y fijó momentáneamente sus ojos en ella. Recogió lentamente una pierna y luego la otra. Marla le trajo un vaso de agua.

—¿Quién es usted? —preguntó afligida, ofreciéndole el vaso, pero como él no reaccionara, insistió—. ¿Quién es usted?

Simón la miró. Ella, la bella, había sido brutalmente violentada y estaba intentando sacarlo del sopor a él, que no había hecho nada para ayudarla. La vergüenza lo corroía. Los médicos, alarmados por el estado en que la muchacha había llegado al hospital, habían temido por su vida. Y comentaron que si no moría con todas esas costillas rotas y el fémur dañado, quedaría coja para siempre amén de la cojera del alma. Pero Marla era una luchadora y se había salvado.

Un silencio prolongado, eterno, con ella observándolo extrañada, fue violentamente interrumpido por unos golpes en la puerta.

Tras ellos, la voz enérgica de Bruno que gritaba como para despertar a un muerto.

—¡Sé que está ahí, Emperatriz, sé que está con la Marla! ¡La vi entrar, no puede negarlo! ¡No saca nada con esconderse; echaré la puerta abajo! ¡Abra, Emperatriz! ¡Abra, o no me controlo!

El italiano era lo único que faltaba.

Marla lo miró desconcertada. Simón se levantó como reconstruyéndose, sus miembros estaban agarrotados.

—Espere, Bruno —pidió con voz cansina—. Marla, por favor, entre en el dormitorio.

Tomó un rouge que había sobre la mesa, se pintó los labios sin siquiera mirarse al espejo y se ordenó toscamente el cabello. Mientras afuera de la casa Bruno golpeaba la puerta con furor, hasta que finalmente Simón abrió.

—¿Qué pasa? ¿Por qué viene a molestarme? Déjeme en paz —le dijo Emperatriz con fastidio.

—¡¿Qué hizo con su pelo?! ¡¿Por qué lo tiñó rojo y lo cortó?! ¡Qué aspecto tan extraño tiene! ¿Es usted? ¡Está loca, Emperatriz! Usted parece un hombre. ¿Y esa ropa? Usted está distinta… ¿Y su casa? ¡¿Qué hizo con su casa?! *Oh Dio!* —gritaba descontrolado Bruno, hasta que lo interrumpió el estruendo que produjo el vaso que cayó de la mano de Marla. El agua corrió por debajo de la puerta hasta los pies del Tano—. ¡Y no me niegue que la Marla está aquí, porque la vi entrar, con estos ojos la vi! —chillaba haciendo aspavientos.

Marla escuchaba totalmente aturdida desde la habitación contigua: Simón era Emperatriz; Emperatriz, Simón.

—Bruno, le pedí que no se metiera en mi vida… —dijo, mirando preocupado hacia donde estaba la muchacha.

—¡No me niegue que la Marla está aquí! —gritó, y se lanzó enloquecido hacia el dormitorio, pero Emperatriz lo sujetó con firmeza. Forcejearon hasta que Bruno cedió.

Fuera de sí, Bruno lanzó algunas ofensas contra Marla, que la cantante rebatió a voces.

Debido al estado de shock en que se encontraba, a Marla no le importó lo que el bruto decía de ella. En otra ocasión se le habría tirado al cuello, pero ahora no salía de su estupor. Emperatriz era Simón; Simón era Emperatriz. Esto era demasiado. Estuvo ahí todo el tiempo viendo lo que ella hacía: Jesús, el dios nórdico, los escándalos, pensaba confundida entre los alaridos del asno de Bruno y las respuestas estereotipadas de Emperatriz/Simón.

—Ve que yo tenía razón y que usted mentía —gritaba descontrolado—. Usted es lesbiana, lo sabía. Usted y Aída, y la Marla también. Todas lesbianas. ¡Ahora lo entiendo todo!

A Simón le sorprendió que Bruno lo celara estando ahora con Julia. Era un enfermo.

—Usted no me ha visto metida en la cama con nadie.

—Conmigo sí, pero mejor no lo recuerde que me duele.

—Váyase, por favor —le ordenó, empujándolo hacia afuera.

Incapaz de controlar sus emociones, Bruno salió tambaleante, secándose con la mano el sudor y las lágrimas de rabia y desengaño, que brotaban involuntarias por culpa de este amor perverso. Pero también por la estampida que su ausencia estaba provocando en el bar. Y por si todo esto fuera poco, no le había preguntado si iría esa noche a trabajar.

—Emperatriz, Emperatriz, usted me está matando —se lamentaba afuera.

Marla se apoyó en el vano de la puerta. Tenía la pena dibujada en el rostro, con los ojos y las comisuras de los labios como luna invertida.

—Necesito explicarle... —dijo Simón, pero al mirarla no supo por dónde empezar. Él transpiraba, también por el calor.

Marla se dejó caer en el taburete. Ahora era ella quien se encontraba en estado de shock. «No debió engañarme», pensaba ella con el alma hecha trizas.

Simón jamás imaginó que se lo comunicaría de forma tan violenta. Al verla destruida le resultaba difícil abordarla. Se inclinó igual que lo hiciera ella momentos antes. Le tomó ambas manos.

—Créame, preferí no decirle que era Simón, porque hubiese sido muy incómodo para ambos encontrarnos diariamente en el bar.

Marla se levantó y caminó hacia la puerta. Tomó la manilla.

—Jamás lo habría denunciado —dijo—. No puedo ser su amiga si usted no confía en mí. Como todos, usted también cree que las mujeres de mi clase no tenemos moral.

—Por favor, no diga eso —rogó Simón. Se acercó y puso su mano sobre la de ella impidiéndole abrir—. Jamás pensé que haría algo así. Cuando pienso en usted, nunca me detengo en lo que hace, sino en lo que es: un ser maravilloso. El problema era conmigo, créame, porque usted tenía que estar ahí y yo también, pero ridículamente vestido de mujer. Me avergonzaba que me viera en ese papel, ¿me entiende?

Simón tomó un cigarrillo y lo encendió para ella; él también fumó. Nuevamente el silencio se apoderó de la habitación.

—Le vine a dejar un recado con Emperatriz —dijo ella, después de un rato—, pero veo que se lo podré dar personalmente: Jesús ya no lo busca.

Simón se sentó y metió la cabeza entre las manos. El cigarrillo comenzó a chamuscarle el cabello.

—¡Cuidado! —gritó ella, alejándole la mano—. Con este calor se podría incendiar vivo.

—¿Le horroriza pensar que no soy el hombre que creía, porque llevo aretes y me visto de mujer?

Marla miraba por la ventana la calle desierta a esa hora.

—No me horroriza —dijo—, pero sí lo pienso.

Era imposible que no lo pensara, porque este Simón de cabello rojo y aretes no era el que ella había conocido. El otro era sensible, este afeminado; el otro hombre, este andrógino; el otro pasional, este osado.

Simón aplastó con sus dedos de uñas escarlata, en una concha de ostión, el cigarrillo a medio terminar.

—Usted no debiera encontrarme en esta facha inclasificable ahora que nadie me busca. Me ha costado muchos dolores de cabeza entender que mi sexualidad no tiene nada que ver con la forma en que me expreso artísticamente. Sin embargo, dígame si no es un contrasentido que habiendo alcanzado la gloria en otra identidad, tenga que volver al anonimato.

—Yo firmo mis escritos con seudónimo, literariamente no soy nadie.

—Créame, no es sacrificar el ego lo que me importa —dijo—. ¿El ego de quién, finalmente, si Simón es solamente el portador?

—No entiendo por qué tiene que dejar de cantar.

—Aunque es difícil de entender, y soy honesto al decirlo, no podría cantar vestido de hombre. No funcionaría. Así como tampoco podría articular una vida para los dos personajes viviendo como mujer. Porque soy hombre, a pesar de lo que le escuchó decir al cretino de Bruno.

—¿Quién soy yo para juzgarlo? —dijo ella, pero no pudo evitar recordar los comentarios acerca de Bruno y la cantante—. Usted es un artista, y los artistas tienen licencias de las que el resto de los mortales carecen.

—No todo el mundo piensa lo mismo. Nadie sabe que Emperatriz es Simón Rocco, ni siquiera Bruno...

—¿Ni siquiera Bruno? —preguntó intrigada.

—Ni siquiera Bruno. Pero de alguna forma...

—Lo sabrán —se adelantó ella—, porque siempre alguien habla.

—Así es. Ayer fue Quillota, mañana será la Vieja, pasado el Zapato de Clavo o algún gendarme. Siempre va a haber alguien que quiera darse una vuelta por el Ulises Bar y me reconozca. Ha sido un milagro que no ocurriera antes. Tendré que definirme.

—¿Emperatriz o Simón?

—No lo sé.

Marla se ensombreció. Simón la contempló. La muchacha era digna de ser amada cualquiera fuera su circunstancia.

—Fue un error no confesarme antes con usted.

Estaban de pie, uno frente al otro, mirándose. Marla apagó el cigarrillo que comenzaba a quemarle los dedos. Lo miró censuradora.

—¿Me va a perdonar? —dijo Simón.

—Nunca.

Simón le tomó la muñeca y se la llevó enlazada hacia la espalda, ella forcejeó para desprenderse, pero él la ciñó con firmeza. La sintió frágil pero entregada.

Contra todo lo que ella podía imaginar, la intención de Simón era absolutamente varonil.

Le desabrochó el vestido con la otra mano; enseguida le besó el cuello, reconoció su piel suave y su perfume. Ella se electrizó y se le encogieron los hombros. Él comenzó a desvestirla con la misma delicadeza que ella le había enseñado.

—Me voy a desmayar —dijo Marla. Él le subió la enagua—. Déjala caer —dijo ella, pero él le dio un doble giro en el aire y la arrojó lejos.

SEXTA PARTE

Revelaciones, Justicia y Fuga

Capítulo 1

Presionado por la situación, Orellana fijó un encuentro urgente con Carmiña: «No podemos seguir dilatando esto, necesito su confesión», le dijo por teléfono.

La verdad es que a ella poco y nada le importaban los problemas del prefecto, pero dado lo peligroso de la situación, se decidió a hablar.

Sintió que se pulverizaba por dentro al expulsar en instantes lo que había construido en años. Fue una sorpresa para el prefecto descubrir que esta mujer tenía sentimientos: los ojos se le ponían vidriosos y apretaba con fuerza su mano contra la garganta, cada vez que entregaba un nuevo dato o incriminaba a sus socios y subalternos. Fue discreta respecto a la participación de Bruno.

—No existe una rutina preestablecida —le explicó—. Lo más frecuente es cargar en naves a las que se dice que hay que hacerles reparaciones en el casco, en la sala de máquinas, en fin, en cualquier parte. Entonces, el Capitán de Puerto, en este caso Campbell —tosecilla nerviosa—, les designa por un tiempo nuestro astillero, momento que se aprovecha para recibir o despachar la mercadería clandestina. Es cierto que ahora ha sido más difícil debido a las restricciones de estadía originadas por la guerra, pero en esos casos Campbell les otorga permisos especiales. Como parte de sus deberes, él debe supervigilar los movimientos. Una vez terminados los supuestos trabajos, se hacen las pruebas oficiales en el fondeadero o navegando, según sea el caso, en presencia de los inspectores respectivos de la Dirección y de la Marina Mercante. Si los resultados son satisfactorios, siempre lo son, el buque toma el fondeadero usual para faenas de carguío legales.

—¿Cuándo es el próximo?

—Mañana. Las faenas empiezan a las ocho de la noche en el Sitio 4.

—Gracias.

—No me dé las gracias. ¿Cuándo se embarca mi hijo?

—No le puedo decir aún, pero será pronto; aunque no antes de que se inicie el juicio.

—Pero mi hijo está corriendo serios riesgos. Además, perderá el barco de la Grace Line. No fue fácil convencer al capitán...

—Habrá otros, no se preocupe. Señora Chavarri, sé perfectamente donde está su hijo y no le ocurrirá nada.

* * *

Las actuaciones de Emperatriz con sus magníficas interpretaciones, le habían ido imprimiendo un carácter particular, casi mítico, al Ulises Bar. Se había transformado en el lugar donde todos querían estar. Su originalidad iba más allá de su cosmopolitismo, de la congregación de la flor y nata de la sociedad porteña, de una bohemia de alto nivel, del pueblo y del alcohol que corría a raudales, porque su voz magistral, única entre las más bellas, exaltaba los ánimos permitiendo la liberación de las emociones más íntimas y esenciales. Pero, sobre todo, porque provocaba placer.

La gente se agolpaba en la puerta para entrar. Como todos los días, hoy estaba atestado de un público heterogéneo que departía animadamente. Había corrido el rumor de que ella se presentaría.

Después de esa accidentada jornada, no fue fácil para Simón llegar bajo el disfraz de Emperatriz.

Subió al estrado con el temor de quien pisa el cadalso. Se sentía de sumo vulnerable. Al verla, el público quedó atónito. «¡¿Qué se hizo en el pelo?!», se preguntaban extrañados. Lucía diferente y soberana con la boa al cuello y el cabello corto y rojo como el diablo. El silencio era sepulcral, expectante. De súbito el público salió del pasmo, se levantó y echó abajo el local con vivas y hurras de alegría, porque ella había regresado.

Cantó con la satisfacción y entrega de quien se ha reencontrado consigo mismo. Secretamente le dedicó *Princesita* a Marla: «*Princesita... princesita... / la de ojos azules y labios de grana, / mariposa... mariposa de lindos colores, / florecilla de alegre mañana. / Mírame, quiéreme, bésame, bésame...*».

Marla llegó justo cuando él terminaba la estrofa. Esa noche ella llevaba un sencillo vestido color agua marina con un ligero escote. Y aunque él hubiera preferido que hoy no viniera, la última frase la cantó mirándola a los ojos.

Al terminar su actuación fue hasta la barra a beber algo. Se le había secado la garganta, pues el calor a causa del incendio en el cerro era asfixiante en el puerto.

Bruno se le acercó. Comenzó a pasearse escrutándola con curiosidad, al tiempo que se secaba la traspiración. Se apoyó en la barra junto a ella. Se volvía para decirle algo, cuando repentinamente vio a Marla. El rostro se le desencajó.

—¡¿Qué hace esta aquí?! —gritó, y se lanzó decidido a echarla, pero Emperatriz lo detuvo con tal fuerza que le desgarró la manga de la chaqueta.

—Si usted la echa, yo me voy…

Bruno miraba desconcertado la manga que colgaba, pero la amenaza lo hizo reaccionar. Julia los observaba estupefacta.

—¡Veleta! —vociferó impotente, y le dio la espalda.

Marla se había sentado sola en una mesa. Los moscardones la acosaban con generosos ofrecimientos. No pasó mucho tiempo cuando se oyó su voz alterada, pues un hombre pequeño y flacucho, pasado de copas, le había metido la mano por el escote.

—¡Imbécil! —gritó, y le mordió el brazo. El hombrecillo chilló de dolor y quiso golpearla.

Instintivamente, Simón gritó: «¡No!». El hombre se detuvo. Simón corrió a defenderla, pero Bruno la sujetó por el brazo.

—¿Adónde va? —bufó.

—¡Y a ti qué te importa! —le respondió tuteándolo, con una voz gruesa que Bruno no le conocía

El Tano se quedó pasmado. Pero de inmediato comprendió que de ninguna manera habría podido detener el impulso visceral que llevó a Emperatriz a través del salón, con el rostro encendido y las manos empuñadas. Y vistiendo el traje largo verde pistacho con bordados de pedrería en el cuerpo, las emprendió contra el hombre.

Los parroquianos no salían de su asombro. El sujeto se limitó a protegerse de la fuerza viril con que ella le zumbaba, porque sería mal visto pegarle a una mujer, especialmente si era la venerada. Por compasión le quitaron la presa. «Se volvió loca», pensaron, pero nadie se atrevió con ella en ese estado. También por respeto.

Extenuado, Simón se apoyó contra un pilar; traspiraba copiosamente. Con todo, esbozó una sonrisa de satisfacción, pues le había demostrado a Marla que era lo suficientemente hombre para defenderla en cualquier circunstancia.

Fue hasta la barra y le pidió un cigarrillo a Julia. Enseguida se acercó a la mesa de Bruno. Vio que su pesado cuerpo temblaba como una gelatina. ¿Cómo entender su tardío ataque de celos? Ni Julia, ni Simón, ni siquiera el mismo Bruno, que se preguntaba incansablemente cómo pudo estar tan loco para perder la chaveta por esta maritornes, entendían qué le ocurría. Él, que se jactaba de ser un hombre de tomo y lomo, menos aún.

La miró. Emperatriz aspiraba con intensidad nerviosa y hacía volutas de humo.

—Hacer anillos no es muy femenino —dijo, en tono hiriente y sin mirarla.

—Usted exagera —lo cortó Emperatriz.

Bruno se frotó el oído. Nuevamente le había respondido con esa voz gruesa, como de hombre.

—Exagerar yo, usted me insulta. ¡Usted es una viciosa! —gritó fuera de control, se levantó y se fue a la barra junto a Julia.

Al rato, Emperatriz interpretaba *Cuesta abajo*: «*Por seguir tras de su huella / yo bebí incansablemente / en mi copa de dolor, / pero nadie comprendía / que si todo yo lo daba / en cada vuelta dejaba / pedazos de corazón*».

—¡Callen a esa mujer! —gritó Bruno, desesperado, porque ahora su voz lo dañaba.

* * *

Lamentablemente para Jesús, Orellana debió esperar hasta marzo para iniciar el juicio. Aprovechó ese tiempo para convencer a algunos testigos. En compensación, quienes declararan no serían imputados. El interés del prefecto era desbaratar las grandes redes; el resto, consideraba, eran simples alfiles de un juego pernicioso.

Días antes, Orellana había tenido una fuerte discusión con Carmiña, pues se negaba a que Jesús abandonara el país antes de que ella fuera a juicio. «Con él me aseguro que usted va a declarar», le dijo receloso. Aunque después fue más gentil con ella; hasta se diría que le apenaba verla tan atribulada.

Florindo Martínez, ex policía naval y exasistente del capitán Campbell, que había participado en el crimen de Chavarri, fue llamado a declarar. Al terminar su confesión, pidió permiso para relatar brevemente el episodio de la muerte de Vasco Chavarri, que había llevado a Simón Rocco a prisión.

—Esto permitirá liberar definitivamente a una persona injustamente acusada —dijo—, y de paso ayudará a limpiar mi conciencia. Yo tenía ocho criaturas muertas de hambre, a cuatro se las había llevado la miseria. —Le costaba hablar, se notaba enfermo—. Yo ayudaba al capitán Campbell en el «negocio». Ese día me encomendaron hacer desaparecer al señor Chavarri y a Simón Rocco. En mi declaración de hace diez años dije que iba camino a mi trabajo, pero en realidad yo mismo los llevé desde el Ulises Bar al lugar de los hechos. No me era fácil hacer algo así, pues aun siendo un sinvergüenza, yo no era un asesino. Pero tampoco era un buen hombre, porque un buen hombre se habría negado aun a costa de su propia vida.

—¿Quién le dio la orden? —preguntó el juez.

Martínez no respondió. No le era fácil denunciar a la persona gracias a la cual había subsistido durante estos años de enfermedad.

—Yo debía desbarrancar el auto en el acantilado. Chavarri, que estaba borracho, me agradeció que condujera. Subí en el asiento posterior a Simón Rocco, que también estaba hecho una cuba. Y probablemente drogado. Pero como era más joven, usted sabe, se sostenía. Con mucho esfuerzo se incorporó y se recostó en el respaldo para conversar; era muy amable. Debido a la suavidad del automóvil creyó que volaba. «¿Es usted un ángel que me conduce al cielo?», me preguntó, y con esa pregunta me desarmó. Y luego afirmó: «Sí, usted es un ángel». Yo tenía en ese entonces un hijo de su edad, delgadito, menudo como él. Se fue todo el camino comentando sobre la suavidad del vehículo. Chavarri dormía. Me entró el sentimiento de culpa. Supe que no podría matarlo porque sería como asesinar a mi propio hijo. Cuando llegamos al sitio elegido lo escondí entre unas matas, pero se puso porfiado, como todos los borrachos. A toda costa quería ayudar. Creía que había habido un accidente, pues sin quererlo choqué con unas rocas. «¿Cómo está usted? ¿Le pasó algo?», me preguntaba a voces, porque había una fuerte marejada. «¿Y el otro señor, cómo está?», insistía. Traté de calmarlo, de convencerlo de que nada malo ocurría y que se quedara quietito. Se notaba un buen muchacho; siempre me alegré de haberlo protegido…

En un momento dado, el señor Martínez levantó la vista y accidentalmente la fijó en Emperatriz, que se secaba las lágrimas. Enmudeció por unos instantes a causa de la impresión, pero sacudió la cabeza como reaccionando.

—Continúe —dijo el fiscal.

—A pesar de su resistencia lo escondí entre unas plantas —dijo, y dio nuevamente una ojeada a Emperatriz—. Seguí con mi trabajo, porque esas órdenes se debían cumplir o lo mataban a uno, y yo tenía tanto crío necesitado… Traté de empujar el auto barranco abajo con Chavarri adentro, pero el automóvil se había atascado. Con tanto movimiento Chavarri se despertó y comenzó a forzar la puerta para salir, y yo a impedírselo. En ese preciso momento llegó mi capitán Campbell acompañado por Bruno Falcone. No vieron a Simón Rocco al principio, tampoco parecieron acordarse de él.

«—Tome —me dijo el capitán Campbell—, métale un balazo».

Pero yo me negué a hacerlo, así que el capitán me arrebató el arma, rompió el vidrio y, sin escuchar al señor Chavarri que decía horrorizado: «¿Qué haces, Walter, te volviste loco?», le metió tres disparos a quemarropa. Bruno se quedó pasmado mirando lo que ocurría, como sin entender. Pero luego entre los tres empujamos el automóvil al mar. Cuando nos dimos vuelta, jadeando por el esfuerzo, vimos a Simón apoyado en una roca. Lloraba. (Era lo único verdadero que había dicho Martínez en el juicio original, y era lo único que parecía mentira). Campbell cogió al muchacho y comenzó a arrastrarlo hacia el barranco, pero Bruno se interpuso. Forcejearon, y aunque el capitán conocía de artes marciales, Bruno era más joven, más grande y forzudo que él, así que lo redujo. Yo también ayudé. Bruno le dijo:

«—Capitán, él es uno de los músicos del Ulises Bar y es un buen muchacho. No permitiré que lo mate.

Parece que lo dijo en italiano, pero entendí.

«—Yo tampoco —dije, oponiéndome.

«—¡Cállate tú! —me ordenó el capitán, y dirigiéndose a Bruno le preguntó—: ¿Quién manda aquí, tú o yo?

«—Usted manda, pero como quiera que sea a este muchacho no se le toca.

«Campbell meditó unos instantes.

«—Entonces, acepta que lo acusemos del asesinato. Van a investigar y…

«—De acuerdo —respondió Bruno».

—Esos fueron los hechos —dijo Martínez, y se retiró rengueando.

Dado el revuelo que estaba generando el caso, el juez debió permitir el acceso a las audiencias a la prensa y a algunas personas seleccionadas.

El proceso contra Campbell fue el que concitó mayor interés. No solo por ser un personaje conocido en Valparaíso, sino porque un juicio contra un uniformado también lo es contra la institución, con sus errores y deficiencias.

Lo que se suponía que sería una sesión demoledora en su contra, se trasformó en un hecho inédito para el medio judicial porteño. De manera inusitadamente humilde, el capitán pedía perdón a la institución que amaba por haber mancillado su imagen. Para quienes lo conocían bien, era difícil saber si realmente sentía lo que decía.

Pero Campbell no mentía. Tomó conciencia de sus actos en el mismo momento en que reconoció el golpe rudo de la policía en la puerta de su casa de campo en Villa Alemana. Él mismo había efectuado numerosos allanamientos, y jamás se había detenido a pensar que a quienes estaban ocultos tras la puerta se les paralizaba el corazón o perdían el habla de miedo. Algunos no controlaban los esfínteres.

Tras su detención, Campbell pudo constatar la terrible situación en que se encontraba. Con su prestigio basureado y expuesto a perder el respeto de su hija y de sus camaradas de armas, se sintió aniquilado. Hasta temió no entrar en el reino de Dios. Su derrota podía leerse en la foto del periódico que lo mostraba envejecido, desencajado, la mirada extraviada.

—No quiero pecar de ingenuo —dijo—, pero cuando días atrás leí la palabra mafia y era yo quien la encarnaba, sentí como si no hubiera tenido conciencia de mis actos. Yo era la mafia… Yo.

Campbell estaba agitado, le temblaba la barbilla.

—¿Quiénes participaban con usted? —preguntó el juez.

—Soy un ser despreciable, estoy dispuesto a pagar por mis culpas, pero no voy a denunciar a nadie. Lo siento.

—Señor Campbell —dijo el fiscal—, usted sabe que si coopera dando nombres va en su ayuda. Además, como policía no puede negarse a entregar información.

Campbell se estremeció, no había dicho capitán, sino señor; lo degradaba antes de tiempo.

—Tiene toda la razón, pero no lo haré. Por último, es mi derecho como persona. Merezco los peores castigos y los asumo solo. Quiero que mi hija y mis nietos puedan decir que su padre y abuelo, por lo menos al final, tuvo una decencia mínima. No merezco una segunda oportunidad y acato humildemente el fallo que se me imponga. Navegaba en aguas turbulentas… y naufragué. Lo he querido expresar en términos marinos por mi unión indestructible al mundo del mar y a la Armada, aunque no sea digno de ellos. Pido humildemente perdón —terminó diciendo.

Tras sus palabras el público piadoso se ablandó, pero no los jueces que le dieron quince años de prisión.

Campbell abandonó la sala llevado por los guardias en medio de un silencio respetuoso. Unos metros adelante vio a Emperatriz salir de entre el público, su cabeza parecía despedir llamas de fuego. La miró con la ojeriza de siempre, pero ahora expectante porque lo esperaba en medio del pasillo, con una mano en la cadera.

Cuando llegó a su lado, Emperatriz le dijo al oído.

—Soy Simón Rocco.

—¡No puede ser! —exclamó el capitán, abriendo desmesuradamente los ojos. Se puso lívido y le flaquearon las rodillas. Los guardias debieron sujetarlo para que no cayera. Tuvieron que sacarlo en andas, mientras él miraba atónito hacia atrás a Simón, que se quedó sosteniéndole la mirada.

El enfrentamiento que le hizo la cantante a Campbell dejó a todo el mundo comentando. El «¡No puede ser!», agitado, y el cuasi desvanecimiento de Campbell, dieron pie a comentarios sobre un posible romance entre la cantante y el capitán. Hasta se habló de un probable embarazo. ¿Qué otra cosa podría decir una mujer en esas circunstancias, para que un hombre como ese tuviera un vahído?

Capítulo 2

Al día siguiente del juicio contra Campbell, los periódicos anunciaban con grandes titulares que el excapitán se había suicidado colgándose de un barrote de su celda. Junto con ello los correspondientes descargos de la Marina: exceso de confianza, que esto no se repetiría y etcétera, etcétera. A continuación, refería en detalle la historia de su vida, sus éxitos y sus errores. Y, finalmente, no hay muerto malo.

El fallecimiento de Campbell causó una enorme conmoción en la ciudad.

A Simón le resultaba un contrasentido que el hombre fuerte del puerto, el intocable, el soberbio, se hubiera suicidado. Simón admiró su coraje, él mismo no lo haría; de hecho, no era capaz de terminar con Emperatriz que en parte era una invención. ¿En parte?

La muerte de Campbell fue un golpe duro para Jesús. Había sido la persona que reemplazó a su padre en los momentos más importantes de su vida. Fue su padrino de primera comunión, lo había apoyado en sus decisiones estudiantiles y en tantas otras cosas que prefería no recordar. Con todo, sintió que se quitaba un peso de encima, pues ya no había necesidad de asesinar a nadie. Hasta dudó si en el último tiempo había querido liquidar a Simón por venganza, y no por celos. Pensar que el muy infame había matado a su padre por celos, de la misma forma que él quería asesinar a Rocco. ¿Qué diferencia había entre él y Campbell? Reconocer sus errores constituía el primer paso, se lo había dicho Marla: «Siente lo que ocurre en el ambiente, no te impongas a él», y tenía razón.

* * *

Carmiña se había reunido con Orellana un par de días atrás.
«—¿Cuándo sale mi hijo y adónde va?
«—Pasado mañana, con destino a California. Tome —dijo, entregándole dos pasajes.
«—Gracias inspector. ¿Uno está a nombre de Marla Truby, no? —preguntó sin leerlo. El prefecto asintió.
«—Señora Chavarri, ¿cree usted que la Tru… —se interrumpió—, que Marla Truby está interesada en abordar ese barco?
«—Supongo que sí.
«—Yo no estaría tan seguro —le respondió».

La lluvia que se venía anunciando se dejó caer torrencial en Valparaíso. No era usual un tiempo tan inclemente a fines del verano. Carmiña había puesto la radio para que la música aplacara sus nervios, pero la interrumpieron con un reporte de último minuto: los cerros comenzaban a deslizarse, bajaban ríos de agua y lodo por las callejas estrechas y serpenteantes. Debido a la fragilidad del terreno de las quebradas, las laderas se derrumbaban sobre las viviendas que rodaban completas cerro abajo, arrastrando otras viviendas en su caída. La historia de siempre con la eterna conclusión: «La gente se instala donde no se debe construir», pero los pobres solo pueden construir donde no se debe.

Carmiña se levantó y apagó la radio, no resistía un drama más. Sentada en su escritorio firmó la última de numerosas cartas apiladas. Una de ellas era para Fabio Luna.

Desde que la noticia se hizo pública, Luna se colgó al teléfono intentando comunicarse con ella. La última vez que se vieron, a ambos les había quedado claro que esa relación no iba a ninguna parte.

«—*You need two for* tango, y no tres —le dijo Carmiña, en tono áspero.
«—En concreto, ¿cuál es el problema?
«—Y si quisiera casarme contigo, ¿te separarías?

«—¿Acaso te casarías conmigo? —preguntó él de vuelta, con un dejo de ironía.

«—¿Y si quisiera?

«—Es muy distinto querer a «y si quisiera».

«—¿Por qué me interpretas? ¿Cómo sabes tú lo que yo siento? —preguntó gimoteando.

«—Soy un buen compañero tuyo, Carmiña, pero en el cuarto trasero. De hecho, en todo este tiempo apenas si he conocido a una de tus amigas».

Ella se había quedado en silencio. Lo había conquistado con ese estilo particular y su presencia imponente encarecida con ropa elegante, coches elegantes, casa elegante; pero, desgraciadamente, a Carmiña le faltaba un alma elegante.

Para ella el tiempo de tangos y bulerías había pasado. Y así como estaban las cosas, había preferido no verlo más. Pero la noche anterior, cuando Luna golpeó la puerta a las diez en punto, se conmovió. Si alguna vez lo había amado —¿cómo saberlo?—, por lo menos no se había equivocado, ya que era el único ser humano que se ofrecía para estar a su lado en este trance.

«—¿Qué puedo hacer por ti?

«—Nada. Aunque sí —dijo ella».

Y pese a que lo último que deseaba en ese momento era hacer el amor, necesitaba desesperadamente que ese cuerpo familiar la temperara. Lo tomó de la mano, y con una dulzura poco habitual en ella, lo condujo al segundo piso a tener la que sería su última noche juntos.

El recuerdo le oprimió la garganta. Oyó batir las persianas destrabadas del segundo piso, pero no le importó. Dejó caer el lacre caliente en el sobre y lo estampó con su sello. Ya no sellaría nada más en años que no fuera la puerta de su celda. Se consoló mirando la foto de su hijo el día de su primera comunión. Era un niño hermoso.

Sorbió un resto de café ya frío. Tomó la citación que estaba sobre el escritorio y la leyó. La audiencia era a las dos de la tarde. A esa misma hora partiría Jesús. Puso la foto de su hijo dentro del maletín. Sintió los pasos apresurados de la empleada; se sobrecogió. Era la una y media.

—Señora, el auto está listo.

Le flaquearon las piernas al cruzar el umbral. Apenas pudo hacer una mueca de despedida a los empleados que la sirvieron por años. Una mezcla infrecuente de vergüenza y temor la embargaban. El chofer le abrió la puerta.

—Gracias —dijo, con amabilidad.

Algunos empleados lloriqueaban; otros, aunque no la soportaban, la bendijeron. Pero en este momento de derrota, todos perdonaron sus arbitrariedades.

Maletín en mano partió a su nuevo designio. Sentada en el automóvil pensó en Jesús y se alegró porque zarparía dentro de un rato. En realidad, se alegró doblemente porque no se enteraría de su detención. Había cometido demasiados errores como madre, y puesto que ya no había tiempo para reparaciones, lo mejor era poner kilómetros de distancia entre ambos. Y más que kilómetros, barreras carcelarias.

Permaneció en una sala del Tribunal esperando que la llamaran. Su abogado aún no había llegado. Decidió ir al baño para arreglar su cabello que se había mojado al bajar del auto.

Al regresar se dio cuenta que no había un alma en la gran entrada, normalmente atestada a esa hora. Sintió voces y gritos al interior del edificio, algo había sucedido y la gente se agolpaba allí. La puerta estaba sugestivamente abierta. Miró hacia afuera. Llovía. Dio unos pasos y se detuvo en el umbral. Llevada por un impulso superior, tal vez la fuerza del instinto, y casi sin saber lo que hacía, caminó hacia la plaza Sotomayor. Al fondo apenas se divisaba el muelle a causa de la humedad habitual en días de tormenta. La sirena de un buque sonaba con insistencia. Miró la hora, faltaban seis minutos para las dos. Tenía el pasaje de Marla en la cartera. Entonces, repentinamente, echó a correr por el medio de la calle bajo una lluvia que se había fortalecido y mojaba su rostro nublándole la visión. De milagro encontró un taxi.

Apúrese, por favor, que voy a perder el barco.

El hombre aceleró. Felizmente estaban a solo dos cuadras.

—Llevo una pasajera del *American Dolphin* —dijo el taxista al guardia de la entrada, al tiempo que Carmiña le mostraba el pasaje detrás del vidrio.

El hombre los dejó pasar. La sirena sofocada del barco avisaba insistente el zarpe.

Metió la cartera dentro del maletín y, con la ayuda del chofer, se embutió ambas azas como si fuera una mochila. La pasarela se desplazaba —hacia adelante y atrás— al ritmo pesado de las olas sobre el muelle mojado. De un salto logró subirse. Comenzó el azaroso ascenso sujetándose con fuerza de los gruesos y cimbreantes cordeles. Por momentos temió que caería al agua, pero alcanzó con éxito el pasillo de cubierta, aunque jadeando por el esfuerzo.

—¿Es usted la señora Marla Truby? —preguntó un marinero a voces. Carmiña asintió. De inmediato dio orden de levantar la escalera. El uniformado puso a Carmiña a resguardo y corrió a buscar al capitán, quien personalmente la condujo hasta el sector de pasajeros.

El capitán golpeó brevemente, y abrió la puerta del camarote con su propia llave.

—La señora Marla Truby —anunció, y cerró tras él.

—¡¿Mamá qué haces aquí?! Y Marla, ¿dónde está Marla? —preguntó Jesús, angustiado.

Con la respiración aún agitada, Carmiña dejó caer el maletín y se sentó en una silla.

—No viene. Me voy contigo, chaval. Ella no quiere ir y yo no puedo quedarme.

—No es cierto —dijo Jesús, y comenzó a gimotear y a dar unos golpes tan fuertes en la mesa que hacían saltar el cenicero.

—¡Basta! —gritó ella.

—Lo sabía, sabía que me harías esto. ¿Cómo voy a vivir sin ella si la amo? —sollozó.

Carmiña se levantó y fue al baño. Tomó una toalla y se secó ligeramente la cara. Se acercó a Jesús. Con aprensión le acarició el cabello temiendo que la rechazaría.

—Te equivocas —dijo ella—. No hice nada para evitar que viniera, te lo juro, pequeño.

Se quedaron largo rato en silencio, ella acariciándolo.

—Marla es tan noble…, tan noble, que yo sabía que no vendría para no perjudicarme —dijo, secándose las lágrimas.

—Tenías razón respecto a ella, es una buena mujer. Una persona decente.

—Te lo dije mil veces, mamá. Dime, ¿por qué no pudimos funcionar como una familia normal?

—Probablemente porque debajo había toda una historia de mentiras. Estuve equivocada en la mayor parte de las cosas que hice, sobre todo en mi comportamiento como madre. Aunque siempre te he querido demasiado, hijo mío. Creía que lo único importante era ganar dinero. Solo sabía ganar dinero. Es por eso que tenemos que aprovechar esta segunda oportunidad que nos está dando la vida; ya aprendimos la lección, espero. Si deseas, cuando nos instalemos podemos hacerla venir. Para tu tranquilidad, le dejé dinero suficiente como para que no tenga que volver a la calle por mucho tiempo. Y si lo hace bien, tal vez hasta pueda construir una nueva vida. No se lo di a cambio del pasaje, nada de eso. Se lo di porque la aprecié, y solo sé agradecer con dinero. Toma —dijo—, te envió esta carta.

«Querido Jesús: Te escribo solo unas palabras, porque quedé de pasar por tu casa y el tiempo apremia.

No culpes a tu madre, fui yo quien tomó la decisión de no subir en ese barco. Algún día me entenderás.

Llegué a quererte mucho, es más, te quiero mucho y lloro porque me duele separarme de ti. Reconozco en ti a la persona que más me ha dado, y no solo en lo material. Tu cariño me ha hecho sentir que soy un ser humano como cualquiera. No mejor que todos, como solías decir; trancemos en que soy diferente.

La pena me oprime el corazón: aún no has partido y ya te extraño...

Mis mejores deseos de suerte y toda la felicidad del mundo para ti. Recibe todo mi amor. Marla».

P.D. Acababa de dejar tu casa cuando me topé con tu madre que venía llegando. Me invitó a entrar. Sostuvimos un breve encuentro que fluyó con la naturalidad de una madre que respeta los afectos de su hijo, aunque no concuerde con ellos. Me alegré, porque augura una mejor relación entre ustedes. Le pedí que me dejara ver tu cuarto. Es hermoso, aunque hay demasiados juguetes, adornos y otros artilugios. He podido seguir la historia de tu vida a través de tus cosas. Le pediré un recuerdo tuyo, algo personal, aún no sé qué. Tienes tantas cosas.

Tu madre me dejó sola en tu habitación para que escriba esta post data.

Me quedo con un pequeño auto de colección blanco con tapabarros rojos, que por lo abollado intuyo era tu preferido. Cuídate. Siempre tuya, Marla».

Otra P.D. Quería decirte que tu madre insistió en que recibiera un dinero en nombre tuyo, dijo que esto te haría feliz. Me alegró la forma en que lo hizo, porque demostraba respeto por mi persona y mucho amor por ti. Finalmente, lo acepté —no me dejó alternativa— como un auspicio no solo material, sino que también por la esperanza de días mejores para mí. Quiero agradecer su desmedida generosidad y la delicadeza que tuvo de entregármelo cuando ya nos habíamos despedido. No siento que ella me compró y eso me hace feliz, porque no deseo volver a venderme. Me las arreglaré, ya verás. Considera en ese sentido que el departamento y este dinero han sido una buena inversión. M.

El barco zarpó en medio de un violento temporal de fines de verano. Marla temió por la seguridad de Jesús, puesto que la guerra había irrumpido también en los océanos y la navegación se había vuelto peligrosa. Incluso los buques mercantes podían ser torpedeados, chocar con minas flotantes o ser abordados por barcos alemanes.

Recién en el puerto de Callao los Chavarri subieron a cubierta, y se integraron al reducido grupo de pasajeros que iba con destino a la nación del norte.

Capítulo 3

Un día de sol trasparente pero fresco de otoño, Simón recogió a Marla en la entrada del edificio de calle Serrano. Ella pensó que vendría vestido de mujer, pero no. En su mano sostenía un ramo de flores. Ella no esperaba ese detalle, su corazón latió con fuerza. Por su parte, ella le entregó el libro que le había ofrecido tiempo atrás. Mientras él le daba una rápida hojeada, ella reparó en cada detalle de su novedosa tenida. Llevaba su cabello teñido negro amarrado en una pequeña coleta; un traje de lino color crudo con camisa de seda lila, y en el bolsillo de la chaqueta un pañuelo, también lila, con lunares blancos. La guarda del sombrero hacía juego con el pañuelo. Marla pensó que Simón venía disfrazado de hombre. Aunque no hay que equivocarse, porque la especial vestimenta de Simón no era una excepción en el particular ambiente de Valparaíso, plagado de gente extravagante.

—Gracias —dijo Simón, guardando el libro en el bolsillo de su chaqueta.

Se quedó mirándola. Su belleza ese día era particularmente fresca. Llevaba un vestido ligero de florecillas, un diseño casi infantil. Todo en ella era floral esa tarde, incluido el sombrero al que había adosado un ramillete de lavandas frescas.

—¿Le gustaría ir a la playa?

—Sí —dijo ella.

Como era habitual en domingo, el centro estaba desierto con las oficinas y el comercio cerrados. Esperaron largo rato el tranvía que los llevó serpenteando por la costa hasta Las Torpederas.

Era obvio que la partida de Jesús la había afectado. Se la veía más ensimismada, indiferente; incluso su hablar era más reposado.

Al llegar a la playa se quedaron un rato en la terraza viendo las olas que rompían en cascada sobre la arena. Un barco cruzaba en la línea del horizonte hacia el sur. El sol aún estaba alto y el cielo azul salpicado de nubes blancas.

Marla inspiró profundo. Los marineros enamorados de Valparaíso decían que este era el único lugar del mundo donde se sentía ese olor a mar yodado, que a ella le fascinaba. Desde la distancia llegaba aplacado el sonido de una sirena. Las aves revoloteaban encima.

Bajaron. Simón puso su pañuelo sobre la arena blanda y rubia para que ella se sentara. Marla se sacó el sombrero y los guantes. El ramillete de flores lo dejó junto a su carterilla. Se sentaron enfrentando el horizonte, las rodillas encogidas entre las manos. Los refrescaba el vaho que desprendían las olas.

No había espacio para las palabras. Ella cogía puños de arena que dejaba deslizarse entre sus dedos para que el viento se la llevara.

Al rato se fueron a trepar por las rocas. Simón tropezó al escapar de una ola. Rieron.

—¿Le duele?

Marla se sacó los zapatos y caminaron por la arena mojada. Las pulgas de mar se escondían presurosas dejando un globito de aire, que Marla aplastaba con el dedo de su pie.

—Mala —dijo Simón. Ella sonrió.

Él recogió una macha y la lanzó a ras del agua para que corriera por la superficie como un ave al elevarse.

—Malo —dijo ella. Rieron.

Marla comenzó a corretear tras los polluelos que levantaban vuelo asustados. Simón veía las huellas de sus pies pequeños en la arena, que luego eran borrados por una carga de agua. Y nuevamente la resaca recogiéndose y los pulgones sumiéndose y el dedo presionando y las marcas livianas de los pies de Marla corriendo por la arena. Tras ellos, los pasitos cortos de los niños siguiendo a Marla en su juego, aleteando y gritando para ayudarla a espantar a los polluelos. Los padres miraban a sus hijos reír alborozados y los azuzaban en sus correrías, mientras Marla se preguntaba si harían lo mismo si supieran que ella era una furcia. Y luego la ola lo borraba todo, absolutamente todo.

Lejos del ambiente efervescente del Ulises Bar, Simón tenía dificultades para comunicarse con ella. Tampoco para Marla era fácil, incluso era más difícil para ella. Y a pesar de que la conversación en un comienzo fue restringida, la situación no resultaba incómoda.

El viento le volaba las polleras a Marla, que caminaba de espaldas haciendo ondas en la arena con una varilla de coligüe. Cada tanto, ella elevaba la mirada y lo encontraba absorto en sus pensamientos. Simón recordaba el encuentro casual con Aída en el tren, y la secuela de desastres que culminaron en Emperatriz.

—Uno no termina por decidir —dijo él de pronto—, si lo que nos toca vivir es una serie de accidentes fortuitos que encadenados van urdiendo nuestra existencia, o si una fuerza inevitable... Destino o accidente, ¿qué cree usted?

—Opto por destino, aunque el piloto sea maquiavélico.

—A veces, son las circunstancias las que deciden por uno. Jamás fue mi ideal realizarme como persona travistiéndome. Curiosamente, tengo la sensación de haber estado perdido por mucho tiempo y, de pronto, tras un período de fuertes presiones encontrar mi centro, pero con un yo distinto.

Ella lo miró.

—¿Qué siente cuando se traviste?

—Una sensación de bienestar muy grande, porque mi parte femenina es una artista libre y excéntrica, pero también perversa porque le gusta engañar a su público.

—En especial a los hombres.

—Ja, ja. Por favor, ni lo diga, porque eso me ha traído más de un problema.

Se sentaron en un tronco que había botado la ola. Marla dibujaba margaritas en la arena. Simón continuó:

—Durante este último tiempo la alternancia de Emperatriz con Simón ha sido tan escasa, que hoy en día casi no sé quién soy.

—Esa fascinación también la sintió Narciso y fue incapaz de amar.

—Es uno de los riesgos. Pero hay algo más detrás de todo esto. El travestismo, que es el instrumento a través del cual canalizo mi pasión por la música, y también mi personalidad femenina, me permite alcanzar momentos de éxtasis absoluto. ¿Sabe lo que es eso? Un estado de felicidad completa, de total armonía interna y con el exterior. Es una emoción que nadie que la haya experimentado la quisiera perder. Aunque le cueste creer lo que le voy a decir, el hecho de travestirme no tiene nada que ver con mi sexualidad, porque lo que siento está en mi mente y no en mi sexo. Reconozco que es una rareza, pero es así —dijo Simón, al notar que ella lo miraba con cierto recelo.

—Usted está engañando a la gente.

—En el engaño también hay emoción.

Un perro corría espantando a las gaviotas.

—Va a tener que definirse, Simón —dijo ella—, porque siempre habrá alguien que estará molestando.

—Por más que quisiera no podría vivir, cómo decirlo, exclusivamente en mi totalidad masculina. Hoy en día Simón no es nadie sin Emperatriz. Aunque entiendo que es difícil, si no imposible, ir por la vida con dos personas a cuestas que se van pateando mutuamente las canillas —rió—. No obstante, he optado por...

Ella lo miró expectante. Él demoró.

—¿Por quién?

—Por ambos.

—¡Ambos! —exclamó ella, y lanzó lejos la varilla.

—El asunto no es solo cambiarse de ropa y actuar como mujer, es bastante más complejo. No será nada fácil para mí, se lo puedo asegurar.

—¿Eres homosexual? —preguntó tuteándolo.

—No —respondió sorprendido—. Pero es más complicado que eso.

—Ah —dijo ella, pensando que eso ya era bastante complicado.

—Déjeme explicarle. He optado por ambos, porque si decidía únicamente por Emperatriz y dejaba de ser Simón, no solo sería un travesti, sino que terminaría siendo un invertido —Marla dio un respingo—. Tranquila. A mí me gusta ser hombre a pesar de todas las fallas que tenemos. Amo a las mujeres y mi deseo de ellas es total. No me va a creer lo que le voy a decir, pero hay otros hombres a los que también les gusta vestirse de mujer. Le ruego, Marla, que nunca olvide que aunque me vista de mujer, soy hombre.

Ella cortó una flor del ramillete y se la puso en el ojal.

—No lo olvidaré —dijo con una sonrisa.

Como el sol había comenzado a bajar y había ahí un buen restaurant, la convidó a tomar té.

Permanecieron en silencio mirando las olas que reventaban con fuerza en la playa, hasta que los atendieron.

En la mesa vecina coreaban el *Cumpleaños feliz*, mientras un niño apagaba una a una, cinco velas.

—Yo nunca apagué las velas de una torta de… Ah, son tonteras, olvídelo —dijo ella.

Julia y él tampoco habían sido festejados; los pobres no celebran haber nacido.

Regresaron caminando por la costanera. Los animaba el espectáculo deslumbrante que ese día de otoño daba la puesta de sol, con su configuración encendida de nubes iluminando la bóveda. Un viento sur fresco pero agradable rizaba el mar en la bahía.

* * *

Bruno fue el último de la lista en caer. No había sido fácil encontrar pruebas en su contra, pues se había integrado tardíamente al grupo y su poder de decisión y responsabilidad eran menores.

Fueron días de tormento para Bruno y Julia, pero estuvieron juntos apoyándose. Él no terminaba de recriminarse por sus actuaciones fuera de la ley, y también por su ceguera. Ella estaba deshecha. La privarían de su hombre, de su amor, del padre de su hijo.

Al concluir el juicio fueron tantas y tan intensas las emociones, que cuando se leyó la sentencia Julia sufrió un desvanecimiento.

Sin importarle su condición de detenido, de un brinco el Tano estuvo a su lado para sostenerla. Los guardias lo siguieron.

—¿Qué le ocurre, *amore*? ¿Está enferma?

—No, Bruno, es que voy a tener un hijo suyo.

Él la abrazó con fuerza.

—¿Por qué no me lo dijo antes?

—Porque usted amaba a Emperatriz.

—Pero ya no amo a la mala pécora.

—Por eso se lo estoy diciendo ahora.

Sensibilizado en extremo por la coyuntura poco afortunada de paternidad y prisión, Bruno dejó caer gruesos lagrimones que le empaparon la pechera. El juez le preguntó si estaba arrepentido. Él respondió: «Absolutamente, es que voy a ser padre».

La gente, compadecida, pidió al juez respeto por su sufrimiento. También, porque Bruno había señalado que quería empezar de nuevo y limpio y, muy especialmente, porque su participación en el caso Rocco-Chavarri había sido marginal y forzada.

—Se me había ordenado deshacerme del señor Chavarri y de Simón Rocco, pero como me negué, Martínez debió ir solo. El capitán Campbell me llevó a la trastienda y me amenazó diciendo que si no lo acompañaba me expatriarían. Siendo joven y extranjero me sentí perdido, y puesto que no tenía alternativa, lo acompañé. El resto de la historia ya la conocen.

* * *

Desde que Jesús se marchó, Marla dejó de ir al Ulises Bar. Simón comenzó a resentir su ausencia a medida que ella fue desapareciendo del bar, de su casa, de su vida. Con su alejamiento empezó a crecer su interés por ella y a germinar en él sentimientos de inseguridad y celos.

Trató de distraerse yendo al cine, una de sus grandes pasiones, pero al salir le hubiera gustado comentar con ella cada una de las películas con que mataba el tiempo. Visitó con frecuencia a su madre. Fue de compras hasta hacerse de un armario diferente. A menudo iba al muelle. Lo distraía ver las actividades de estiba. Esa tarde, los hombres, como mulas, descargaban una partida de plátanos ecuatorianos soportando en sus espaldas racimos de hasta cincuenta kilos del dulce fruto. Simón los compadeció y le quedó claro que ese tipo de trabajo no era para él.

Recorrió diez veces la costa desde la Aduana hasta Las Torpederas, donde se detenía a recordar la tarde que pasearon juntos. Nada ayudaba. Su madre lo vio tan decaído que le propuso que se viniera a vivir a casa. Una noche se le olvidó la letra de una canción por mirar hacia la puerta. Estaba obsesionado. Directamente, ahora cantaba mirando a la puerta. «¿Por qué te escondes, Marla?».

Bruno manejaba juiciosamente el Ulises Bar desde la cárcel. Siendo un católico acérrimo, para Semana Santa cerraba. Viernes y sábado serían feriados y el domingo no abría.

Más allá del aburrimiento que significaban para Simón tantos días festivos, deseaba fervientemente ver a Marla que insistía en desaparecer. Ismael dijo no saber nada de ella.

Después de constatar que el departamento de calle Serrano estaba cerrado, y puesto que no había a quien más preguntar, se dirigió al cerro Mariposas donde ella vivía antes.

No conocía su dirección, pero como en el cuento infantil podía seguir las pistas que ella había dejado en sus visitas a la cárcel.

«Me vine conejeando», solía decir esas tardes de domingo que lo visitaba. Como siempre, llegaba cargando una pequeña porción del Valparaíso que moraba fuera del infierno carcelario: yerbas, frutos silvestres o flores que iba recogiendo en el trayecto.

Las señas llegaron solas. El camino a casa de Marla estaba plagado de las muestras materiales con que la muchacha sellaba cada visita.

Este año, Marla no había alcanzado a llevarle las buganvilias púrpura que sustraía de un «jardín ruinoso», como decía ella, porque él salió libre antes de la floración. Cuál no fue su sorpresa al encontrarse con la enredadera colmada de las flores que resplandecían al reflejo del sol. «La buganvilia cuanto más sufrida más florida», dijo ella en una de esas tardes de visitas íntimas. Simón hizo de inmediato la asociación: la buganvilia es como Marla.

Un día en que a causa de la lluvia no había podido recoger nada, le dijo: Escuche, y comenzó a silbar imitando el canto de los pájaros. Varios reclusos se acercaron llenos de optimismo, imaginando que las aves extraviadas venían a anunciar su liberación. Todo lo diferente que ocurría lo asociaban a la posibilidad de quedar excarcelados por milagro. Pero era la Marla, la bella de carne y hueso con que calentaban las noches álgidas del sempiterno encierro. Se quedaron quietitos oyéndola, con la esperanza de que el trino penetrara en lo más profundo de sus almas precarias, porque esa noche se revolcarían con ella en un sueño lúcido.

La última vez que lo visitó llevaba los brazos rasmillados por las espinas de un aromo en floración; pero ni siquiera se quejó. Sencillamente se quitó la sangre con agua corriente. ¿Cómo no amarla?

De improviso, Simón se encontró enfrentando el gigantesco árbol, hoy sin los racimos de flores amarillas porque había pasado la estación. Estoy cerca, se dijo, justo cuando lo sorprendió una casita imprudentemente enclavada en el cerro. La reconoció, porque solo podía ser de ella ese sello primoroso estampado en el frontis, con el marco de la ventana color solferino.

Sintió como si un ariete le hubiera golpeado en el corazón, al enterarse por los vecinos que Marla se había marchado días atrás. ¿Dónde se fue? Nadie sabía. Solo la conocían de vista. No. Ella no tenía amistades en el sector.

Bajó el cerro consternado pensando que se había ido tras Jesús. Razonable, por lo demás, considerando que él había adquirido ciertos gustos y focalizado sus intereses en asuntos muy poco varoniles. Tampoco le había hecho proposiciones concretas. Y ahora que ella se había marchado, se daba cuenta que estaba perdidamente enamorado.

La noche del domingo de Resurrección, Simón bajó para ver el espectáculo de los cerros convertidos en un anfiteatro de pequeñas hogueras, con la tradicional Quema de Judas.

Ese día, los vecinos de distintos sectores de los cerros construyen unos muñecos de trapo que ponen sobre una estructura de madera y en la noche les prenden fuego.

Cerca de la iglesia de La Matriz la fiesta popular estaba en pleno desarrollo. La gente, eufórica, ponía sus quejas por escrito junto al pelele para que se quemara y borrara todo lo malo sucedido en la vecindad durante el año. En este día la comunidad, que a veces estaba dividida por conflictos cotidianos, se unía enardecida al grito de «traidor».

Inesperadamente, en el otro extremo de la plazoleta divisó a Marla. Trató de acercarse a toda prisa, pero el gentío no lo dejaba avanzar. En un momento sus miradas se encontraron. «¡Marla!», gritó, pero ella huyó a perderse. Y a pesar de que la buscó hasta las horas tantas, no pudo hallarla. Con todo, fue un regalo saber que ella estaba en Valparaíso.

* * *

Cuando Jesús se marchó, Marla decidió encerrarse en el departamento de calle Serrano. Ni siquiera abrió a los insistentes llamados de Simón. Necesitaba un tiempo de reflexión para aclarar quién era ella hoy en día y ver qué podía hacer con su vida.

Al principio le pareció maravillosa la posibilidad de tener tiempo y tranquilidad para escribir. Siempre quiso meterse en el alma del puerto y rescatarla para la poesía. Pero sus conflictos reales, y también los imaginarios, empezaron a bloquear su creatividad.

Intentó traerse a los gatos, pero se negaron a seguirla. Comenzaba a sentirse una extraña en cualquier parte, ajena a todo, como si no hubiera un solo lugar en Valparaíso donde tuviera cabida.

Pronto, la soledad y el tedio empezaron a afectarla. Sus únicas obligaciones eran ir por la tarde a dejarles comida a sus gatos, comprar el periódico, algo para comer ella, y volver rápidamente y amarrarse a la pata de la cama para evitar cualquier tentación. La noche que fue siempre su hora de trabajo, juerga, vida alegre, hoy era un paréntesis existencial y una lucha por controlar antiguos hábitos.

Ya no le bastaba con leer, remendar o tejer para compensar el vacío y la soledad que la rodeaban. Necesitaba trabajar, hacer algo. Lo que fuera. Pero sabía que en esta pequeña ciudad, donde era malamente conocida, era difícil que alguien la contratara. Entonces entendió a Simón, pues la única forma de sobrevivir en Valparaíso siendo un paria, era cambiando de identidad.

Salvo por necesidad superior, el ámbito de las mujeres era el hogar. «Pensar que estamos en guerra —reflexionaba—. Las mujeres europeas están en las fábricas reemplazando a los hombres apostados en el frente. ¿Acaso ellas le pedirán permiso a sus maridos para salir a trabajar y mantener a sus hijos?».

Pensó poner un letrero anunciando que se escribían cartas, pero temió que hasta los analfabetos tendrían aprensiones para expresarle sus intimidades.

Las pocas amigas que tuvo alguna vez, por un problema de horario, pero también de intereses, no tenían espacio en su nueva vida. Su amigo Perupio, a quien veía con alguna frecuencia, era la única persona que la hacía sentir que era alguien de valor en este mundo. A veces llegaba al departamento con varios libros para ella bajo el brazo y con sus versos borroneados, escritos la noche anterior, para que los revisaran juntos y Marla les diera el visto bueno.

Ahora que ella tenía tiempo, era la encargada de recortar palabras del periódico para armar los poemas dadaístas que tanto les entretenían y que, además, constituían un ejercicio poético gratificante. El hecho de que Perupio fuera un hombre de letras, hacía de él la única persona con la que podía hablar de sus temas favoritos: poesía y las últimas publicaciones.

Con su hermano habían logrado un cierto entendimiento y afecto mutuo. Días atrás le había presentado a su novia, Lila. Una morenita frágil y linda como la flor que la denominaba. Marla la aprobó de inmediato y tuvo la esperanza de que ella también lo hiciera.

Había decidido no ver a Simón por dos motivos justificados: ella no quería sufrir, ni involucrarlo a él en su estigma.

Forzada por la situación, terminó viviendo una especie de clausura. Por momentos creía que iba a enloquecer, y se revelaba contra un mundo despiadado que no le daría paz. La inacción la estaba matando. Hasta extrañaba el tiempo que dedicaba a ayudar a sus clientes a sobrellevar el abandono afectivo en que con frecuencia los encontraba. ¿En cuántas ocasiones ella había sido madre, esposa y hasta hermana de sus amantes? Incontables veces, aunque jamás utilizó esas carencias como parte de algún juego erótico o depravado. Por el contrario, buscaba los mejores medios a su alcance para reparar los vacíos afectivos que los atormentaban: los acunaba, oía con interés sus motivos y les daba consejos sabios que solo podían emanar de una mente sensible como la suya. Era lamentable, pero nadie apreciaba esa faceta curativa de la prostitución.

*　*　*

La justicia fue piadosa con Bruno. Las lágrimas que había vertido y el hecho de la paternidad, hicieron cambiar el juicio ciudadano. No faltaron las voces que pedían perdón absoluto, alegando que cualquiera podía equivocarse siendo joven en un país extranjero.

Pero de todo lo ocurrido, tal vez lo más sorprendente fue la presión inédita de la gente para que no se embargara el Ulises Bar. Los argumentos fueron muchos. Se llegó incluso a decir que formaba parte del «patrimonio cultural» de Valparaíso. Se hizo opinión de boca en boca. Luego la radio y la prensa tomaron cartas en el asunto. En las numerosas manifestaciones que se efectuaron frente a la Corte, se leía en las pancartas: «Ulises Bar, pináculo del acervo cultural porteño», «Ulises Bar, alma, vida y futuro del puerto», entre otras. Fue gracias a la presión popular que la autoridad no lo vetó ni confiscó. A simple vista fue un milagro, pero lo que verdaderamente pesó fue el hecho de que ahí se podía disfrutar del placer superior de oír la voz excepcional de Emperatriz, cuyo estilo sin igual, hacía del Ulises Bar el lugar donde todos, de una u otra forma, cumplían sus sueños de libertad.

Los cinco años que le correspondían a Bruno, le fueron rebajados a uno y medio por haber cooperado con la justicia. Aunque, en rigor, había sido Julia la que mayormente había hablado. Pero, por tácito acuerdo entre ella y el prefecto Orellana, le atribuyeron sus confesiones a Bruno.

Puesto que a Julia le provocaba nauseas la cárcel, y en particular la sala de visitas, Bruno consiguió que los autorizaran a reunirse en el patio.

La tarde de un miércoles, Bruno y Julia conversaban sentados bajo la sombra de un pimiento, porque a pesar de lo avanzado del otoño el sol pegaba fuerte. Ella jugaba con los pequeños frutos rosa del árbol, que despedían un ligero pero agradable olor a pimienta.

—Explíqueme, Julia —le pidió—, ¿por qué no me dijo que Los Pimientos era el nombre que le daban a la cárcel?

—Es complicado —respondió ella, triturando los granos que tenía en la mano.

—¡¿Cómo que complicado?!

—Sí, y mucho. Le debo confesar algo que no le va a gustar, Bruno. Algo por lo que tal vez usted no quiera verme nunca más, por lo que tal vez reniegue de su propio hijo, pero tengo que decirselo. Siéntese, por favor —Julia tomó aire y, ante la mirada extrañada de Bruno, dijo de golpe—: Emperatriz es mi hermano Simón.

Bruno se levantó de un salto. Bufó. Repentinamente se puso lívido, le flaquearon las piernas y debió sentarse. Unas gotas frías de sudor brotaron de su frente amplia. No podía respirar. Ella se asustó. Sabía que este sería el terremoto más grande de la vida de Bruno: el macho Falcone creía que se había acostado con un hombre y ni siquiera se había dado cuenta.

—*Come? Cosa?* ¡Está loca! *Santa Madonna! Che Imperatrice é Simón,* ¡eso jamás! Eso *non me lo puó dire.* Esto *é impossibile. Che cosa dirà la gente. Che vergogna! Che vergogna!* ¿Qué hago Julia, *io non sono l'uomo* que creía ser? ¿Por qué no me lo dijo antes? Si hasta le regalé un anillo *di diamanti. Mi scusi ma a quel tempo* aún no la amaba a usted.

Julia estiró la mano sonriendo y le mostró el anillo.

—¿Usted sonríe? Me va a decir que la mala pécora, digo ese *omosessuale,* ¿se lo dio?

—Sí. Y también la boa y los perfumes que usted le regaló.

—¡Cómo lo puede defender! *Dio mio,* ¿cómo pude estar *innamorato di un uomo e fare l'amore con lui*? Eso *é impossibile. Santa Madonna! Che vergogna! Che vergogna!* Usted está bromeando, ¿no? Porque si es así me mato, lo mato. Lo siento Julia, pero el *suo fratello è morto.*

Bruno estaba al borde de desplomarse.

—Cálmese, yo se lo voy a explicar... —dijo preocupada—. Usted no es homosexual, tampoco lo es Simón.

—*Io no, ma* ese sí, digo. ¿Ese tampoco... dice usted? —Bruno comenzó a recuperar el español.

Entonces, Julia le relató en detalle lo sucedido. Bruno la escuchó demudado por el impacto. Julia estaba aterrada temiendo que sufriera un colapso. Después de un buen rato comenzó a recuperar el color, no así el habla. Bruno se rompía el cerebro tratando de entender qué le podía haber ocurrido para enamorarse de esa forma de un hombre. Después de reflexionar largamente, y tratando con desesperación de justificarse, concluyó que Simón le había tendido una trampa para vengarse. Pero haciendo honor a la verdad, también cabía la posibilidad de que siendo él un melómano lo hubiera hechizado esa voz sublime enmascarada de mujer. Porque si algo no podía negar, era la excepcionalidad de su voz. De todas formas, y lo que más le preocupaba, era que absolutamente nada justificaba que un macho como él se hubiera enamorado con tal pasión de otro hombre.

—¿Usted cree que la gente se va a tragar algo tan enredado?

—No será fácil, pero le juro por nuestro hijo que lo lograré —dijo Julia, y apoyó la mano de Bruno en el leve bulto de su vientre.

Capítulo 4

La buscó hasta que finalmente dio con ella. La recogió en la puerta del departamento. «Buenas tardes, Marla», dijo, levantando su sombrero. Ella sonrió.

La calle bullía de gente. Ella se veía elegante y sobria con un traje de lanilla claro. Dos trenzas enrolladas en moño junto a cada oreja le daban un aire de exótica belleza campesina. Pero, sin lugar a dudas, el verdadero objeto de todas las miradas era él, con su llamativo traje de terciopelo cereza, corbata floreada y el infaltable jipijapa.

Caminaron por calle Esmeralda hasta el café Vienés, donde la convidó a tomar té.

Un delicioso aroma a café inundaba el local. Eran una pareja diferente que atraía las miradas. Ella se sentía algo incómoda en ese ambiente, pues temía que alguien la pudiera reconocer y la insultara. La intransigencia respecto a su antigua profesión era superlativa en su tradicional y loco puerto.

Se sentaron. La gente miraba y simultáneamente cuchicheaba sobre los demás, porque comentar era parte importante de la entretención.

Marla habló primero.

—He decidido marcharme de Valparaíso.

—¿Por qué? —preguntó alarmado.

Demoró en responder por culpa de una bandeja que se había volcado con gran estruendo. El anciano mozo se disculpaba mientras recogía el desastre.

—Porque considerando ciertas peculiaridades de mi carácter, como mi propensión a venderme por dinero, mi afición por lo torcido y mi pasión por la calle, necesito borrar algunas rutinas y malos hábitos que tengo grabados a fuego en Valparaíso. Un cambio radical solo es posible en un mundo nuevo, sin memoria...

—Sabe, Marla, por lo que inevitablemente nos tocó vivir, usted y yo somos diferentes. Es en esa diferencia donde nos parecemos, pero también eso nos une. Marla, yo... Usted me interesa más allá de cualquier cálculo. Yo la...

—No lo diga —dijo ella, y estirando la mano le rozó la boca con los dedos—. Por una cuestión de decencia básica no voy a sacrificar la vida de nadie. No me mire así. No se preocupe, sufrirá un poco o bastante, no importa. Los amores se olvidan, se encuentra a otra persona y fin del cuento. Conmigo tengo suficiente.

—¿Por qué decide usted por mí?

—Encontrará una buena mujer, formará una familia, tendrá hijos que no se avergonzarán de su madre.

—Se avergonzarán de su padre.

—Lo suyo es menor. Le aseguro que tener hijos con una exprostituta en el restringido mundo de Valparaíso, sería una desgracia para su descendencia. Los niños son crueles y usted no querrá ver sufrir a sus hijos. Se lo dice una víctima —dijo, y perdió su mirada en el vacío.

—Pero Marla, yo tampoco soy trigo limpio. La amo y la asumo tal como usted es. Escuche, le quiero proponer algo. Hablé con Julia y le dije que me quedaré por un tiempo trabajando en el Ulises...

—¿Cómo Simón o Emperatriz?

—Como Emperatriz. ¿Le importa? —ella sonrió sin responder—. Durante ese tiempo prepararé un cantante travesti, o un equipo de travestis —ambos rieron— para que se queden en mi reemplazo. ¿Qué le parece si el día que Bruno salga libre, dicen que no será para largo, nos subimos a un barco y nos vamos a algún lugar donde podamos ser felices?

—No existe ese lugar.

—Yo creo que sí. En este mundo todo es posible. Imagínese que para tranquilizar al casero estoy pagando doble arriendo: por Emperatriz y su novio, Simón.

Marla lanzó una carcajada.

—Se ha preguntado qué haría usted si mis buenos propósitos mañana se desbarataran por alguna endiablada tentación.
—Corro el riesgo —respondió Simón.
—No lo haga. Dejémoslo hasta aquí como una buena amistad.

* * *

El éxito de Emperatriz trascendía explosivamente el círculo del Ulises Bar. Su nombre se había hecho conocido en todos los niveles sociales. También en Santiago. Por doquier se hablaba de su extraordinaria interpretación, de la obligación de oírla. Era un *must*.

No sería justo decir que por esas paradojas de la vida las buenas oportunidades se dan todas juntas, porque Simón se había esforzado más allá de lo permitido por hacer de Emperatriz una artista total. Y ahora llegaba el momento de cosechar.

Motivado por el éxito extraordinario que tuvo Emperatriz en Buenos Aires, Andreas Lippi, el representante de artistas amigo de Valois, lo bombardeaba con cartas y telegramas ofreciéndole espectaculares contratos. A Lippi no solo le interesaba el dinero que la peculiar cantante le pudiera devengar, sino que sentía que era un deber brindarle una oportunidad, porque iba a llegar muy lejos si lo sabía hacer.

En el ámbito local, Vicente Ferrada, famoso locutor de radio y animador del programa *Bohemios de Valparaíso*, que se trasmitía diariamente desde el auditórium de la radio, había agotado todos sus argumentos intentando convencerla para que actuara en su programa. Y a pesar de que le ofrecía un auditorio abarrotado de gente, una ciudad revolucionada por su voz y su proyección internacional, la cantante le había dado un no rotundo en respuesta.

Internamente, sin embargo, Emperatriz se rebelaba contra su circunstancia limitante y subordinada. Hubiera dado su vida por actuar en la radio, pero Simón consideraba que aún no era el momento. Y tenía razón, pues si bien el peligro había cesado, no sabía cuál sería la reacción del público al conocer su verdadera identidad.

«—Emperatriz, usted tiene que entender —le rogaba Ferrada— que hay gente que no tiene dinero para venir al Ulises Bar y que quiere oírla. He visto a los pobres parados en la puerta hasta que el portero los espanta. Usted tiene un don, pero no tiene corazón…

Emperatriz estaba agobiada con tanta presión.

—No me venga con esa cantinela, por favor».

Ferrada temía que Lippi se la levantara. Sabiendo lo codicioso que era Bruno, le planteó un argumento irresistible.

—Su competencia, el Roland Bar… —Bruno paró las orejas como un burro—, mandó a su cantante estrella al programa y al día siguiente estaba de bote en bote.

La oportunidad era única, pero Bruno sabía que era imposible convencer a Simón/Emperatriz. De hecho, la respuesta de la testaruda fue: «De esto no se hable más».

Desesperado, Bruno volvió a insistir a través de Julia, apelando una vez más a ese «don divino» que debía retribuir.

Cuando Julia le contó que había respondido: «Supercherías», Bruno la miró y le dijo horrorizado: Esa mujer, digo su hermano, ¡no tiene miedo de Dios!

La sola idea de perder pingües ganancias por culpa de la maniática, hizo caer al Tano en una depresión tan profunda, que Julia, desesperada, le rogó a Simón que aceptara. «Lo hago exclusivamente por ti», le respondió, sabiendo que lo hacía exclusivamente por Emperatriz. ¿O acaso lo hacía por él?

* * *

De la noche a la mañana, Marla renunció a sus deseos de independencia; a sus aprensiones respecto a formar una familia; a poner reparos a la inclinación travesti de Simón, y cediendo a sus reiterados ruegos se fue a vivir con él. Abrigaba la esperanza de que existiera ese lugar utópico donde algún día pudieran ser felices.

Alquilaron el departamento de Marla y se cambiaron al tercer piso de una casa antigua en el cerro Santo Domingo. La eligieron porque la vista de la bahía era incomparable. La casa estaba forrada con latón, las puertas eran altas y las ventanas en guillotina. En la parte de atrás que colindaba con el cerro había un limonero alto buscando el sol. «Da todo el año», dijo el casero. Marla alargó el brazo y cogió un limón. Lo acercó a su nariz; sonreía.

A Simón le encantó la forma como que ella decoró el departamento. Llenó un estante con sus libros y dispuso los espejos según el deseo de Simón. Colgó en las murallas unos pequeños cuadritos de París y Venecia y otros adornos exóticos que había comprado en el centro; entre ellos, un par de máscaras africanas. A él no le gustaban las máscaras, pero no se lo dijo ni siquiera cuando ella comenzó a coleccionarlas. Simón pensaba que bajo esta afición, Marla hacía una conexión subconsciente con él. En la tienda de Valois se encalillaron en un aparatoso tocador de tres espejos y un taburete. Y si el ambiente resultaba diferente, ecléctico si se quiere, a él le fascinó porque emanaba la gracia que solo una artista verdadera podía imprimirle.

Al comienzo, Julia le pidió ayuda en el bar, pero como siempre las visitas de Marla terminaban en trifulca, dejó de llamarla. Como si la prostitución fuera un mal congénito, los parroquianos no lograban entender que ella se había retirado.

Entre ella y Simón todo iba bien. Demasiado bien. La vida en común fluía, a pesar de las dificultades que existían para acomodar sus personales estilos. Las excentricidades de Simón y el carácter fuerte de ella, a veces irascible por algún mal recuerdo o un encuentro poco afortunado, provocaban rencillas que luego ajustaban con facilidad. Y porque se amaban, la reconciliación resultaba ser un momento esperado.

La comunicación era perfecta. Hasta atropellada a veces por intercambiar ideas o hacer valer sus opiniones. La dedicación que se prestaban, sin embargo, no era totalmente equilibrada. Marla sentía que vivía para él, mientras él lo hacía para el escenario. No era una queja, y hasta puede que exagerara. Tampoco era culpa de Simón, pero así lo sentía ella por la excesiva atención que dedicaba a su arreglo. Y aun sabiendo ella que él la amaba y que era objeto total de su afecto, en algunas ocasiones tenía la sensación de que ponía tanto interés en ella, como en el peinado o el largo de la pollera.

O tal vez eran celos al ver que Simón se pasaba horas mezclando coloridos pigmentos con los esmaltes de uñas y sombras de ojos, para de esa forma obtener exclusivos tonos púrpura, azul violeta, dorado, rosa frambuesa o cobrizo. Simón manejaba con esmero cada detalle del maquillaje y del vestuario. Marla llegó a pensar que se le había acentuado su manía narcisista. Lo que no sería raro, pues los artistas normalmente lo eran.

* * *

Se instaló el otoño con su rigor frío y húmedo y les fue calando primero los huesos, y luego el alma.

Marla entraba en calor solo cuando Simón llegaba de trabajar. Entonces ella se acurrucaba a su lado pegada como la piel al fruto.

Y a pesar de que las diferencias eran muchas, la felicidad los animaba y disfrutaban estando juntos. Si el tiempo acompañaba, los domingos daban una vuelta en lancha en la bahía, o bien se instalaban en los miradores de avenida Alemania a reconocer los nombres de los barcos. Lo hacían como un juego y en amigable competencia; aunque Marla siempre ganaba, era obvio.

Los días de semana salían de compras. A Marla no le gustaba salir con él en plan de mujer cuando iba a ver los adelantos de temporada. Pero él insistía, porque le gustaba que ella aprobara lo que él había elegido. Ella sentía como un apretón en el estómago cada vez que lo trataban de señora o señorita, mientras él respondía tranquilamente desde ese papel. Y a pesar de que lo había asumido en todas sus facetas: el hombre, el artista, el travesti, aceptaba de mala gana acompañarlo. En el fondo, ella no terminaba de entender qué mecanismo sicológico funcionaba en su cabeza, que le provocaba placer vestirse con ropas del otro sexo y hacerse pasar por mujer. «No soy quien para censurarlo», reflexionaba luego. Hasta pensó que se estaba aburguesando.

Pero lo cierto es que Simón se había hecho confuso en su travestismo. Marla notaba que en alguna medida la mezcla de papeles alteraba su esencia masculina y, en ocasiones, también su conciencia. Cada vez con mayor frecuencia él encontraba alguna buena disculpa para salir vestido de mujer.

Le molestaba el ansia con que él miraba las cosas que ella se compraba. Tampoco le gustaba que le pidiera prestadas las medias, la blusa o los aros que no había estrenado aún. Y no porque fuera egoísta, sino porque eran cosas tan personales, tan de mujer. A menudo, Simón era incapaz de diferenciar lo que era su show travestido de su vida privada. Se había vuelto compulsivo con la ropa. Cuando algo se le ponía entre ceja y ceja, no podía privarse. Y si era de ella, se lo sacaba a escondidas para evitar una pelea. El problema era que cuando Marla lo iba a usar y no lo encontraba, o lo encontraba arrugado o sucio, le daba tal rabieta que lo insultaba para sus adentros en un lenguaje ultra ofensivo a su virilidad. Reconocía, sin embargo, que el travestismo no afectaba su desempeño sexual, y que nada de la mujer que llevaba dentro interfería en ese momento.

Antes de irse a vivir juntos, un brumoso día domingo que paseaban por la playa, ella le preguntó:

«—¿Has pensado desenmascararte?

«—No, porque sé que seré rechazado.

«—¿Cómo lo sabes?

«—La gente dirá que a un hombre al que le gusta vestirse de mujer no puede ser totalmente hombre. Este asunto tiene muchas aristas, Marla. Pero lo que más me complica es que siendo como soy, no podré llevar una vida normal y ser feliz. Y en esto, por desgracia, te involucro a ti. Es fuerte lo que voy a decir y me ha costado mucho asumirlo, pero soy travesti.

«A Marla se le escapó un ¡oh! de sorpresa, aunque de un tiempo a esta parte era evidente aquella definición. Sin poder disimular su impresión, la muchacha dio una breve carrera por la playa tras una gaviota. Algo alejada, se volvió para mirar a ese hombre que se travestía y que ella amaba. Y puesto que le costaba comprender sus insondables razones, prefirió escuchar el sonido del mar».

La revelación de Simón no la dejó impasible, y luego de darle muchas vueltas llegó a una conclusión.

«—Tengo una interpretación respecto a ti y el travestismo —le dijo a los pocos días, mientras desayunaban—. Ser mujer en este mundo machista da seguridad, y mientras más encumbrada estás, más intocable eres. Piensa en Carmiña, en Emperatriz. Cuando caíste preso te debe haber intimidado ese mundo de violencia y maldad. Si actuabas para los presos vestido de mujer, inconscientemente eso te protegía, porque les proporcionabas algo bueno y por lo mismo no querrían dañarte. Al salir de la cárcel, disfrazarte de mujer fue una buena forma de protegerte de quienes buscaban agredirte. El que Bruno se enamorara de Emperatriz te daba seguridad. Has tenido escasa conciencia de la protección que ha sido clave en tu travestismo.

«—Contigo no necesito psiquiatra —dijo él—. Pero en realidad esta rareza empezó mucho antes, en la infancia. Luego fui dañado de manera irremediable, Marla. —Ella quiso decir algo, pero él la interrumpió—. Al principio pensé que era un juego, luego lo acepté como una forma de supervivencia, pero con el tiempo comprendo que soy travesti con alma de travesti. Súmale a eso el artista que se transforma, el transformista. Te confieso que ya ni siquiera me preocupa saber cuál es el lugar que ocupa Emperatriz en mi persona, solo sé que ella es mi lado artístico, mi mejor lado».

No era fácil acostumbrarse a un Simón con dos facetas vivas. Para ella, Emperatriz no era más que la artista que deslumbraba con su voz, un mito viviente de Valparaíso. Pero ella amaba al hombre. Era absurdo lo que le estaba ocurriendo, reflexionaba, ya que habiendo encontrado la felicidad le estaba poniendo peros a una relación de suyo única, al otorgar una importancia excesiva a lo cotidiano.

Una mañana fría de mayo, Marla amaneció con una combinación sensible de angustia y ahogo. Soñaba que los muros de la habitación se cerraban sobre ella y la asfixiaban. Se sentó abruptamente en la cama; luego se levantó, y después de dar unas cuantas vueltas por el departamento para sacudirse el desasosiego, se acurrucó en el sofá envuelta en una manta; conducta habitual en ella en el último tiempo.

Simón estaba preocupado por la inestabilidad emocional que advertía en Marla. Estando en prisión había deseado tener una mujer para hacer diariamente el amor, y a Marla apenas si la conseguía una vez por semana. Algunos hombres hasta se casaban para asegurarse el sexo. Y aunque él no estaba con ella solo por eso, ese deseo se había frustrado.

Buscando la purificación de su cuerpo, Marla se había ido al extremo opuesto y estaba aniquilando su sensualidad. Con frecuencia se sentaba a leer en el sofá con las piernas recogidas, y cuando él se aproximaba con alguna intención, ella le rogaba: «No. Por favor, no». Y temerosa como una virgen hundía la cara entre las rodillas y se tapaba la cabeza con el libro. Tan afligido estaba Simón que ni siquiera se alegró cuando le dijeron que tendrían que ampliar el Ulises Bar porque no daba abasto.

Simón no sabía cómo arreglar esta situación. Entendía que ella había sufrido un cambio drástico de vida, y que el amor por él no era suficiente como para justificar una existencia; menos la de Marla que era una persona compleja.

Y cuando una mañana él le pidió que le dijera qué le ocurría realmente, ella respondió: «Llevo una vida sin sentido». Y a pesar de que se lo rebatió para tranquilizarla, estuvo de acuerdo con ella.

Ese día Simón se fue más temprano para hacer unas compras de último minuto. Al rato también lo hizo ella. Tenía la esperanza de que el viento helado de la tarde le aclarara la mente. Caminó por la costa hasta agotarse. Hizo un alto en el muelle para contemplar el espectáculo imponente de los grandes buques a la gira velados por la bruma rosa del atardecer. Hundió las manos en el agua que chocaba suave contra el cemento y se mojó la frente.

Pasó una hora, dos. No supo cuánto tiempo estuvo congelándose. Solo cuando sus pensamientos cristalizaron en «valoraciones positivas», como le había sugerido Simón, decidió regresar.

Solo pienso tonterías, reflexionaba, mientras subía por la bulliciosa calle de La Matriz, a esa hora atestada de puestos que comenzaban a cerrar porque ya era de noche. De pronto se cruzó con un hombre maltrecho, con un abultado vientre al aire, cargando un pesado saco de papas sobre los hombros. No le llamó la atención el esfuerzo que hacía, ni la deformidad de su cuerpo. Tampoco su rostro salpicado de sudor, ni la camiseta empapada; pero al pasar a su lado sintió ese olor agridulce a traspiración que exhalan los hombres después de un día ajetreado. Olor a descuido y fatiga, a falta de baño y ausencia de perfume. Y no es que a ella le gustara aquel hedor penetrante, y menos aún la mugre, pero comprendió que ese era el toque que le faltaba a Simón: una masculinidad que se pudiera ver, aunque fuera ofensiva; oler, aunque apestara.

Si bien él había perdido algunos signos de virilidad, ella reconocía que su confusión psicológica era menos perceptible que los signos exteriores: su cabello crecido impregnado de esencias florales; las uñas filudas al acariciar; el almizcle de su piel maquillada; sus piernas rasuradas repugnantemente tersas, y su rostro —también terso y níveo— como piel de bebé. Y aunque le resultaba divertido pensarlo, jamás había tenido inclinaciones lésbicas como para haberlas experimentado con Emperatriz.

* * *

Desde el primer día que Emperatriz cantó en la radio, el entusiasmo y la fascinación fueron totales. Todos, sin distinción, comentaban de la diva gracias a cuya voz la ciudad se había hecho música.

Fueron muchos los exconvictos y sargentos que lo reconocieron. Atraídos por la curiosidad, se acercaron en una complicidad silenciosa al bar. Pero no faltó el deslenguado —«siempre alguien habla», había dicho Marla— que desbordado por la emoción y el alcohol, echó a correr que la cantante era hombre.

La prensa, la radio y toda la comunidad porteña se hizo eco del noticón. No faltaron las anécdotas, burlas y toda suerte de comentarios maliciosos relativos a los parroquianos y la cantante hombre/mujer que los había embaucado.

La primera reacción de Simón fue dar las actuaciones por terminadas y sepultar esa faceta suya trasgresora, bidimensional de ser humano y artista, porque difícilmente sería aceptado. De nuevo la confusión y el desgarro: Simón había triunfado.

Pero como el Ulises redoblara su público —atraído ahora por el morbo de ver al hombre que cantaba vestido de mujer—, Julia, hoy de Falcone, fue corriendo hasta su casa y le imploró que volviera a actuar.

«—¿Vestido de hombre? —preguntó él.

«—No, de mujer —respondió ella.

Se miraron y soltaron una carcajada».

Esa noche la expectación fue máxima. La concurrencia estaba maravillada con la diva, su vestimenta, el magnetismo de su voz y sus canciones inquietantes.

Simón tuvo una sensación de alegría y gratitud indescriptibles al ver que el público lo aceptaba de manera incondicional. Y que era en su arte particular, el transformismo, donde podría realizarse. Por lo demás, único espacio posible para él.

Al finalizar la noche cantó el poema lírico *Alma de bohemio*, que tan bien interpretaba sus propias emociones: «¡*Peregrino y soñador, / cantar, / quiere mi fantasía / y la loca poesía / que hay en mi corazón! / Y lleno de amor y de alegría, / cantaré mi canción [....] Mi pobre alma de bohemio / quiere acariciar / y como una flor / perfumar*».

Los parroquianos esperaron hasta su última salida con la esperanza de que revelara su verdadera identidad con la tradicional sacada de peluca, corolario escénico en el arte transformista. Pero para sorpresa de todos, ella/él se retiró discreta en medio de la ovación. ¿Cómo podría desenmascararse si en ese momento era Emperatriz?

De esta forma inesperada, pero honesta, Simón se impuso en la ciudad como Emperatriz, el cantante travestido que los deleitaba sin importar su sexo. Pronto la gente comprendió que ella/él eran algo más que un mero disfraz, más que una desviación, más que una excentricidad, porque ella/él eran una intérprete total, un artista de categoría superior y un verdadero transformista.

No fue solo la consolidación de Simón como cantante transformista lo que acrecentó el conflicto de Marla, ni que progresivamente se había ido haciendo más Emperatriz, más mujer. También influyó su propia insatisfacción.

Al comienzo, tanto para salir como estando en casa Simón se vestía de hombre. Pero con el tiempo se fue volviendo ansioso e irritable cuando usaba tenidas masculinas. Marla observaba extrañada estas reacciones, hasta que descubrió que se tranquilizaba solo cuando se travestía. Y sin darse cuenta siquiera, cada día más su ropa de hombre fue apretujándose en un rincón del ropero, mientras la de mujer estaba por doquier marcando territorio.

En cuanto a ella misma, lo que mayormente la complicaba era que no lograba entender cuál era el sentido de esta vida mínima que llevaba. O peor aún, qué vida podría vivir luego de que le estamparan como a una bestia un sello en la frente al nacer. Tenía la certidumbre de que la felicidad no estaba escrita en su carta de ruta, y que cualquier elección terminaba siendo una utopía. Con su particularidad, tampoco Simón tenía muchas posibilidades de llevar una vida plenamente feliz, o por lo menos normal. Inevitablemente, ser discriminados era el destino de ambos. Era evidente que la felicidad no podía existir para ellos; y cuando se manifestaba, lo hacía de manera esquiva y mezquina. Entonces, nada tenía sentido y tampoco había mucho por hacer. En lo que a ella concernía era difícil, si no imposible, retroceder el tiempo a cero. Intentarlo llevando la fatalidad a cuestas sería un esfuerzo inútil. Era en esos momentos cuando se rebelaba contra el accidente del maldito nacimiento, de las malditas circunstancias, del maldito ambiente.

Ayer, por lo menos, era alguien.

* * *

La borrascosa noche de ese festivo 21 de Mayo —fecha en que el país conmemora la gesta de Iquique y homenajea a la Marina—, el Ulises Bar siempre atestado de gente y vida, estaba desierto. A pesar de ser feriado, solo había un par de prostitutas sentadas en la barra esperando que entrara algún marinero con permiso en tierra. Alrededor de medianoche, Ismael irrumpió gritando que habían izado los tres faroles rojos en el mástil de la Escuela Naval, con lo cual se informaba que una violenta tempestad estaba encima. Al oír la noticia los marineros corrieron a su puesto de trabajo. Esa noche no fue necesario echar a nadie.

Simón llegó temprano a casa. Encontró a Marla sentada en la cama con la mirada extraviada; mordisqueaba una manzana. Advirtió de inmediato los efectos de la droga, porque la había visto en ese estado tiempo atrás. A su lado estaba abierto el periódico con la audaz entrevista que Simón le había concedido a la prensa sensacionalista. «Desde la mujer que llevas dentro, desde Emperatriz», le habían pedido, expresamente. Y él lo había encontrado divertido y accedió. ¿Por qué no, si ese lado de su persona también era él? Por otra parte, nada le gustaba más a Emperatriz que confundir.

La entrevista fue tema del día en la radio. Hasta doña Adela, que lo apoyaba en todas sus decisiones, sintió un ligero resquemor. El Zorro dudó de la masculinidad de su amigo, y ahora, más humanizado por su propia historia de amor, se preocupó por Marla. Julia le escondió el diario de la tarde a Bruno, para que no se siguiera atormentando sobre su sexualidad. Los comentarios fueron sarcásticos, algunos hasta venenosos, porque Emperatriz, siempre tan recatada, había mostrado una faceta atrevida, grotesca, nunca antes vista en ella. Y aunque la cantante era una rareza para el pequeño puerto —ora actuando y vistiendo como mujer, ora como hombre—, dijese lo que dijese, hiciese lo que hiciese, la perdonaban porque no podían dejar de adorarla.

Marla lo observó. Llevaba el vestido negro de lentejuelas. Mirándolo fijamente a los ojos puso su dedo sobre la entrevista. Cuando le habían preguntado si se travestía para atraer a los hombres, él había respondido que no, pero había agregado que le divertía el equívoco femenino. Acerca de si fantaseaba con ser mujer: «Todo el tiempo —fue su respuesta—. Y porque amo a las mujeres deseo tener relaciones lésbicas con ellas, ja, ja, ja». En cuanto a si sentía envidia de las mujeres su ambigüedad fue máxima: «Solo de Carmiña Chavarri, por sus pantalones audaces. Me encantan las mujeres con pantalones, ja, ja, ja». Cuando finalmente le preguntaron si se sentía mejor como Emperatriz o Simón, respondió: «¿Qué cree usted?».

Simón entendió de inmediato que ese había sido el detonante.

—Fue una estupidez dar esa entrevista —dijo.

Ella suspiró. El sonido de un trueno los hizo sobresaltarse. Marla se levantó y bebió un vaso de agua.

—No volveré a drogarme, no te preocupes —dijo ella—. Me ha costado mucho cambiar de vida y aprecio lo que he logrado. Fue una recaída, solo eso.

Simón se acercó y la tomó por los hombros.

—¿Qué puedo hacer? Dímelo y lo hago.

Ella se apartó.

—No volveré a caer, créeme.

—¿Quieres que deje de cantar?

Marla nunca imaginó que él siquiera se plantearía dejar la música por ella.

—Jamás te pediría eso. No quiero matarte.

Él mismo se había sorprendido, tanto la amaba. Y aunque ella no creyó que eso fuera posible, apreció su gesto. Se volvió y lo abrazó por la espalda.

—Realmente no sé en qué va a terminar todo esto —dijo Simón—. A veces temo perder el control y que las cosas tomen una dirección insospechada.

El corazón de Marla dio un brinco. Simón era honesto. No solo ella lo veía de una manera diferente, él mismo estaba confundido respecto a quién era: unas veces más hombre; otras, endiabladamente mujer. Lo cierto es que para ella, cada día más, el travestismo de Simón resultaba un plato difícil de digerir.

—Todo esto es culpa mía, no hay mujer que lo pueda resistir.

—Tú no tienes toda la culpa, tal vez menos de la mitad. Perdóname. No eres tú, soy yo con mis permanentes cuestionamientos —dijo Marla.

Simón miraba la lluvia que golpeaba firme contra los cristales.

—Vámonos, Marla. No esperemos a que esto reviente —dijo, y la abrazó con fuerza—. Te amo y no quiero perderte.

—Yo te amo aún más.

—Espera un momento, me voy a cambiar de ropa.

Lo observó quitarse el maquillaje con brusquedad; enseguida, se metió detrás del biombo para cambiarse.

Marla fue a la sala y encendió la radio. Tocaban a Simón en el *Clavel del aire*: «*Como el clavel del aire, / así era ella, / igual que la flor / prendida en mi corazón. / ¡Oh, cuánto lloré / porque me dejó! / Como el clavel del aire, / así era ella, / igual que la flor*».

Marla tarareaba la canción junto a la radio cuando él apareció. Se sostenía con los brazos abiertos en el vano de la puerta, llevaba pantalones oscuros y sin camisa. Sonreía. Era un hombre hermoso, realmente hermoso y atrayente, a pesar del torso delgado y el cabello crecido. El corazón de la muchacha se oprimió, lo amaba. Se acercó a él y se colgó suavemente de sus hombros, la cabeza reclinada en su pecho. Estuvieron así por un rato, sin exigirse nada. Luego él la tomó por la cintura y dio unos pasos hacia atrás arrastrando su cuerpo laxo, hasta llegar a los pies de la cama. Se dejó caer de espaldas con ella encima. Rieron divertidos. En ese momento se cortó la luz. ¡Oh!, exclamaron al unísono y se miraron sin verse.

Se amaron bajo el rugir incesante de los truenos con la misma pasión de los primeros tiempos. Esa noche durmieron acurrucados; temiendo que el viento volaría el techo metieron la cabeza bajo la almohada.

* * *

Desde la mesa pegada a la ventana donde Marla escribe, se aprecia la redondez de la tierra y los barcos surcando el horizonte. Sostiene un lápiz en la mano, una página en blanco espera bajo sus ojos. Se alza y abre un poco la ventana para que entre la brisa salada del mar; inspira profundo. Las gaviotas, que a menudo sobrevuelan los cerros, pasan graznando. Oye a lo lejos el ulular apremiante de una sirena. Levanta distraídamente la mirada y ve entrar en la bahía, como una aparición entre la bruma, un trasatlántico blanco de grandes dimensiones.

Probablemente hay un camarote libre para ella.

Discografía

Camín, Alfonso y Chavela Vargas. *La Macorina*. (Poema de Camín en Carey de 1931; música Vargas; adaptado por Susana Baca).
Santos Discépolo, Enrique. *¡Yira!... ¡Yira!* 1930.
Lenoir, Jean. *Parlez-moi d'amour*. 1930.
Rizzuti, José M. y E. Calvo. *Bésame en la boca*. 1926.
Mamma. (Sin antecedentes).
De León, Rafael, Valverde, S. y M. Quiroga. *Ay Maricruz*. Aproximado década 1930.
Canaro, Francisco y L. C. Amadori. *Yo también soñé*. 1935.
Pettorossi, Horacio. *Angustia*. 1933.
Gardel, Carlos y A. Le Pera. *Golondrinas*. 1934.
De León, Rafael y S. Valverde. *María de la O*. Aproximado década 1930.
Los Campanilleros. (Sin antecedentes).
Gardel, Carlos y A. Le Pera. *El día que me quieras*. 1935.
Perelló, Ramón y J. Mostazo. *La bien pagá*. (Sin fecha).
Gardel, Carlos y A. Le Pera. *Rubias de New York*. (Sin fecha).
De Claris, Florian y A. Martini. *Plaisir d'amour*. (Sin fecha).
Cobián, Juan Carlos y E. Cadícamo. *Nostalgias*. 1936.
Donizetti, Gaetano y F. Romani. *Una furtiva lágrima*. De la ópera "El elixir de amor". 1832.
Simons, Moisés y Machín, A. *El Manisero*. (Sin fecha).
De León, Rafael, S. Valverde y M. Quiroga. *Ojos verdes*. Aproximado década 1930.
Perelló, Ramón. *La falsa monea*. (Sin fecha).
Gardel, Carlos y A. Le Pera. *Por una cabeza*. 1935.
Malerba, Alfredo y R. Sciammarella. *Besos brujos*. 1937.
Viladomat, Juan y F. Garzo. *Fumar es un placer*. 1922.
Grever, María. *Así*. Aproximado década 1930.

Grever, María. *Princesita*. Aproximado década 1930.
Gardel, Carlos y A. Le Pera. *Cuesta abajo*. 1934.
Firpo, Roberto y J. A. Caruso. *Alma de bohemio*. 1914.
Filiberto, Juan de Dios y F. Silva Valdés. *Clavel del aire*. 1930.

Acerca de la autora

Verónica Tagle de Rokha es seudónimo de Verónica Tagle Díaz (1949, Santiago de Chile), el segundo apellido lo tomó de su abuelo materno, el poeta Pablo de Rokha. Nacida en una familia de artistas, especialmente escritores y pintores, se dedicó profesionalmente a la antropología, la que contribuyó a acentuar su empatía natural y comprensión de la gente y su realidad.

www.veronica.taglederokha.com

www.ingramcontent.com/pod-product-compliance
Lightning Source LLC
Chambersburg PA
CBHW061633040426
42446CB00010B/1389